OEUVRES

COMPLÈTES

DE PIGAULT-LEBRUN.

TOME I.

L'ENFANT DU CARNAVAL.

DE L'IMPRIMERIE DE FIRMIN DIDOT,
IMPRIMEUR DU ROI, DE L'INSTITUT ET DE LA MARINE,
RUE JACOB, N° 24.

OEUVRES

COMPLÈTES

DE PIGAULT-LEBRUN.

TOME PREMIER.

A PARIS,

CHEZ J.-N. BARBA, LIBRAIRE,

ÉDITEUR DES OEUVRES DE M. PICARD ET DE M. ALEX. DUVAL,
PALAIS-ROYAL, N° 51, DERRIÈRE LE THÉATRE-FRANÇAIS.

1822.

L'ENFANT DU CARNAVAL,

AUX CITOYENS DE CALAIS.

Je suis né dans vos murs, et si l'on se choisissait une patrie, je n'en choisirais pas d'autre. Liés, presque tous, par le sang, ou l'amitié, étrangers aux vices d'une grande ville, et ne connaissant que l'émulation des vertus, vous avez servi la chose publique, sans trahir l'honneur, sans outrager la nature. Calais est du très-petit nombre des villes que n'ont point ensanglantées l'ambition, l'intérêt, et les haines personnelles.

Je remplis un devoir bien doux, en vous offrant l'hommage d'un opuscule nouveau, que vous accueillerez, peut-être, avec votre indulgence ordinaire. Si je me suis un peu égayé sur des ridicules, qui sont l'unique patrimoine des auteurs, je n'en respecte pas moins la mémoire de certains hommes, que j'ai connus dans mon enfance. On peut avoir été de la confrérie du Saint-Sacrement et de celle des Frères-Gigot (1), et conserver les droits les plus vrais à la considération publique. Le ridicule s'oublie; nos bonnes qualités nous survivent.

Riez donc, mes compatriotes, si j'ai pu être plaisant. Si je ne suis qu'ennuyeux, faites-moi grace en faveur de l'intention. J'ai voulu vous amuser.

---

(1) La société des Frères-Gigot se composait de tous les gourmands de Calais. Pour être admis, il fallait faire ses preuves, et manger, seul, un gigot de six livres. Tous les membres de cette confrérie sont morts d'ingestion.

L'ENFANT DU CARNAVAL.

Valeat res ludicra.

CHAPITRE PREMIER.

INTRODUCTION NÉCESSAIRE.

Je m'avise d'écrire mes aventures, et je ne sais trop pourquoi. Est-ce vraiment besoin d'écrire ? est-ce un mouvement d'orgueil, ou un motif d'intérêt ? peut-être est-ce un peu de tout cela. Au reste, je commence, sans trop m'inquiéter de ce que le Livre deviendra, ni de ce que le Lecteur en pensera : c'est l'affaire de mon Libraire.

Il n'est pas de héros de roman qui n'instruise le public des moindres détails de sa naissance, et ce n'est pas ordinairement la partie la plus intéressante de l'ouvrage, car nous naissons tous à peu près de la même manière ; mais comme il faut commencer par le commencement, je me soumettrai à l'usage reçu, et je dirai, le plus brièvement qu'il me sera possible, quand, comment, et pourquoi je vins au monde.

A Calais, ville célèbre à jamais par le fameux Eustache de Saint-Pierre, qui eut la manie de se faire pendre, pour des affaires qui ne le regardaient pas, vivait, en l'an mil sept cent soixante-quatre, un homme d'environ soixante ans, de la taille de cinq pieds cinq pouces, portant habituellement un habit de ratine écarlate, une perruque à trois marteaux, un gros manchon blanc, attaché autour du corps par une bandoulière du même poil, et qui, dans cet équipage, majestueux ou grotesque, selon le goût ou les inclinations du lecteur, suivait régulièrement, aux processions, le Saint-Sacrement, dont il avait l'honneur d'être confrère; escortait, un cierge à la main, les très-dignes prêtres de la paroisse, qui portaient aux malades le Créateur, empaqueté dans une sacoche de soie; et, par-dessus tout cela, l'homme à l'habit rouge, à la perruque à trois marteaux, et au manchon blanc, avait une dévotion particulière à saint François, qui ne lui avait jamais fait ni bien ni mal, et il était inscrit sur la liste des bienfaiteurs des révérends pères capucins de Calais, qu'il régalait assez fréquemment, et dont la société lui plaisait fort, parce qu'ils étaient à peu près aussi sots les uns que les autres. Mangeant beaucoup, parlant peu, pensant moins, mais digérant à merveille, monsieur Bridault (c'est l'homme à l'habit rouge) avait acquis, à force de digestions, ce que les gens, craignant Dieu, appelaient, en ce temps-là, une face de prédestination, c'est-à-dire, une figure pleine, un double menton, une peau lisse et brillante, et il payait ces avantages précieux par le petit inconvénient d'être attaqué, deux fois l'an, de la goutte qui ne le dégoûtait pas du vin de Bordeaux qu'il aimait beaucoup, ni des épices, dont mademoiselle Suson, gouvernante sur le retour, mais qui paraissait ne s'être pas toujours bornée aux fonctions de la cuisine, assaisonnait les ragoûts qu'elle servait à monsieur Bridault.

Le lecteur, dont l'imagination va toujours le galop, s'imagine déja que monsieur Bridault fut mon père : pas du tout. Le saint homme se mettait tous les jours, sans scrupule, dans la vigne du seigneur ; mais il se fût éternellement reproché d'avoir remué le bout du doigt pour procréer son semblable : aussi vécut-il vierge, à ce qu'assurent les hommes de Calais, qui n'en savent rien ; mais quelques douairières, consœurs du saint-sacrement, baissent les yeux quand on parle devant elles de la virginité de monsieur Bridault, ce qui rend la leur un peu équivoque, aux yeux de certaines gens, qui ne manquent pas de voir le mal où il est, de le supposer où il n'est pas, et de se mêler de tout, hors de leurs affaires.

Mademoiselle Suson, le dimanche gras de l'an

mil sept cent soixante-quatre, dit à monsieur
Bridault, qui souffrait comme un damné ou un
martyr, la jambe douillettement étendue sur un
oreiller d'édredon, et qui, de peur de jurer,
chantait, en grinçant les dents, une complainte
du cantique de Marseille, ouvrage excellent pour
l'édification des fidèles, où l'esprit n'a point de
part, et où l'intention fait tout, mademoiselle
Suson dit donc à monsieur Bridault : « Dans
« deux jours, monsieur Bridault, nous entrons
« dans un saint temps d'abstinence, qui vous gué-
« rira de la goutte, si, par excès de mortifica-
« tion, vous voulez substituer la tisanne au vin
« de Bordeaux. Cependant je suis d'avis que le
« carême ne commence chez vous, comme ail-
« leurs, que le mercredi des cendres, et je vous
« conseille d'envoyer prier le père Jean-François,
« qui a presque autant d'esprit que vous, à venir
« faire ici les jours gras. Si quelque douleur, un
« peu vive vous contraint à chanter, le père
« Jean-François, qui chante à merveille, quoi-
« qu'un peu du nez, selon l'usage de son ordre,
« entonnera avec vous la complainte de Judith,
« celles de Joseph, du mauvais Riche, et de
« sainte Geneviève de Brabant. Je mêlerai ma
« voix aux vôtres, et ce concert mystique sera
« sans doute très-agréable aux voisins et au ciel.
« A la fin de chaque complainte, on prendra un
« doigt de vin, accompagné d'un bégnet, que je
« fais au mieux, dont le père Jean-François se

« farcit l'estomac avec délices, et dont il se
« graisse séraphiquement la barbe et les mous-
« taches ».

« Fais, mon enfant, fais », répondit monsieur Bridault, en tournant sur Suson un œil bleu, qui avait perdu de sa vivacité, mais qui n'était pas encore dépourvu d'expression.

Aussitôt Suson dépêche à la capucinière un polisson de dix ans, qui faisait chez monsieur Bridault les fonctions de commissionnaire et de marmiton, et qui mettait bas, en entrant à la cuisine, la casaque rouge et la calotte d'enfant de chœur, dont le curé de Calais l'avait décoré à la prière de son patron, à qui l'église prodiguait ses plus précieuses faveurs.

Le père Jean-François reçut l'invitation avec cordialité et modestie. Il sourit au marmiton, lui donna de ses deux doigts sur la joue, et lui dit qu'il se rendrait chez monsieur Bridault, dès qu'il serait débarrassé de deux dévotes, qui l'attendaient au confessionnal.

Le père Jean-François était un capucin indigne dans toute l'étendue du mot. Ignorant, comme son saint fondateur, crasseux comme lui, gourmand comme tous les capucins du monde chrétien réunis, égoïste et insouciant comme eux, du reste assez honnête homme pour un moine.

A midi précis, sa révérence sonne à la porte de monsieur Bridault. Mademoiselle Suson l'introduit ; les deux hommes de Dieu s'embrassent affectueusement, parlent un moment du relâchement de la foi, des plaisanteries irréligieuses de quelques jeunes gens de Calais, qui prétendent avoir de l'esprit, on ne sait pourquoi ; de l'indulgence criminelle des pères et mères, qui leur permettent de lire des livres dictés par le démon, et qu'on devrait brûler jusqu'au dernier, comme les ouvrages de Voltaire, de Jean-Jacques et de leurs disciples ; et pendant cet entretien, très-utile sans doute au progrès de la raison humaine, et à la splendeur de l'état, mademoiselle Suson servait un potage succulent, qui fut relevé par un excellente pièce de bœuf, que monsieur Détailleur, fameux boucher de Calais, et confrère de saint Roch, avait réservée pour la bouche de monsieur Bridault. Ladite pièce de bœuf fut flanquée d'un plat de petits pâtés de la façon de monsieur Darquère, et de deux andouilles grillées, préparées par monsieur Bouvigny, pâtissier et charcutier tels qu'on n'en trouve pas de semblables à vingt lieues à la ronde.

La conversation tomba, pendant que ces messieurs fêtoyèrent le premier service, et qu'ils se montèrent l'imagination, à l'aide de quelques flacons d'un vin vieux, que monsieur Bridault réservait pour les grandes occasions. Mais tandis que Suson enlevait ces plats à demi-dévorés, le père Jean-François, qui se piquait d'être plaisant quand il avait bu, s'égaya sur le compte des dames de Calais, qui vont, à la vérité, au sermon, mais qui le soir mettent des mouches, et fréquentent le spectacle, pour le seul plaisir de pécher, car la salle est vilaine, mal éclairée, les acteurs détestables, et les pièces qu'ils jouent anti-chrétiennes, et assez mauvaises pour la plupart.

Allons, allons, reprit monsieur Bridault, moins de fiel, père Jean-François. Si nos dames vont au spectacle, elles sont sédentaires dans leurs ménages, économes, très-attachées à leurs maris... Ah ! interrompit le père Jean-François, je vois bien que vous ne les confessez point. Le révérend allait sans doute, et le plus innocemment du monde, révéler les secrets de la confession, lorsque Suson parut portant une poularde grasse à lard, élève de madame Guche, fermière très-experte dans l'art d'engraisser la volaille. Une salade de passe-pierre et une pyramide de bégnets fermèrent la bouche au bon père, ou plutôt la lui firent ouvrir de manière qu'il ne fut plus question du prochain, et qu'il ne s'occupa que de lui.

Vers la fin du repas, monsieur Bridault, que, très-heureusement pour moi, la goutte ne tourmentait pas, s'endormit insensiblement, en écoutant les contes bleus de son convive, qui, voyant cela, prit le parti de se taire, et de boire tout seul.

L'estomac du père Jean-François, quoique d'une énorme capacité, s'emplit à la fin, et s'emplit de manière que sa révérence s'aperçut que les voies urinaires seraient insuffisantes. Un hoquet annonça les suites connues de l'intempérance. Il sortit précipitamment de la salle, où monsieur Bridault ronflait comme quatre, et au lieu de prendre la porte de la cour, il enfila, très-heureusement pour moi, celle de la cuisine.

Le marmiton-musicien, après avoir dîné légèrement, avait quitté le tablier, avait repris sa jaquette et sa calotte rouges, et était allé aider monsieur le Curé à mâchonner ses vêpres. Mademoiselle Suson finissait de se restaurer, et était passablement enluminée. Elle vit le révérend, dans un état qui lui fit compassion : les yeux lui roulaient dans la tête, ses joues étaient pourpre, ses jambes chancelaient ; il allait enfin écraser le pavé de toute la pesanteur de son corps, lorsque mademoiselle Suson lui tendit une main secourable, et lui fit reprendre l'équilibre. Le bon père voulut marmoter deux mots d'excuses et de civilités ; mais à peine eut-il desserré les dents, que la nature, contrainte jusqu'alors, se soulagea d'une manière effrayante. L'éruption fut terrible, et très-heureusement pour moi, le superflu du dîner du père Jean-François inonda un double fichu de mousseline, qui enveloppait mademoiselle Suson, depuis le menton jusqu'à la ceinture. La partie liquide pénétra bientôt à travers le fichu. Mademoiselle Suson cria, comme un possédé qu'on exorcise, et, très-heureusement pour moi, monsieur Bridault ne s'éveilla point.

Le père Jean-François, qu'une aussi copieuse

évacuation avait remis dans son état naturel, se saisit d'un torchon, et se met à torchonner le fichu de mademoiselle Suson qui, de son côté, frottait de toutes ses forces. L'épingle se détache, le fichu s'entr'ouvre, et le bon père trouve encore à frotter. Vous me salissez, vous me faites mal, lui criait Suson ; ce torchon est d'un dur... Le père Jean-François tire de sa manche un mouchoir des Indes, le lui passe sur le cou ; puis plus bas, plus bas encore. Sa main s'arrête, involontairement, sur des formes, qui lui étaient inconnues, et qui étaient encore d'un embonpoint supportable. La grace suffisante ne suffit plus ; la grace agissante agissait comme tous les diables; Suson, de son côté, qui n'avait jamais senti la main d'un homme errante sur ses charmes, et qui avait copieusement dîné, se trouva toute en feu ; le révérend la poussa; Suson, qui n'avait pas prévu l'attaque, ne songea pas à la défense ; et le dimanche gras de l'an de grace mil sept cent soixante-quatre, je fus fait sur la table de cuisine de monsieur Bridault, précisément comme les enfans se font, par tous les habitans de Calais et de la banlieue, à la gêne de la situation près, à laquelle se résignent aisément des dévots, qui savent bien que nous ne sommes pas dans ce bas monde pour y avoir toutes nos aises.

Après l'acte de ma fabrication, mon père et ma mère restèrent confus, l'un vis-à-vis de l'autre, se regardèrent enfin du coin de l'œil, tombèrent à genoux de concert, dirent ensemble leur *confiteor*, psalmodièrent le *miserere*, se donnèrent le baiser de paix, en se relevant, et dirent avec un soupir : il en sera ce qu'il plaira à Dieu ; mais le démon de la chair nous a surpris, et nous sommes innocens du fait.

CHAPITRE II.

Colère de monsieur Bridault. Ma naissance.

Une douleur aiguë réveilla monsieur Bridault, qui jeta un cri perçant, et sonna à casser sa sonnette. Le père Jean-François et mademoiselle Suson rentrent subitement, et se mettent en devoir de soulager le malade. Suson, ma fille, que signifie cette indécence, dit monsieur Bridault ? où est donc votre fichu ? La pauvre fille rougit, balbutie, et sort pour l'aller prendre. En voici bien d'un autre, continua monsieur Bridault! qu'avez-vous au derrière ? c'étaient les débris de l'andouille, et un plat d'épinards, destiné pour le souper de Monsieur, qui, par malheur, s'étaient trouvés sur la table de la cuisine, et qui, plus malheureusement encore, s'étaient attachés et étendus sur la jupe blanche de la pauvre Suson, qui, n'ayant pas l'habitude de pécher, avait négligé toutes les précautions d'usage. Répondez donc, reprend avec force monsieur Bridault, qu'est-ce que cela veut dire ? Suson pâlit, chancèle, et tombe sans connaissance sur une chaise. Le père Jean-François était resté debout devant Monsieur Bridault, les yeux baissés, les lèvres décolorées, dans l'attitude d'un criminel ! qui attend son arrêt. Corbleu, s'écrie monsieur Bridault, qui, bien que dévot, s'échauffait quelquefois, il s'est passé quelque chose d'extraordinaire. Voyez, père Jean-François, voyez le devant de votre robe. C'étaient encore les traîtres d'épinards qui avaient coulé partout. L'infortuné capucin, qui s'exprimait difficilement quand il avait la tête à lui, ne put trouver un mot dans cette circonstance épineuse ; il ne pensa pas même à chercher de ces mensonges si simples et si utiles en pareils cas, et il ne répondit à monsieur Bridault qu'en se jetant à ses pieds, et en les lui serrant de toutes ses forces. Ahie ! ahie ! ahie ! cria monsieur Bridault, d'une voix de Stentor ; que le diable emporte tous les capucins du monde ! Celui-ci vient de forniquer avec ma servante, et, sans pitié pour mon état, il me serre la jambe, de manière à faire remonter ma goutte jusques dans mon estomac. Ahie ! ahie ! ahie !... Suson, à ces cris redoublés, sort de sa léthargie, voit son malheureux complice aux genoux de monsieur Bridault, s'y précipite avec lui, et se jette sur son autre jambe, qu'elle presse dans ses bras, et qu'elle arrosait de ses larmes. Les douleurs de monsieur Bridault se multiplient, et deviennent insupportables. Il tempête, il jure, il blasphême ; les clameurs des deux coupables, serrant toujours plus fort, et implorant sa miséricorde, se mêlent à ses cris. La rage s'empare enfin de monsieur Bridault. Il saisit une béquille, qui se trouva près de son grand fauteuil, et frappant, alternativement et sans relâche, sur la moelle épinière de mademoiselle Suson et du père Jean-François, il les obligea à lâcher prise, et à s'aller réfugier à l'autre bout de la salle.

Ici la scène change. Les douleurs de monsieur Bridault s'apaisent peu à peu, et il réfléchit, avec confusion, à la colère qui s'est emparée de lui. Le père Jean-François et mademoiselle Suson, humiliés et repentans, lui inspirèrent un sentiment de commisération ; il sentit se ranimer la charité chrétienne, et il leur tint ce discours : « Si la loi
« nouvelle proscrit sévèrement la fornication, on
« ne peut se dissimuler qu'elle n'ait été tolérée,
« et même permise par la loi ancienne. Abra-
« ham ne forniqua-t-il point avec Agar, Ruth
« avec Booz, Judith avec Holopherne, et Salo-
« mon avec toutes les catins de la Judée ? Si
« notre mère, la sainte église, a jugé à propos
« d'interdire la fornication aux fidèles, qui n'en
« forniquent pas moins, elle a eu sans doute
« des raisons que nous ne connaissons point, et
« qu'il ne nous convient pas de vouloir pénétrer.
« Forniquons le moins possible, et soumettons-
« nous, enfans respectueux, aux lois de cette
« bonne mère, qui exige beaucoup sans doute de

« notre faiblesse, mais qui nous pardonne tout,
« moyennant des pénitences mentales ou pécu-
« niaires, selon l'exigeance du cas. Mes enfans,
« je vois, à votre air contrit et embarrassé, que
« vous n'êtes pas coutumiers du fait; d'ailleurs
« vous n'avez souillé le lit de personne, et le ciel
« vous pardonnera bien plus facilement qu'aux
« vieillards qui convoitèrent Susanne, qui était
« mariée, et qui, au lieu de faire la renchérie,
« n'avait qu'à les mettre au pied du mur pour
« s'en débarrasser. Il vous pardonnera bien plus
« aisément qu'au roi David, qui, de sa pleine
« puissance, cocufia le bon homme Urie, qui ne
« s'en plaignit point, et qui ne fut pas cause que
« l'Eternel mit son bonnet de travers, et fit cré-
« ver de la peste une foule d'honnêtes gens, qui
« n'étaient pas responsables des sottises du mo-
« narque israélite. Cependant comme le repentir,
« pur et simple, ne suffit pas toujours pour désar-
« mer la justice divine, nous y joindrons une
« réparation proportionnée à l'offense. Nous som-
« mes tous trois également coupables; vous,
« d'être tombés dans la luxure, moi, de m'être
« laissé surprendre par la colère, péchés mortels
« qui tuent infailliblement l'ame, sans rien déran-
« ger à la santé du corps. Employons donc, tous
« trois, des moyens expiatoires, et Dieu lui-même
« nous les a indiqués. Il a voulu que les épinards
« passassent de la casserole au derrière de Suson;
« ainsi on ne les servira point sur ma table, et

2.

« on ne soupera pas aujourd'hui. On se conten-
« tera d'un biscuit trempé dans un verre de vin
« de Bordeaux, et le père Jean-François se reti-
« rera dans son couvent, où il priera saint Fran-
« çois d'Assise de me pardonner les coups de
« béquille dont je lui ai meurtri l'omoplate, et
« Notre-Dame de bon secours, de ne pas per-
« mettre que sa faute ait des suites déshono-
« rantes pour lui, et embarrassantes pour Suson ».

Par l'intercession de Notre-Dame de bon secours, mademoiselle Suson fut attaquée, quelques
jours après, de nausées fréquentes, d'un dégoût
continuel, et, par-ci par-là, de quelques envies de
vomir, pour lesquelles monsieur Vital, apothicaire
érudit, se mêlant comme tant d'autres d'exercer
la médecine, jugea à propos de lui faire prendre
cinq à six grains d'émétique, qui la secouèrent
vigoureusement, sans me faire quitter mon poste,
tant la grace agissante avait agi avec efficacité.
Les nausées, le dégoût et les envies de vomir
allant toujours leur train, monsieur Vital dou-
bla, tripla la dose, et émétisa tant et tant, que
la pauvre Suson fatiguée, tourmentée, déchirée,
fut obligée de se mettre au lit, envoya par delà les
monts l'émétiseur et l'émétique, et se rétablit insensiblement, par la seule vertu du cordon de Saint-
François, aux nausées, au dégoût et aux envies de
vomir près, qui ne la quittaient plus un instant.

Monsieur Bridault, très-grand casuiste, mais
très-neuf dans le cas dont il s'agit, ne concevait

rien à cette maladie, qui l'inquiétait, l'affligeait, et le privait des bons offices de Suson ; et, quoiqu'il se fût bien promis de ne jamais prononcer son nom en présence du père Jean-François, par ménagement pour son extrême délicatesse, il ne put s'empêcher de débonder son cœur, dans un de ces momens d'épanchement, où la sensibilité l'emporte sur toute autre considération.

Le père Jean-François, en confessant les fillettes de Calais, qui ne sont pas toutes des vestales, s'était mis au courant de certaines peccadilles, et des petits inconvéniens qui en résultent. Aux premiers mots de nausées, de dégoût et d'envie de vomir, il s'écria : « Je suis perdu, et saint
« François, avec toute sa puissance, ne me sau-
« vera pas. Suson est grosse ! elle est grosse des
« œuvres d'un capucin ! Suson accouchera, le
« voisinage clabaudera, le père gardien le saura,
« m'enfermera, m'étrillera, me stigmatisera, et
« cœtera, et cœtera... Monsieur Bridault, com-
« ment me tirer de là ?

« Si Suson est grosse, répliqua monsieur Bri-
« dault, Suson accouchera sans doute ; mais qui
« diantre s'imaginera que Suson se soit laissé faire
« un petit capucin ? Si le bon Dieu, pour m'in-
« nocenter, ne fait naître l'enfant avec la barbe
« au menton et la couronne de cheveux sur le
« chef, tout Calais me désignera, me bernera,
« me vilipendera ; et que ferai-je à tout cela ?...
« Buvons un coup, père Jean-François.

« Je pense, reprit monsieur Bridault après un
« moment de silence, qu'il a souvent plu à Dieu
« d'éprouver le juste même, par de grandes tri-
« bulations; témoin le saint homme Job, qui ne
« fit jamais d'enfans qu'à sa femme, et qui n'en
« mourut pas moins, sur un fumier, d'une ma-
« ladie, qui ressemblait assez à la sœur aînée de
« la petite vérole. Mais Dieu laisse au pécheur,
« comme au juste, la patience et la résignation,
« qui font supporter des adversités passagères,
« et qui les font tourner au profit de l'ame. Vous
« avez fait un enfant, père François ; ce qui est
« fait est fait ; priez, et résignez-vous. Cet enfant
« a résisté à l'émétique de monsieur Vital ; la
« Providence, dans ses décrets éternels, le des-
« tine sans doute à des choses étonnantes. Soi-
« gnons donc Suson, pendant sa grossesse, et,
« quand son fruit paraîtra sur cette terre de ca-
« lamités, prodiguons-lui nos secours spirituels
« et temporels : le ciel fera le reste.

« Mais comme il faut surtout éviter le scan-
« dale, qui fait pécher le faible, et qui donne à
« rire au méchant, et qu'il est écrit, *aidez-vous*
« *et Dieu vous aidera*, usons d'une ruse pieuse
« que saint Antoine, mon patron, me suggère
« en ce moment, laquelle mettra à couvert votre
« réputation, la mienne, et celle de cette pauvre
« Suson. A quelques lieues d'ici est la chapelle de
« Saint-Gandouffle, célèbre par les pèlerinages
« des goutteux du Calaisis. Je monterai dans

« mon cabriolet, je placerai Suson à mon côté,
« et j'irai à Saint-Gandouffle ; de Saint-Gan-
« doufle j'irai faire une neuvaine à Notre-Dame
« de Boulogne, ce qui me donnera le prétexte
« d'aller voir mon ami le curé de Samer, dont la
« cure n'est pas éloignée de cette ville ; et comme
« mon ami le curé de Samer est un homme crai-
« gnant Dieu, charitable et discret, je lui con-
« terai la piteuse aventure de ma servante, et
« moyennant quelques aumônes aux pauvres de
« la paroisse, il lui permettra de rendre chez lui
« en gros, ce qu'elle a pris ici en détail.

« Très-bon, très-pieux et très-adroit monsieur
« Bridault, s'écria le père Jean-François, béni soit
« à jamais le grand saint Antoine qui vous a
« soufflé cette pensée salutaire pour nous tous !
« Graces vous soient rendues pour votre charité
« vraiment chrétienne, et le zèle ardent qui vous
« porte à secourir le pécheur ! Vous êtes vrai-
« ment mon ami, mon protecteur, mon bon
« ange... Buvons un coup, monsieur Bridault ».

Dès le lendemain de cet entretien, mademoiselle Suson fut chargée de dire à Branlant de se
tenir prêt pour le voyage de Saint-Gandouffle.
Branlant était un charretier, bedeau de la paroisse de Calais, qui avait le privilége exclusif
d'atteler une rosse, dont il était propriétaire, à
toutes les carioles des béates et des confrères du
Saint-Sacrement de la ville, et qui les traînait, au
petit pas, où leurs affaires, leurs plaisirs, ou leur
dévotion les appelaient.

Branlant donc arrive, au jour et à l'heure indiqués, à la porte de monsieur Bridault, en faisant claquer son fouet, le seul que le charretier-bedeau eût jamais fait claquer de sa vie.

Aussitôt mademoiselle Suson ouvre les deux battans de la grande porte, et Branlant met sa bête à une voiture d'osier, doublée de camelot gris, qui était remisée sous un bûcher, et qui servait de retraite à deux dindons qu'on se proposait de manger le lundi et mardi gras derniers, et qui devaient le sursis dont ils jouissaient, à l'accident du père Jean-François et de mademoiselle Suson.

Pendant que Branlant nettoie l'extérieur de la cariole, qu'il expulse les araignées qui s'étaient emparées de l'intérieur, et qu'il graisse les roues, mademoiselle Suson descend, un petit panier à la main, garni de flacons de la liqueur de madame Anfoux, d'un cervelas de monsieur Bouvigny, d'un pain-d'épices d'Angleterre, et portant sous un bras les bottes fourrées de Monsieur, et le petit office de la Vierge sous l'autre.

On monte en voiture. Branlant enfourche sa jument, un pied sur chaque brancard, attitude usitée parmi les voituriers du pays, laquelle monte leurs genoux à la hauteur de leur menton, et leur postérieur au niveau du nez des voiturés. Heureusement, monsieur Branlant n'était pas d'un naturel venteux.

L'équipage sort de la porte cochère. Monsieur

Bridault et mademoiselle Suson font leur signe de croix, selon l'usage des gens pieux de Calais, qui, au moyen de cette précaution, ont souvent voyagé sans accident jusqu'à Coulogne ou Saint-Tricat, quoiqu'il y ait au moins une lieue et demie de la ville à ces deux villages.

A peine eut-on perdu de vue le clocher de Calais, que Branlant, qui n'était pas un bedeau honoraire, mais qui possédait son lutrin, se mit à pousser un *Pange lingua*, d'une manière tout-à-fait agréable, et monsieur Bridault et mademoiselle Suson, qui n'avaient rien de mieux à faire, chantèrent à l'unisson. Au *Pange lingua* succéda le *Stabat mater*; au *Stabat mater*, le *Salve regina*, et comme on ne peut pas toujours chanter, monsieur Bridault s'endormit de son côté; mademoiselle Suson du sien, et l'infatigable Branlant commençait les litanies des saints, les mains croisées sur la poitrine, et les yeux fixés vers le ciel, lorsque Branlant, son cheval, la voiture, et tout ce qui était dedans, roulèrent au fond d'un fossé, que Branlant n'avait pu éviter, par la raison, infiniment simple, que celui qui tourne ses regards vers le ciel, ne voit plus ce qui se passe à ses pieds.

Mademoiselle Suson, que monsieur Bridault accablait du poids de son corps, criait, et se débattait comme un diable au fond d'un bénitier. A force de se débattre, elle dégage une jambe, puis l'autre, et se sentant la tête prise entre les cuisses de son bon maître, elle veut sortir à reculons ; ses jupons s'accrochent à l'ardillon d'une boucle, qui tenait à une courroie, qui attachait les rideaux de la carriole. Suson pousse, avance les cuisses et toutes les dépendances des pays-bas. Les jupons restent en arrière, et trois dragons, qui passaient par hasard, eurent le loisir et la méchanceté de faire de très-longues, et de très-mauvaises plaisanteries sur des fesses qui, pour la première fois, étaient éclairées des rayons du soleil.

Branlant, qui s'était retiré de dessous sa rosse, les tança, avec l'aigreur d'un sous-homme d'église ; accourut mettre son chapeau sur la nudité de mademoiselle Suzon, et, s'aidant de l'autre main, il tira de la carriole la totalité du corps, qui tira après lui l'avant-train de monsieur Bridault, accroché par la tête de Suson, laquelle faisait d'horribles grimaces, occasionnées par certaines exhalaisons, que la peur et l'incommodité de la position avaient fait échapper du corps onctueux de monsieur Bridault.

Les dragons, qui sont d'assez bons diables, quand on ne leur échauffe pas la bile, remirent sur pied nos voyageurs, aidèrent à Branlant à relever la carriole, et, pour prix de leurs services, ils reçurent, de la main de mademoiselle Suson, un petit verre de la liqueur de madame Anfoux, et une tranche de pain-d'épices d'Angleterre. Ils furent si sensibles à ce procédé, qu'ils juchèrent dans la voiture monsieur Bridault et sa gouvernante, grimpèrent Branlant sur son cheval, et prirent congé d'eux, aussi civilement que le peuvent des dragons.

A la prière de mademoiselle Suson, Branlant ne chanta plus, et on arriva, sans autre accident, à Saint-Gandoufle, d'où on poussa jusqu'à Notre-Dame de Boulogne, et de là à Samer, où les choses s'arrangeant comme monsieur Bridault l'avait prévu, mademoiselle Suson, malgré les incommodités de sa grossesse, accoucha heureusement d'un garçon bien conditionné, qui s'empresse, dès l'instant de sa naissance, de présenter ses très-humbles respects au lecteur bénévole, qui veut bien perdre son temps à lire ces aventures.

CHAPITRE III.

Ma première éducation.

Ainsi que les femmes légitimement mariées, et qui deviennent mères légitimes, non pas dans l'intention de remplir les devoirs de la maternité, mais seulement pour leurs menus plaisirs, ne manquent jamais d'envoyer leurs enfans en nourrice, pour peu qu'elles aient d'égards pour leur gorge et de complaisance pour leurs amans ; ainsi mademoiselle Suson, qui était devenue mère incognito, et par un de ces hasards dont tant de pauvres filles ont été et seront encore victimes, se décida facilement et par égard, non pour sa gorge, mais pour sa gloire, à éloigner d'elle le petit capucin, qu'elle aimait de touts on cœur, mais qu'elle ne pouvait allaiter, sans se perdre dans l'esprit de tous les fidèles du Calaisis.

Le curé de Samer, qui pensait à tout, et qui d'ailleurs était connaisseur, avait distingué, au marché, une paysanne, dont les tétons volumineux étaient à peine arrêtés par de fortes épingles, et par les triples cordons de ses jupons. Il l'aborde, l'interroge, et la villageoise, à travers mainte révérence, conte à monsieur le curé qu'elle est venue à Samer acheter de la poterie pour son ménage; qu'elle est mariée à Sangatte, village superbe près de Calais, composé de trente à quarante chaumières, bâties, tant bien que mal, dans un canton où la nature ne produit pas un arbre, mais où le vent de nord, qui souffle les trois quarts de l'année, fait continuellement pleuvoir un sable de mer, qui, joint aux cailloux dont le sol est couvert, rend la terre à peu près stérile; elle ajoute que son mari, le plus honnête homme du monde, s'enivre exactement tous les dimanches, la bat tous les jours, et lui fait un enfant tous les ans, ce qui l'engage à lui passer bien des petites choses; enfin qu'elle est accouchée depuis trois mois, et qu'elle serait bien aise de trouver un nourisson, qu'elle aimerait très-certainement autant que les siens, et dont elle aurait les mêmes soins, pour lesquels elle ne demanderait rien, si les temps n'étaient pas aussi durs.

Monsieur le curé répond à ce verbiage, qu'une pauvre veuve vient d'accoucher d'un posthume, que les nécessiteux se multiplient, qu'on ne peut pas payer bien cher; mais que si elle remplit ses obligations, un digne membre de la confrairie du Saint-Sacrement de Calais se chargera des gratifications, et que l'accessoire vaudra au moins le principal.

La bonne femme proteste, les larmes aux yeux, de sa charité et de son affection pour le petit malheureux, à qui le ciel avait ôté son père, et le curé la conduit, elle, son âne et sa poterie au presbytère. On coupe en quatre une vieille couverture d'une jument poulinière, qui avait vieilli au service du pasteur, et voilà des langes; on rassemble six torchons passablement blanchis, et voilà des couches; on trouve un vieux sac de toile, on l'emplit de paille d'avoine, et voilà un lit; on met le tout dans un des paniers de l'âne, on m'attache par dessus ma layette avec une des sangles de la jument; la poterie de terre, placée de l'autre côté, fait le contre-poids; la nourrice monte à califourchon, entre les deux paniers, après avoir reçu du curé vingt-quatre sols de denier-à-dieu, douze francs d'avance pour deux mois, et un louis d'or que monsieur

Bridault, qui faisait de bonnes œuvres sans ostentation, lui glissa furtivement dans la main, pour éviter les remontrances parcimonieuses du bon curé. Ma mère d'adoption, enchantée de ces manières, part gaîment, traverse le village, s'arrête au cabaret du lieu, s'y corrobore l'estomac d'un doigt de riquiqui, fouette sa monture, et voilà l'Enfant du Carnaval sur la route de Sangatte.

Trois années s'écoulèrent, je ne me rappelle pas comment, parce que mon ame immortelle, émanée directement de la divinité, et qui pensait sans doute, avant d'être confinée entre la vessie et le boyau rectum de mademoiselle Suson, se trouva tellement obstruée par mes organes terrestres et informes, qu'elle ne pouvait concevoir aucune des idées nettes et lumineuses qui l'ont depuis si magnifiquement distinguée. Un grand philosophe de mes amis a voulu me faire croire, il y a quelques jours, que la faculté de penser, comme celle de voir, dépend du développement de nos organes; que ces organes, à mesure qu'ils parviennent au degré de perfection qui leur est propre, sont affectés par tout ce qui a quelque analogie avec eux; que ces premières affections des fibres du cerveau produisent nos premières idées; que ces idées premières, fortement gravées dans une cervelle neuve encore, et susceptible de toutes sortes d'impressions, sont ce qu'on appelle proprement la mémoire; que la mémoire nous aide à comparer les idées, qui se classent successivement dans notre tête ; que l'habitude de comparer ces idées, d'adopter et de suivre celles qui paraissent convenables à notre conservation et à notre bien-être, et de rejeter celles qui paraissent leur être contraires, est ce qui constitue notre jugement, qui est plus ou moins parfait, selon que nos organes sont plus ou moins vivement frappés des objets extérieurs, et qu'ils en sont frappés avec plus ou moins de justesse. Il s'ensuivrait du raisonnement de ce grand homme, que nous pensons comme nous respirons, comme nous mangeons, comme nous digérons, par des moyens simples, naturels, et matériels, ce qui est évidemment contraire à la raison, à la révélation, et à l'opinion des hommes de tous les siècles et de tous les lieux, qui ne se trompent jamais, lors même qu'ils raisonnent de choses dont ils n'ont nulle espèce de notion. Aussi suis-je fortement persuadé que j'ai une ame immortelle, quoique l'immortalité et la construction de mon individu ne me paraissent pas très-compatibles ; quoique je ne conçoive pas comment un être étranger à la matière, qui n'a ni étendue, ni consistance, ni couleur, qui est inaccessible aux sens comme à la raison, peut agir sur la matière, ou être soumis aux impulsions de la matière ; quoique je ne devine pas pourquoi j'ai mal à la tête, quand j'ai long-temps et fortement pensé ; pourquoi je pense difficilement, quand j'ai mal digéré ; pourquoi je pense moins encore quand j'ai une indigestion; pourquoi un fou pense tout de travers, quoique son corps soit en parfaite santé; pourquoi enfin l'ame du père Jean-François n'est qu'une bête, lorsque celle de Voltaire est sublime, quoiqu'il soit évident que l'une et l'autre sont une émanation de la divinité. Mais où serait le mérite de croire ce qui serait démontré, comme on démontre que deux et deux font quatre? Il est bien plus beau et plus méritoire de convenir, sans discussion, que deux et deux font cinq.

Mais laissons-là ce galimatias métaphysique, et revenons à mon corps, qui vaut bien la peine qu'on s'occupe de lui, à ce que m'ont dit certaines dames, qui font autant de cas du physique que du moral.

Me voilà donc à l'âge de trois ans, courant tout nud sur les bords de la mer; ramassant tantôt des cailloux, tantôt des coquillages, que j'apportais au milieu d'une cour fangeuse, dans laquelle je me roulais avec cinq ou six frères et sœurs de lait, sept à huit petits cochons, qui me paraissaient très-jolis, et autant de canards, dont le chant affectait fort agréablement mon oreille, qui fut dans tous les temps très-sensible aux charmes de l'harmonie. A déjeuner, un chiffon de pain de seigle, dont on s'était bien gardé d'extraire le son; à midi, une gamelle de bois remplie d'une soupe à manger à la main, sur laquelle nous nous jetions à l'envi, moi, mes frères de lait, les cochons, les canards, et qui était expédiée en un clin d'œil; à souper, deux ou trois pommes de terre, cuites sous la cendre, et assaisonnées d'un grain de sel; tel était l'ordinaire de la journée, à la fin de laquelle on s'allait coucher, pêle-mêle, sur un tas de paille, que je ne me souviens pas d'avoir jamais vu renouveler, et où on dormait d'un profond sommeil, pendant que les puces soupaient à leur tour.

Mais le dimanche matin, ma nourrice décorait mon berceau de tous ses ustensiles, me débarbouillait de la tête aux pieds, me passait la chemise du dimanche précédent, me mettait mon beau fourreau, mes bas de coton blanc, et mes souliers neufs, qui étant devenus trop courts et trop étroits, me faisaient faire des grimaces de possédé. On décrassait mon fauteuil avec de la cendre, on m'asséyait à l'endroit le plus propre de la hutte, on me mettait à la main un morceau de pain blanc, légèrement frotté d'un beurre frais et ragoûtant, et on me défendait de remuer et de pleurer, à peine d'avoir le fouet. Comme on me fustigeait assez régulièrement, et que cette cérémonie ne me plaisait pas du tout, je me soumettais aveuglément aux volontés de ma nourrice, qui ne voulait tout cela, que parce que mademoiselle Suson partait exactement, de Calais, tous les dimanches, après la messe de six heures, et arrivait à Sangatte à neuf, le mouchoir blanc sur la tête, noué négligemment sous le menton, et le petit panier au bras, dans lequel était une bouteille de vin, et une douzaine de biscuits, destinés à mon usage de la semaine.

Mademoiselle Suson était enchantée et de l'appétit avec lequel je dévorais mon morceau de pain blanc, et de mon extrême propreté, et surtout de ce que je ne pleurais jamais, ce qui était une preuve incontestable que je me plaisais beaucoup à Sangatte. Elle m'embrassait maternellement, me faisait réciter mes prières, qu'on me fourrait dans la tête à coups d'étrivières, se louait de ma mémoire, de mon esprit, de ma gentillesse, des soins particuliers qu'on avait de moi, promettait d'en rendre compte à monsieur Bridault, qui me faisait élever par charité, mais qui s'intéressait beaucoup à mon sort, commérait une demi-heure avec ma nourrice, trouvait ses enfans très-jolis, leur distribuait quelques gros sous, faisait semblant de les embrasser, et retournait, à Calais, tremper la soupe de monsieur Bridault.

A peine mademoiselle Suson avait-elle les talons tournés, qu'on me déshabillait de la tête aux pieds, et qu'on serrait ma défroque dans un grand coffre de bois jusqu'au dimanche suivant. Mon père nourricier buvait ma bouteille de vin tout d'un trait, mes frères de lait se partageaient mes biscuits, et je retournais gambader au milieu des cochons et des canards, mes camarades et mes amis.

J'approchais de ma sixième année, et je commençais à avoir quelque idée confuse de la propriété. Je trouvais mauvais, à part moi, qu'on bût mon vin, qu'on mangeât mes biscuits, et un beau dimanche j'en escamotai un à l'un de mes frères de lait, pour voir enfin quel goût a un biscuit. Je le trouvai excellent, et j'en escamotai un second. Mon frère, qui aimait les biscuits autant que moi, se plaignit à son père, qui me donna un violent coup de pied dans le cul ; je rendis un coup de poing à celui qui m'avait procuré cette gratification ; il me riposta avec un bâton ; je le pris par les cheveux ; les autres se jetèrent sur moi et me renversèrent ; j'en empoignai un par l'oreille, j'en égratignai un autre à la jambe, j'en mordis un troisième à la fesse, et j'allais me débarrasser de tous mes assaillans, lorsque le père nourricier termina le combat à grands coups de fouet, dont les deux tiers tombaient de préférence sur moi. Les faits vérifiés et constatés, je fus déclaré coupable, et attaché avec un trait à une pièce de bois, verticalement plantée au milieu de la chaumière, pour empêcher le grenier de descendre au rez-de-chaussée.

Comme le mal ne reste jamais impuni, à ce qu'on dit, et à ce que je crois, mademoiselle Suson qui, en entrant, avait décrotté ses souliers de maroquin rouge, avec son petit couteau à manche de nacre de perles, et qui l'avait oublié sur le bord de ma couchette, retourna bientôt sur ses pas, pour chercher son petit couteau,

3.

dont elle faisait le plus grand cas, parce qu'il venait de la main de monsieur Bridault, et qu'il n'avait pas coupé leur amitié, comme le lui avaient pronostiqué quelques esprits forts du pays.

Qu'on se figure sa surprise et son indignation, quand elle me trouva nu, attaché à un poteau, le corps rouge encore des coups de fouet qu'on m'avait administrés ! son cœur se gonfla, des larmes lui roulèrent dans les yeux ; mais la colère succédant bientôt à la sensibilité, elle apostropha, dans des termes très-durs, ma nourrice et son mari. Ceux-ci balbutièrent gauchement d'assez plates excuses ; me chargèrent des fautes que je n'avais commises qu'à mon corps défendant ; lui montrèrent un de leurs marmots, se frottant encore la fesse où j'avais mordu, et essayèrent de lui persuader que la petite correction, que j'avais reçue, était indispensable pour le moment, et me serait profitable pour l'avenir. Mademoiselle Suson balançait entre mes larmes, qui faisaient leur effet, et la confiance qu'elle avait toujours eue en ma nourrice, lorsqu'à mon tour, suffoquant de colère, je lui racontai, en sanglotant, et au risque de ce qui pourrait m'en arriver, les faits tels qu'ils s'étaient passés, depuis que j'avais l'âge de connaissance.

Quand elle sut que j'étais nu toute la semaine, fouaillé tous les jours, que je ne buvais pas mon vin, que je ne mangeais pas mes biscuits, mademoiselle Suson ne mit plus de bornes à sa fureur. Telle une lionne, dont le lionceau a reçu dans le flanc le trait mortel du chasseur inhumain, rugit et fait retentir les rochers d'alentour; telle Suson, criant à tue-tête, faisait trembler les carreaux de papier huilé, à travers lesquels le jour pénétrait dans la maison.

Le nourricier et sa femme grillaient de me donner un démenti; mais le vin était avalé, les biscuits grignotés, et il n'était pas probable qu'en aussi peu de temps j'eusse fait un aussi copieux déjeuner.

Voilà votre mois, dit enfin mademoiselle Suson, en jetant avec dignité un écu de six livres sur une table boiteuse et vermoulue. Qu'on fasse le paquet de ce pauvre enfant, je l'emmène avec moi. Nouvel embarras pour la femme et le mari. Ma nourrice, très-propre pour une femme de Sangatte, s'était fait des fichus de mes fourreaux, un jupon piqué de mes langes, et des chauffoirs de mes couches. Il fallut avouer que ma garde-robe se bornait à mon accoutrement du dimanche, qu'on me remit sur le corps, et mademoiselle Suson me prenant par la main, sortit, en menaçant ma nourrice de la vengeance de monsieur Bridault, qui venait d'être nommé marguillier de la paroisse, et à qui cette place éminente donnait une autorité sans bornes, dans toute l'étendue du Calaisis.

Me voilà donc sur le chemin de Calais, regardant tout, admirant tout, ne pensant déja plus ni à ma nourrice, ni à son mari, ni à son fouet, et faisant des châteaux en Espagne, comme en font les enfans de cet âge, et par fois des enfans bien plus vieux.

Nous arrivons à la ville, que je trouvai immense, magnifique, et prodigieusement peuplée, parce qu'elle est un peu plus grande, un peu mieux bâtie, et qu'elle contient un peu plus d'habitans que Sangatte, le seul endroit de l'univers auquel on puisse la comparer sans désavantage.

La maison de monsieur Bridault me parut un palais. Je mis mes souliers dans ma poche en entrant dans sa salle à manger, et je me collai contre la porte, mon petit bonnet à la main, pendant que mademoiselle Suson racontait avec véhémence les mauvais traitemens que j'avais essuyés, et le parti ferme et vigoureux qu'elle avait pris en conséquence. Monsieur Bridault, qui était toujours de l'avis de mademoiselle Suson, approuva sa conduite, et l'envoya avertir, de mon arrivée, le révérend père Jean-François, qui parut un moment après, haletant et tout en eau. Il s'assit, pour se mettre à ma hauteur, et me regarder à son aise ; me tourna, me retourna entre ses jambes ; me pressa affectueusement contre son gros ventre; me barbouilla le visage des larmes paternelles qui roulaient de ses yeux sur sa barbe huileuse ; après quoi, on m'envoya à la cuisine, et monsieur Bridault, le père Jean-François et mademoiselle Suson, assemblés en comité général et secret, délibérèrent sur mon sort.

CHAPITRE IV.

Mon entrée aux Capucins, ce que j'y fais, ce qui s'y passe.

Il fut décidé par le *trium-fœmina-virat*, qu'un enfant de six ans peut se passer de sa nourrice, et qu'ainsi je ne retournerais pas chez la mienne. Il fut reconnu qu'un enfant de six ans, lorsqu'il est bien constitué, est en état de tourner la broche, et d'apprendre à servir la messe, et qu'ainsi je serais alternativement de service à la cuisine de monsieur Bridault, et à l'église des Capucins. On présuma qu'un enfant de six ans peut commencer à lire, à ses momens perdus, et qu'ainsi je serais remis ès mains de monsieur Gondré, maître écrivain-juré, qui avait fait l'éducation de monsieur Bridault, et de bien d'autres savans, et qui écrivait encore assez lisiblement, quoique la main lui tremblât un peu, et que ses doigts, rongés d'engelures, fussent enfermés chacun dans un petit sac de peau. Il fut arrêté, en outre, que des mains de monsieur Gondré, je passerais en celles des pères Minimes, qui tiennent à Calais un collège fameux, dont les écoliers de seconde sont en état d'entrer en quatrième chez les Oratoriens de Boulogne, dont les écoliers de quatrième sont quelquefois reçus en sixième dans les collèges de l'université de Paris ; qu'au reste, j'en saurais toujours assez pour être moine.

Mademoiselle Suson me présenta donc à monsieur Gondré, qui, par considération pour monsieur Bridault, se mit en quatre pour m'apprendre ma croix de par Dieu, et qui suait sang et eau, pour me faire tenir proprement ma plume, que j'empoignais comme un manche à balai. Mademoiselle Suson, de son côté, me répétait sans cesse les réponses de la messe, dont je ne retenais pas un mot, parce que je n'y trouvais rien d'amusant ; mais, en revanche, je savais, à la lettre, les histoires de sorciers et de revenans qu'elle me contait pour m'endormir, et je retenais, par-ci, par-là, quelques couplets des cantiques, qu'on me cornait toute la journée aux oreilles, et dont quelquefois je régalais monsieur Bridault au dessert, lorsqu'il était de bonne humeur et moi aussi.

Cependant j'avais vécu à Sangatte indépendant, libre de toute espèce de contrainte, maître absolu de mon temps, et assez satisfait de mon sort, aux étrivières près. Le nouveau genre de vie que je menais me paraissait très-gênant et très-extraordinaire. Je ne concevais pas pourquoi il fallait me taire chez monsieur Gondré, lorsque j'avais envie de parler ; pourquoi, lorsque je voulais courir, il fallait rester assis, le nez collé sur un livre, où je ne connaissais rien, et auquel je ne concevais pas qu'il fût utile de connaître quelque chose. Je ne concevais pas davantage pourquoi mademoiselle Suson se tuait pour me fourrer dans la tête des mots barbares, qu'elle n'entendait pas, ni moi non plus, et dont l'intelligence ne me semblait pas aussi nécessaire qu'elle voulait me le persuader. Mais je concevais à merveilles l'utilité d'un tourne-broche, et je tournais assez exactement, pour peu qu'on me permît de tremper mon pain dans la lèchefrite.

Après deux ou trois ans de peines et de soins, je me trouvai en état de servir assez joliment une messe ; mais je ne savais pas lire du tout, et je me promettais bien de n'en jamais savoir davantage. Monsieur Bridault observait quelquefois, au père Jean-François, que je ne paraissais pas précoce. Celui-ci le rassurait, en lui disant qu'il s'était développé très-tard, et mademoiselle Suson ne manquait jamais d'ajouter que monsieur Gondré était très-content de mon assiduité et de mes efforts, quoiqu'il n'eût pas dit le moindre mot de tout cela. Au surplus, on convenait que j'avais une figure heureuse, un air ouvert et décidé, des manières caressantes, et une grande docilité.

Je grandissais à vue d'œil. J'étais vigoureux pour mon âge, et mademoiselle Suson ne me conduisait plus chez monsieur Gondré. J'allais et je revenais seul, ce qui me plaisait infiniment, parce que je prenais le chemin le plus long, que je faisais ma petite partie en allant à l'école, et que, quelquefois, je n'y allais pas du tout.

Oh! si nous réfléchissions combien est étroit l'intervalle qui sépare le vice de la vertu ; si l'on pensait combien il est difficile de rétrograder, quand on a fait le premier pas dans la voie de la perdition ; si l'on était bien persuadé que, des premières actions de notre vie, dépend souvent le sort de notre vie entière, avec quel soin on veillerait sur soi-même ; avec quelle ardeur on réprimerait ses penchans ; avec quel discernement on choisirait ses amis ! Une liaison dangereuse suffit seule pour corrompre un cœur, dans lequel germe déja la semence de la sagesse. Ainsi me parlait monsieur Bridault, quand il savait que j'avais fait l'école buissonnière.

En effet, je n'avais pas choisi mes amis parmi les enfans les mieux élevés de la ville. Je m'étais lié avec sept à huit polissons, paresseux, joueurs et gourmands comme moi, et, en moins de six mois, je me fis une réputation étonnante. Je cachais les lunettes de monsieur Gondré, je lui escamotais sa férule, je volais des petits pâtés à monsieur Darquerre, et quand je servais la messe du père Jean-François, je sonnais à l'évangile, je changeais le missel de côté à l'élévation, je buvais le vin de la burette, et je la remplissais d'eau, je mettais les cierges dans ma poche, et j'allais les vendre pour jouer à la fossette. Tous ces crimes demeurèrent quelque temps inconnus à monsieur Bridault, par la sollicitude vraiment paternelle du père Jean-François et de mademoiselle Suson, qui tremblaient de me voir encourir sa disgrace. Mais, à la fin, j'osai m'attaquer à monsieur Bridault lui-même. Je mangeai ses confitures, je brouillai son café, je déchirai une Vie des Saints, je cassai la patte à son chat, je mis le feu à ses draps, en bassinant son lit, et pendant qu'il faisait sa méridienne, je l'accrochai par sa perruque au dosier de son fauteuil. Tant de forfaits ne pouvaient rester impunis, et monsieur Bridault se détermina à prendre un parti violent. Les prières du père Jean-François et de mademoiselle Suson l'appaisèrent à la fin. On me traîna à ses genoux, on lui fit croire que je lui avais demandé pardon ; monsieur Bridault me pardonna avec sa bonté ordinaire, ne pensa plus à rien, et je méditai de nouvelles fredaines.

Le soir, je tendais, dans la rue, une corde à deux pouces du pavé, et j'avais le plaisir de voir culbuter les passans ; je frappais à toutes les portes, et je fus pris sur le fait par monsieur Joutel, confrère de monsieur Bridault, et du Saint-Sacrement, qui me tira les oreilles jusque sur les épaules ; en réparation de quoi, je jugeai à propos de casser toutes ses vitres avec des cailloux, que je portais dans mes poches, en cas d'évènement.

Sur la plainte de monsieur Joutel, monsieur Bridault, le père Jean-François et mademoiselle Suson, s'assemblèrent extraordinairement.

Le patron, qui était excédé de mes sottises, ouvrit la séance par un discours pathétique, qu'il conclut en déclarant qu'il m'allait mettre à l'hôpital. Le cœur maternel de mademoiselle Suson se souleva au seul nom d'hôpital, et le père Jean-François représenta, avec douceur, à monsieur Bridault, que la société que j'y fréquenterais lui paraissait peu propre à m'éclairer l'esprit, et à me former le cœur; qu'à la vérité il ne pouvait pas garder plus long-temps chez lui un diable incarné, qui se moquait de tout; mais que Dieu voulait la conversion, et non la mort du pécheur, et qu'il le priait d'observer que saint Augustin s'était enfoncé bien plus avant que moi dans la sentine du vice, et qu'il n'était pas impossible, qu'ainsi que ce flambeau de l'Église, je revinsse un jour à résipiscence; qu'il ne fallait pas m'en ôter les moyens, en m'enfermant parmi des imbécilles et des fripons; qu'il était plus prudent et plus court de prier le père gardien de me recevoir dans la communauté, où je n'aurais sous les yeux que de bons exemples, où je n'entendrais que des discours pieux, et où je n'aurais plus de commerce avec les camarades qui m'avaient perverti.

Monsieur Bridault, qui n'avait rien à refuser au père Jean-François, ni à mademoiselle Suson, adressa un petit mot au père gardien, accompagna sa requête d'un gigot de mouton et d'un panier de vingt-cinq bouteilles de vin vieux, et trois jours après, au moment où on s'allait mettre à table, je vis entrer le frère Joseph, portant une besace, assez bien garnie, qu'il déposa sur le parquet. Il en sortit une veste, une culotte et une paire de bas, qu'il m'avait taillés dans une vieille robe du père Jean-François. Il me saisit, sans dire un mot, me déshabille en un tour de main, m'affuble de son grotesque et dégoûtant costume, et tirant enfin, du fond de sa besace, une calotte de la même étoffe : Qu'on lui coupe les cheveux, cria-t-il d'une voix de tonnerre, qui me fit trembler de la tête aux pieds. Mademoiselle Suson s'avança lentement, l'œil humide, une main sur la chaîne de ses ciseaux, et l'autre étendue vers monsieur Bridault, comme pour implorer sa pitié. A la vue des ciseaux, je jetai un cri perçant. Le frère Joseph tira, de dessous son manteau, un nerf de bœuf, dont il m'appliqua, sur les épaules, cinq à six coups, qui me calmèrent à l'instant, et monsieur Bridault fit signe de commencer l'opération. Qu'on se figure les plus beaux cheveux du monde, tombant, par boucles, sur des épaules blanches comme l'albâtre ; une mère condamnée à dépouiller son fils d'un ornement, qui faisait valoir la figure la plus piquante; monsieur Bridault, assis dans son grand fauteuil, son bonnet de velours noir enfoncé jusque sur les oreilles, affectant une insensibilité qu'il n'avait pas, et la figure sale, froide et bête du frère Joseph, et on aura une idée du tableau.

A genoux devant mademoiselle Suson, la tête penchée sur son giron, je sentais le fatal ciseau s'approcher de ma chevelure, et s'en éloigner aussitôt. Sa main tremblante semblait se refuser au cruel ministère qu'on en exigeait... Enfin une boucle tombe, et le ciseau tombe avec elle. Les larmes de Suson inondent mon visage, je me sens pressé dans ses bras, et comblé des plus tendres caresses. Hélas! ce sont les dernières que j'ai reçues de cette bonne mère, et maintenant que le silence des passions me permet de jeter un coup d'œil sur le passé, je ne puis me rappeler son amour, ses soins, son dévouement absolu, sans donner des larmes à sa mémoire.

Le frère Joseph impatient, et toujours maître de lui, ramasse les ciseaux, et bientôt il ne me reste plus un cheveu sur la tête. Il me la couvre de sa maudite calotte, et, me prenant par le bras, il me conduit à son couvent, après m'avoir fait traverser les principales rues de Calais, et m'avoir inhumainement exposé aux huées de mes camarades, et de tous ceux qui avaient souffert de mes espiègleries. L'impitoyable frère me fait traverser le cloître, me traîne à une cellule écartée, ouvre une porte épaisse et noire, qui roulait avec peine, sur des gonds que la rouille avait à demi rongés, et la referme sur moi avec un bruit épouvantable.

A peine me trouvai-je seul, que je comparai la vie douce et commode dont je jouissais chez monsieur Bridault, au sort affreux, qui me semblait réservé. Je me reprochai amèrement mes fautes. Le repentir, la crainte, l'espérance m'agitaient tour à tour. Un accablement profond succéda à ces différens mouvemens; une douleur sourde et concentrée s'empara de tout mon être; je me sentais défaillir, et c'en était fait de l'Enfant du Carnaval, si une source abondante de larmes n'eût enfin soulagé mon cœur, qui était prêt à se briser.

A dix ans on se console de tout; on se fait à tout, et après m'être essuyé les yeux, avoir fait sept à huit fois le tour de la cellule, m'être bien assuré de l'impossibilité de m'évader, je commençai gaîment un inventaire de mon mobilier. Une croisée étroite et bien barrée, à huit pieds de terre, trois planches de sapin, fixées à dix-huit pouces du sol, et qui paraissaient destinées à me tenir lieu de lit, d'énormes toiles d'araignées au plafond, quatre murs barbouillés de charbon, représentant, et multipliant, à mon œil fatigué, des têtes et des os de morts en sautoir, des larmes, et autres brimborions du même genre, qui indiquaient assez que l'appartement avait été habité, avant moi, par quelqu'un d'une imagination aussi riante que celle du docteur Young, que tout le monde veut avoir, que personne ne lit, et dont l'ouvrage n'a d'autre propriété que de tourner tout-à-fait un cerveau faible et déja frappé ; une table de pierre, une escabelle de bois, un prie-dieu, un rosaire, un pot d'eau et un pain bis, tel était l'ensemble de mes propriétés. J'avalai la moitié du pain par désœuvrement, je bus un coup là dessus, je me couchai sur mes planches, et je m'endormis tranquillement, sans m'occuper du lendemain.

Le sommeil me rafraîchit le sang, et le jour commençait à éclairer de biais les murailles rembrunies de mon hôtel, lorsque je me réveillai. Je m'assis sur mon cul, mes deux jambes dans mes mains, mon menton appuyé sur mes genoux, et je me mis à penser à ma détention, et aux moyens de l'abréger. Je sentais bien que je ne pouvais rien espérer de l'inflexibilité du frère Joseph, et je résolus de le tromper. Geolier exact et silencieux, il m'apportait le matin mon ordinaire de la journée, c'est-à-dire, un pain frais et de l'eau claire, m'examinait un moment, et sortait sans me dire un mot. Le troisième jour, il s'assit sur mon lit, me fixa, se leva, se rassit encore, et enfin me demanda ce que je pensais de la manière dont on traitait les petits libertins, qui n'ont ni foi ni loi, qui manquent de respect à leurs bienfaiteurs, et qui cassent les vitres des confrères du Saint-Sacrement ? Je répondis d'un air de componction, que j'avais mérité d'être puni ; que je trouvais mon châtiment trop doux ; que je m'y soumettais avec résignation, et que j'en attendais la fin, de mon repentir, de l'indulgence de monsieur Bridault, et surtout de la miséricorde du ciel. Le père Jean-François, qui probablement écoutait à la porte, entra en ce moment, et m'apprit que le père gardien, touché de ma soumission, lui avait permis d'adoucir mon sort. En conséquence, il me mena dans un réduit, un peu moins triste que celui que j'habitais, et qui touchait à la cellule du frère Joseph; il m'y parla avec charité et onction, me consola, me rassura, et me conduisit au réfectoire, où monsieur Bridault était venu jeûner, à côté du gardien, et me regardait en dessous, en tournant et retournant une portion de lentilles, qui rentrèrent intactes dans la chaudière qui servait de casserole à la communauté.

Après le dîner, le frère Joseph, qu'on avait nommé en chapitre mon cerbère ou mon mentor, me fit descendre au jardin, où il me parla en ces termes : « Petit Jean-Farine, vous avez la
« langue dorée; mais vous ne m'en imposerez
« pas : je ne juge point par des paroles, mais par
« des faits. Vous vous lèverez tous les jours à
« minuit, et vous sonnerez les matines; vous y
« assisterez avec recueillement, et vous irez vous
« recoucher jusqu'à cinq heures, que vous son-
« nerez l'*Angelus*, et la première messe. Vous
« servirez cette messe, et toutes celles qu'il plaira
« à nos bons pères de célébrer jusqu'à huit heures;

« à huit heures, vous déjeûnerez selon vos mé-
« rites; à neuf heures vous sonnerez la grande-
« messe, et vous la chanterez du mieux que
« vous pourrez, jusqu'à ce que je vous aie appris
« à la chanter proprement. A onze heures, vous
« dînerez en communauté; à midi vous sonnerez
« une seconde fois l'*Angelus*, qu'on ne peut
« trop sonner, et qu'on ne saurait trop dire, après
« quoi vous balaierez le chœur, le sanctuaire, la
« nef, les chapelles latérales et le parvis. A une
« heure, vous prendrez l'imitation de Jésus-
« Christ, ou le guide du pécheur, et vous
« tâcherez d'apprendre à lire, ce que je ne me
« charge pas de vous enseigner, et pour cause.
« A trois heures, vous sonnerez les vêpres, et
« vous les psalmodierez avec nous; à quatre
« heures, vous ferez un tour de jardin, en réci-
« tant dévotement votre chapelet; à cinq heures,
« vous souperez; à six heures, vous sonnerez
« l'*Angelus* pour la troisième et dernière fois; à
« six heures et demie, vous descendrez à la cui-
« sine, où vous m'aiderez à laver la vaisselle, et
« à mettre en ordre, dans le garde-manger, les
« provisions que la Providence nous aura en-
« voyées, par le canal des bienfaiteurs de la
« maison; puis vous irez vous mettre au lit, où
« il vous sera permis de vous reposer, après
« vous être livré à ces pieux exercices. S'il vous
« arrive d'en négliger aucun, ou si vous appro-
« chez de cinquante pas de la porte du cloître,

« je me propose de vous distribuer sur les épaules
« nues cinquante coups de nerf de bœuf, dont
« je vous ai montré un échantillon dans la salle
« à manger de monsieur Bridault, et en cas de
« récidive on doublera la dose, et on vous re-
« mettra pour six semaines dans la sainte retraite
« dont le père Jean-François vous a tiré ce ma-
« tin. » A ces mots il me laissa, et fut vaquer à
ses affaires.

Je ne crois pas que Satan en personne ait
jamais imaginé des moyens plus sûrs pour damner
un chrétien. Le genre de vie auquel on me sou-
mettait, était un supplice intolérable, dont je ne
prévoyais pas la fin, et mille fois le jour je me
donnais à tous les diables. Au bout d'un mois de
ce régime infernal, ma patience s'aigrit considé-
rablement; je négligeai la pratique des exercices
pieux qui m'étaient prescrits, et le frère Joseph,
esclave de sa parole, me remettait dans la voie
du salut, à grands coups de nerfs de bœuf. Je
jurai de me venger d'une manière éclatante; et
un soir qu'il me régalait, à son ordinaire, dans un
coin de la cuisine, et qu'il me faisait sauter
tantôt sur les fourneaux et tantôt sous la table,
je me jetai sur une terrine pleine d'un potage
brûlant; j'en coiffai sa révérence, et, pendant
qu'elle se dépêtrait de la terrine, et qu'elle s'es-
suyait la figure et la barbe, en beuglant comme
un veau, je grimpai jusqu'au grenier, et je me
réfugiai sur le toit. J'y étais à peine, que le

4.

redoutable frère Joseph parut à la lucarne, une broche à la main, et se mit en devoir de me poursuivre. Je tins ferme, et je me défendis courageusement, avec des tuiles que j'arrachais de la couverture. Ma contenance décidée en imposa un moment au frère; mais honteux d'être tenu en échec par un enfant de mon âge, il s'avança d'un air déterminé, en parant, avec sa broche, les tuiles que j'envoyais siffler autour de ses oreilles. La peur me saisit à mon tour. Je me sauve de toit en toit, ayant toujours sur mes talons l'opiniâtre frère et sa broche. Il était prêt à me saisir, et j'étais sans ressource, lorsque je m'avisai de me laisser couler de la couverture par terre, au hasard de me rompre le cou. Je tombai, à califourchon, sur un avant-toit qui couvrait la cloche du réfectoire; je la sonnai à volée. En un instant toute la capucinière fut rassemblée au jardin; et je déclarai au père Jean-François, à haute et intelligible voix, que s'il ne s'engageait, par l'ame de son patron, à m'ôter des griffes de son enragé frère Joseph, qui était resté au haut du toit, la bouche béante et la broche à la main, j'allais me casser la tête sur le pavé. On me promit ce que je voulus, on m'aida à descendre; et le père Jean-François voyant que la rigueur n'était bonne qu'à me mettre le diable au corps, essaya les voies de la douceur, qui lui auraient peut-être réussi, si la soif de la vengeance, qui ne me quittait plus, n'avait occasionné un petit évènement qui me fit sortir de la maison pour n'y rentrer de ma vie.

Le frère Joseph était un vigoureux compère, qui gueusait avec grace, qui était connu de la ville et des fauxbourgs, qui était bien reçu des maris, mieux traité de leurs femmes, et qui apportait au couvent jusqu'au bois d'une maison, quand il ne pouvait plus y trouver autre chose. J'avais quelquefois remarqué, dans le bas de son prie-dieu, des bouteilles de liqueur, et quelques petits écus, qu'on ne lui avait pas donnés pour lui, et dont il s'était adjugé la propriété. J'avais remarqué, en outre, une certaine Marie-Jacques, revendeuse de poisson, âgée d'environ quarante ans, la peau tannée, le sourcil épais, l'œil bordé d'écarlate, le nez épaté et barbouillé de tabac, des tétons à mettre dans ses poches, des fesses comme des timbales, et des jambes comme des poteaux; Marie-Jacques enfin, qui était construite de manière à faire reculer le grenadier le plus intrépide de la garnison, pouvait être un morceau très-sortable pour un frère capucin. Comme je ne sortais pas de la maison, je ne perdais rien de ce qui s'y passait. J'avais plusieurs fois aperçu Marie-Jacques, rôdant autour des cloîtres à la nuit tombante, le frère Joseph allant à sa rencontre, lui parlant avec action, ne se dérangeant ni pour moi, ni pour personne, et personne, hors moi, ne soupçonnant Marie-Jacques, qui, n'ayant pas figure humaine, ne devait pas inspirer de soupçons. Un certain soir, que je rêvais aux moyens de pouvoir faire, au père Gardien, une dénonciation établie sur des preuves palpables, il me sembla entendre quelque bruit dans le corridor. J'entr'ouvris doucement ma porte, et je crus entrevoir, dans l'obscurité, quelque chose qui se glissait dans la cellule du frère Joseph, qui se renferma aussitôt. Je m'approchai sur la pointe du pied, j'écoutai attentivement, et je demeurai convaincu. Je descends, je ferme la porte du cloître, celle du jardin, je prends la crécelle du jeudi-saint, je galope de dortoir en dortoir, en jouant de ma crécelle, et en criant de toutes mes forces : Marie-Jacques est couchée avec le frère Joseph. Celui-ci ne perd pas la tête, il passe Marie-Jacques dans sa robe, lui enfonce son capuchon sur les yeux, lui tourne le nez à la muraille, fait un paquet de sa chemise et de ses jupons, le prend sous son bras, enfile le corridor, me trouve en son chemin, me jette à dix pas, d'un coup de poing sur l'oreille; descend l'escalier, trouve les portes fermées, se jette dans la cave, et se cache derrière un cuvier, qui servait à laver le linge d'église, et qu'on avait dressé contre le mur. Le père Gardien, le père Vicaire, et tous les pères possibles, sortent à la fois de leurs cellules, croient le feu à la maison, et ce n'est qu'avec des peines infinies que je parviens à me faire écouter, et à raconter ce que j'ai vu et entendu. Le père Gardien allume sa lanterne sourde, entre chez le frère Joseph, et le voit couché sur son grabat. Elle s'est enfuie toute nue, répétais-je au père Gardien. Elle a passé près de moi, à telles enseignes qu'elle m'a renversé d'un soufflet. J'ai fermé toutes les portes, et elle ne peut être que dans la cave. Le père Gardien et le père Vicaire y descendent, regardent, furètent partout; et au moment où ils s'approchent du cuvier, le frère Joseph le renverse sur eux, les charge d'un demi-cent de fagots, remonte armé d'un gourdin, frappe à droite et à gauche, nous disperse tous, rentre dans son taudis, fait lever Marie-Jacques, lui ôte sa souquenille, l'attache sous les aisselles avec son cordon, la descend dans le jardin, jette son paquet après elle, lui souhaite le bon soir, et lui dit de se sauver pardessus les murs, en s'accrochant aux espaliers. Un vieux chien-courant, commensal de la maison, flaire Marie-Jacques de cent pas, et fait entendre sa voix rauque, en la chassant sur trois pattes. Elle s'échappe à travers un carré de choux, trébuche, culbute, se relève, et recommence à courir. Le chien la poursuit sans relâche, en aboyant plus fort, et il allait la haper par la fesse, lorsqu'elle fait un dernier effort, saute à un abricotier, et parvient à enfourcher la muraille. Le factionnaire de l'hôpital, qui se trouve en face, écoute, regarde, ne sait que penser de la masse informe qu'il aperçoit, crie qui vive d'une voix mal assurée, et Marie-Jacques, pour toute réponse, lui saute sur les épaules, le renverse, et se tapit dans sa guérite ; le soldat croit que le diable lui est tombé sur le dos ; il se relève et s'enfuit au corps-de-garde. Une patrouille arrivait par l'autre bout de la rue ; elle entend ce tintamare ; elle avance au pas de charge, et la baïonnette en avant ; Marie-Jacques se remet à courir, rencontre une seconde patrouille, enfile une autre rue, et va se jeter au milieu d'une troupe de bourgeois, qui sortaient d'une noce, et qui avaient la tête échauffée, la vue trouble, et qui, à l'aspect de ce monstre femelle, que sa nudité rendait plus affreux, s'imaginent avoir un revenant à leurs trousses, et se dispersent dans les rues de Calais, en criant à la garde. Marie-Jacques court toujours, effraie tout ce qui se rencontre sur son passage, et, à force de courir, elle se trouve vis-à-vis de l'égoût, dont la grille était ouverte, et dans lequel elle s'enfonce jusqu'à la ceinture, tenant son paquet sur sa tête. En un moment tous les postes sont sur pied, les patrouilles se multiplient ; les habitans qui étaient couchés se mettent à leur croisées, ceux qui étaient dans les rues cherchent à se réfugier chez eux, tout le monde crie à la fois, et personne ne s'entend. Le porte-clef de la ville s'éveille en sursaut, et croit que les Anglais sont maîtres de la place. Il court, en chemise, au premier corps de garde, fait battre la générale, et va éveiller monsieur le Commandant. La garnison sort de ses casernes, le sac au dos, et vient se ranger en bataille sur la place. Monsieur le Commandant arrive, l'épée à la main, se met à la tête d'un régiment suisse, parcourt toute la ville, ne rencontre pas d'ennemis, et envoie le porte-clef au cachot. Le calme renaît, et on parvient enfin à s'entendre. Monsieur le Commandant apprend que la ville a été mise en combustion par un diable qui sortait de chez les Capucins ; il marche droit au couvent, et se fait ouvrir les portes. Il trouve cinq à six pères retranchés dans leurs cellules, bassinant, avec de l'eau vulnéraire, les contusions que le gourdin du frère Joseph leur avait faites, et transis de peur des hurlemens qu'ils entendaient, et qui partaient ils ne savaient d'où. Le Commandant fait allumer des flambeaux, visite toute la maison ; et à peine a-t-il le pied dans la cave, que ces hurlemens extraordinaires redoublent avec fureur, et semblent sortir de dessous un tas de fagots. On dérange les fagots, et on découvre un cuvier ; on lève le cuvier et on aperçoit le père Gardien, et le père Vicaire, à demi suffoqués, et ne concevant rien à tout ce qui s'était passé. Comme j'étais l'unique cause de tout ce tintamare, et que je n'avais pu convaincre le frère Joseph, j'étais sans espoir dans la miséricorde des hommes, et je pris sur-le-champ mon parti. Je me coulai à travers les soldats, qui emplissaient la maison, je gagnai la rue, et je me glissai dans la cour de monsieur Dessein, qui est ouverte jour et nuit, depuis le premier janvier jusqu'au trente-un décembre.

CHAPITRE V.

Nouvelle manière de voyager à peu de frais.

Mon premier soin, en entrant chez monsieur Dessein, fut de me soustraire aux recherches, et à la vengeance des révérends pères Capucins, que je croyais très-occupés de mon individu, et qui ne s'occupaient que du tort irréparable qu'une scène aussi extraordinaire pouvait faire à la maison. Je ne connaissais pas celle où je m'étais réfugié. Je voyais des lumières à toutes les croisées, et je jugeai qu'il n'était pas prudent de m'avancer davantage. Je regardai autour de moi; j'aperçus une grande, belle et bonne berline; j'y entrai provisoirement, et je tins conseil avec moi-même, non sur le passé, dont je ne m'inquiétais guère, mais sur l'avenir, qui ne se présentait pas à mes yeux sous un aspect bien riant. Ma méditation était souvent interrompue par les gens de monsieur Dessein qui entraient, sortaient, chantaient, juraient, s'appelaient, se répondaient; et mon imagination frappée croyait, à chaque instant, distinguer la voix effrayante de l'inexorable frère Joseph. La girouette que le vent agitait, une feuille qui voltigeait en rasant le sol, le mouvement que je communiquais moi-même à la voiture, tout me faisait tressaillir, et je me roulais, comme une pelote, dans le fond de la berline. Je me relevais avec précaution, je me rassurais un peu, j'essayais de penser à l'état de mes affaires : ce maudit frère Joseph brouillait toutes mes idées, et son nom terminait toutes mes phrases.

Cependant ces sensations pénibles se dissipaient insensiblement, lorsque le jour, qui commençait à poindre, m'inspira des craintes nouvelles, plus pressantes et mieux fondées. J'allais être infailliblement découvert, reconnu et livré au frère Joseph. Si je me hasardais à sortir, le premier bourgeois de Calais, dont je serais rencontré, ne manquerait pas de m'arrêter, et de se faire un malin plaisir de me réintégrer ès mains du frère Joseph. Ce damné frère Joseph me poursuivait, me tourmentait, m'obsédait sans relâche; je ne pensais, je n'entendais, je ne voyais que lui. Pendant que j'étais dans ces angoisses, j'entends distinctement ouvrir une porte; on s'avance dans la cour, et on marche droit à ma voiture. Je rassemble toutes mes forces, et, par un mouvement aussi prompt que la pensée, je dérange le coussin du fond, je lève le dessus du coffre, et je me blotis dedans. On ouvre la portière, on monte dans la berline, on tourne, on retourne, on arrange, on descend, on remonte, on redescend encore. Un tremblement universel m'avait saisi, mon cœur battait avec violence, une sueur froide coulait de toutes les parties de mon corps. Je retiens mon haleine, je prête une oreille attentive, et je crois reconnaître les pas des chevaux, et le bruit sourd des bottes fortes, qui font résonner le pavé. Deux êtres quelconques se placent directement sur moi, la portière se referme, la voiture part avec la rapidité de l'éclair, et voilà l'Enfant du Carnaval qui court la poste sans savoir comment, qui est défrayé sans savoir par qui, et qui va sans savoir où.

J'étais ployé en quatre ; il m'était impossible de changer de position ; des crampes horribles m'arrachaient, quelquefois, des cris que le bruit des roues étouffait ; mais je m'éloignais du couvent des capucins, et c'en était assez pour moi. Ma tête portait sur une de ces clefs de fer qui servent à démonter les roues, et, à chaque cahot, elle faisait un soubresaut, qui était suivi d'un coup violent. Comme les chemins des environs de Calais sont parfaitement entretenus, les cahots se succédèrent bientôt sans interruption, et ma tête n'avait plus qu'un mouvement périodique, qui ressemblait assez à celui du marteau d'une horloge. L'air s'épaississait insensiblement dans mon trou ; au bout d'un quart d'heure il en restait si peu, que je ne respirais plus qu'avec des peines incroyables. Je pouvais calculer combien il s'écoulerait encore de minutes jusqu'à mon entière suffocation ; mais je m'éloignais du couvent des capucins, je me serais laissé écorcher vif plutôt que d'y retourner, et je me résignai.

Une secousse terrible, qui manqua de renverser la voiture, dérangea un peu l'ensemble de mon corps; et ma main gauche, qui était passée sous ma cuisse droite, rencontra une extrémité de la très-dure et malfaisante clef, dont je voulus au moins me dépêtrer la tête. Je reconnus que l'autre extrémité était arrêtée dans une fente, qui se prolongeait entre deux planches sur toute la largeur de la voiture. Je tirai; la clef résista. Je tirai plus fort; elle s'engagea davantage. Je me désolai, je me dépitai, j'allais abandonner la clef, et livrer ma tête et tout mon corps aux caprices de la fortune, lorsque je m'aperçus que cette clef, dirigée d'un certain côté, faisait l'effet d'un levier, et qu'elle soulevait une des planches. Cette découverte ranima l'espoir, qui s'éteignait au fond de mon cœur, et multiplia mes forces. Je redoublai d'efforts; j'en fis d'étonnans pour mon âge; je sentais avec un plaisir indicible la planche qui se détachait à chaque secousse; je parvins à la saisir avec ma main droite, et je la retournai entièrement, mon estomac collé au couvercle du coffre, et mon corps soutenu par ma tête et mes genoux, fortement appuyés contre les panneaux de droite et de gauche. Je commençai à avoir de l'air : c'était beaucoup sans doute, mais cela ne suffisait point; ma position était intolérable. Je me reposai un moment, je repris un peu mes sens, et je me remis au travail avec une nouvelle ardeur. Je poussais, je retirais la planche, je l'agitais en tous les sens. Un des bouts sortit enfin du coffre ; je la jetai sur la grande route, j'envoyai la clef après elle, je passai mes jambes dans l'ouverture, et je me trouvai commodément assis, respirant à discrétion, dispensé de la crampe, et décidé à rouler, tant que cela conviendrait au propriétaire de la voiture.

Celui-là est malheureusement né, qui, dès le berceau, est environné d'êtres qui s'intéressent à lui, qui ne s'occupent que de lui, qui se ploient à ses goûts, qui préviennent ses désirs, et qui s'estiment heureux de pouvoir les satisfaire : il devient nécessairement dur, arrogant et ingrat. L'homme isolé, sans asile, sans ressources, se pénètre du sentiment de sa faiblesse et de sa dépendance, du besoin qu'il a de ses semblables, et de la nécessité de leur être utile pour en obtenir des secours. Les vérités les plus simples sont ordinairement le fruit d'une longue expérience ; mon état présent m'éclaira, en un instant, sur mes torts passés, et sur ma conduite à venir. J'avais été impertinent et froid avec mes premiers bienfaiteurs ; je m'étais accoutumé à considérer leur affection et leurs soins, comme une dette qu'ils avaient contractée envers moi, et je ne pensais pas à m'acquitter envers eux. Je ne tenais plus à personne, personne ne s'intéressait à moi :

qu'allais-je faire ? qu'allais-je devenir ? que ne devrais-je pas à l'ame bienfaisante qui serait touchée de ma misère, et qui daignerait l'adoucir ? Par quelle reconnaissance, quel attachement, quel zèle ne paierais-je pas des bontés, auxquelles je n'avais pas le droit de prétendre, et qui ne m'en seraient que plus chères ? Je ne me disais pas tout cela si clairement ni si correctement ; mais tel était le fond de mes idées.

Je n'étais séparé de mes compagnons de voyage que par un coussin de velours d'Utrecht, et une planche d'un demi-pouce ; mais la fortune, la naissance, et peut-être la considération publique, avaient mis entre nous un intervalle qu'il me serait impossible de franchir. Cette pensée n'était pas consolante : cependant je grillais de voir ceux qui étaient au-dessus de ma tête. Je me proposais de lire, dans leurs yeux, les qualités de leur cœur, et d'implorer leur assistance, pour peu qu'ils fussent porteurs d'une de ces figures franches et ouvertes, qui plaisent au premier coup-d'œil, et qui inspirent la confiance. Je leur conterai mes aventures, disais-je en moi-même ; elles les amuseront. Mes regrets sincères les toucheront ; ma jeunesse, ma jolie petite mine, leur plairont, et ils me secourront. Mais non, reprenais-je l'instant d'après. La misère d'un inconnu n'inspire qu'une compassion froide et passagère ; ceux qui logent au-dessus de moi, croiront faire assez en me donnant quelque monnaie ; d'un air dédaigneux qui m'humiliera; puis ils me tourneront le dos, en me priant de vouloir bien continuer mon voyage à pied.

Pendant ce soliloque, la voiture s'arrêta pour la sixième ou septième fois, et je rentrai mes jambes, comme je n'avais pas manqué de le faire aux postes précédentes. La portière s'ouvre; on descend de voiture. On demande, en assez mauvais français, si on trouvera de quoi dîner. Oui, Milord, et comme un prince, répond je ne sais qui, d'un ton mielleux et obligeant. Diable, fis-je, à part moi, je suis avec un Milord, et un Milord qui va dîner comme un prince! j'ai assez mal soupé hier, je n'ai pas déjeuné aujourd'hui, et je ne dînerais pas! cela serait dur. Mais pour dîner il faut de l'argent; pour se procurer de l'argent il faut travailler, ou avoir travaillé, ou tenir, des économies de ses parens, le privilége de tout exiger des autres, et de ne rien faire pour eux. Mais je ne connais ni mon père, ni ma mère; je ne sais s'ils sont morts ou vivans, riches ou gueux; je n'ai jamais travaillé, et je ne sais rien faire, et cependant il faut que je dîne, si je m'en rapporte à mon estomac. Voyons donc s'il me sera impossible de profiter du superflu de la table du Milord, comme j'ai profité du superflu de sa voiture.

Je lève avec ma tête le couvercle et le coussin; je regarde, et je vois tous les gens de l'auberge très-sérieusement occupés autour de cinq à six fourneaux, et remuant des casseroles, dont s'exhalait une odeur qui doublait mon appétit. Je descends, j'entre effrontément, et je demande d'un ton de laquais, c'est-à-dire d'un ton très-impudent et très-haut, à quel numéro on a logé Milord. Au numéro trois, me répond monsieur le chef sans tourner seulement la tête, de peur que sa sauce ne tournât. Je prends une serviette qui se trouve sous ma main; je la place sur mon bras, à-peu-près comme mademoiselle Suson la portait, derrière monsieur Bridault, aux jours de gala; je monte l'escalier en deux sauts, j'ouvre la porte du numéro trois, et je me plante derrière Milord, droit comme un pieux, et ferme comme un roc. Une petite fille, à-peu-près de mon âge, était assise vis-à-vis de lui; elle m'aperçoit, et part d'un éclat de rire. Milord se retourne, me regarde gravement, achève une tranche de *roast-beef*, et me dit : «Paitit gâçon, « mounte-moi le plum-pudding, et dis à madame « le Taverne, d'apprêter a bowl of punch. » Je pars, je vole, et j'exécute les ordres de Milord. L'hôtesse me rit au nez à son tour, me charge d'un ragoût qui m'était inconnu, mais que je jugeai excellent; et pendant que je remontais, elle disait à ses gens : « il faut avouer que ces « Anglais ont des fantaisies bien bizarres. A-t-on « jamais accoutré un jockei de cette manière? » Milord goûte le *plum-pudding*, y revient, y retourne encore; et la petite Miss, qui ne mangeait plus, ne cessait de me regarder, et riait de tout son cœur. « Finissez, Miss, lui disait Milord, « sans perdre un coup de dent. Vous rire comme « un Française. Le rire excessif, il annonce le « frivolité, une faible entendement, et c'est le « marque sûr d'un cerveau vuide et évaporé. Un « penseur, un philosophe, un Anglais, ne jamais « rire »; et Miss n'en riait que plus fort.

Je ne savais à quoi attribuer cet accès de gaîté; j'éprouvais un mouvement d'inquiétude et d'impatience, lorsqu'une glace me mit dans la confidence. C'étaient ma tête tondue, ma chienne de calotte, et mon accoutrement original, qui faisaient rire à mes dépens, et dont je finis par rire moi-même. Milord, qui ne riait jamais, et qui était avare de ses paroles, me fit signe de desservir; et pendant que je descendais, il disait à sa fille : « Cette madame le Taverne n'avoir pas « the common sense. Dégrader ce paitit gâçon, « en habillant lui comme un moine! c'est ridi- « culous. Voilà votre punch, me dit l'hôtesse « quand j'entrai dans la cuisine. Vous dînez sans « doute, mon petit ami? Et copieusement, ma- « dame, lui répondis-je. Servez votre maître, re- « prit-elle, et je vous traiterai en ami. » Je ne me le fais pas dire deux fois : je mets le *bowl* devant Milord, et je vais m'asseoir à table d'hôte. Je bois et je mange comme quelqu'un qui ne sait pas s'il trouvera à souper; et pendant que l'hô- tesse à les talons tournés, je saute dans la voiture, et je rentre dans mon coffre. J'ignorais sur quelle route j'étais, dans quelle ville je me trouvais, si Milord en partirait après avoir vidé son *bowl*, s'il y passerait la journée, le lendemain; mais j'avais dîné, j'étais bien aise d'éviter les explications. J'avais passé une très-mauvaise nuit, j'avais besoin de repos, et je m'endormis.

Lorsque je me réveillai, le soleil était allé éclairer les antipodes, ou nous avions fait un demi-tour sur nous-mêmes, selon que le lecteur sera cartésien, ou ticho-brahéien. La voiture allait grand train, malgré la loi de la gravitation, et je me sentais frais, gaillard, et dispos. Je m'aperçus que nos idées dépendent en effet de notre digestion; et mon imagination du soir était couleur de rose, comparée à mon imagination du matin. Les frayeurs qui m'avaient offusqué le cerveau, étaient évanouies; Milord me paraissait un assez bon diable, à quelques singularités près, et je résolus de pousser l'aventure à sa fin.

On arrête à la porte d'une ville; le postillon appelle le portier, tempête, jure, fait claquer son fouet de manière à réveiller un sourd, et le portier n'arrivait pas. « *Goddam*, dit enfin Milord, « cette portier d'Amiens, il me joue toujours « cette tour. » Diable, dis-je en moi-même, me voici à Amiens, dont les habitans se laissent prendre avec des noix, et doivent être faits comme des écureuils, à ce qu'assure monsieur Bridault : nous allons voir cela. Le portier ouvre

enfin. « Voilà un guinée, mon hami, lui dit
« Milord d'un ton tragi-comique; mais hap-
« prenez qu'on ne fait pas attender un gentil-
« homme anglais. » Le portier se confond en
excuses, en complimens; il ne prévoyait pas
qu'il dût passer un anglais; il ne se serait pas
couché s'il eût attendu un anglais, etc., etc., etc.;
et pendant que ce bavard se remet au lit, nous
arrivons à l'auberge. Je sors lestement par mon
trou, j'ouvre la portière, je présente la main à
Milord, qui me fixe à la lumière de plusieurs
flambeaux, et dit : Ah! ah! Oh! oh! continua
sa fille. Hi! hi! firent les gens de la maison. Je
ne me déconcerte point; je prends le sac de nuit
d'une main, un flambeau de l'autre, et je marche
en avant, en criant : « Place, place à Milord; le
« plus bel appartement à Milord; un excellent
« souper à Milord, et qu'on serve à la minute;
« Milord n'est pas fait pour attendre comme un
« Français. » Ah! ah! répétait Milord, en me
suivant. Le drôle de petit corps! reprenait sa
fille en riant; et la valetaille de l'hôtel fermait la
marche, en riant, plus haut qu'elle, de ma tournure séraphique. Milord s'arrête au milieu des
degrés, se tourne vers eux, et leur dit gravement : « Pourquoi vous moquez ce paitit gâçon?
« qu'importe qu'un habit il soit fait d'un façon
« ou d'un autre? c'ette le homme qu'il faut voir,
« et non son couverture. L'entourage il n'est
« quelque chose, que quand l'individu il n'est

« rien. Qu'on me cherche une fripier-tailleur, et
« qu'on se taise. » Ah ! ah ! dis-je tout bas à mon
tour, voilà qui s'annonce bien.

Nous entrons dans une chambre assez propre.
Je demande à Milord s'il veut se mettre à son
aise, et, sans attendre sa réponse, je tire du sac
de nuit son bonnet de coton blanc, son manteau
de lit d'indienne piquée, ses pantoufles de maroquin vert, et sa boîte à tabac. J'enlève sa perruque noire coupée, je le débarrasse de son habit
marron, de sa veste écarlate galonnée en or, et
je l'affuble de son accoutrement du soir; je lui
présente un fauteuil, dans lequel il s'enfonce,
sans me dire autre chose que son ah! ah! qu'il
répète à chaque tour que je fais dans la chambre,
en me regardant d'un air admiratif. Il me présente ses pieds, qu'il ne pouvait déchausser
lui-même, parce que son ventre décrivait une
demi-courbe, qui commençait à la clavicule, et
qui se terminait sur ses genoux. Je relève délicatement deux ou trois pelotes de graisse qui
retombaient agréablement sur sa boucle, et ses
pieds passent de ses souliers dans ses pantoufles.
« C'est fort bien, me dit enfin Milord. Apprenez-
« moi maintenant pourquoi je trouve vous pâtout,
« et quel diable vous porte d'un endroit à un
« autre ? » C'est où je l'attendais : je lui contai
mon histoire, et je n'en oubliai pas une circonstance. Milord s'était expliqué sur le rire et les
rieurs, et de temps en temps il se mordait les

lèvres pour ne rien perdre de son grand sérieux; mais ses efforts furent vains, et la nature l'emporta sur la morgue. Les muscles de son visage commencèrent à jouer, son ventre sautait de son menton sur ses cuisses, et de ses cuisses à son menton; ses deux mains appuyées sur les bras de son fauteuil soutenaient à peine son corps, qu'agitaient des mouvemens convulsifs; une toux violente le saisit, il devint violet en un instant; et sa fille, en riant de plus belle, se hâta de lui ôter sa cravatte, pendant que je lui frappais sur le dos.

Le ventre de Milord reprenait son assiette ordinaire, les muscles de son visage reprenaient leur immobilité, et son sang commençait à circuler librement, lorsqu'un homme entra portant un gros paquet dans lequel étaient des habits de toutes les tailles et de toutes les façons. « Habillez « ce petit garçon, monsieur le maître, lui dit « Milord », et il se tourna vers la cheminée, alluma sa pipe, et ne se mêla plus de ce qui se passait derrière lui. Je visite exactement tout ce que renfermait la serpillière, et je m'arrête modestement à une veste bleu-de-ciel, galonnée en argent sur toutes les tailles, un petit gilet couleur de rose, et une culotte de casimir serin; je trouve dans le fond du paquet une demi-douzaine de mouchoirs de percale, et je les destine à remplacer ma calotte et à me tenir lieu de cravates. Je passe dans une chambre voisine, et je rentre cinq

minutes après, équipé de manière à faire honneur à la générosité de Milord. « Ah ! qu'il est
« bien, mon papa ! s'écrie la petite Miss ; voyez
« donc quelle jolie figure ! » Milord sonne sans me
regarder, et l'hôtesse entre. « Madame, lui dit-il,
« payez monsieur le maître, et faites mounter
« toutes vos gens ». A l'instant l'appartement s'emplit de marmitons, de garçons servans, de garçons d'écurie, et de ces filles qui prient les voyageurs de ne pas les oublier, parce qu'elles leur
ont couvert un lit et découvert autre chose.
« Apprenez, leur dit Milord, que ce paitit gâçon
« il est à moi, et qu'on ne mocque pas quelqu'un
« qui appartient à un gentilhomme anglais ». Je
sautai de joie ; Milord s'en aperçut du coin de
l'œil, n'en parut pas fâché, et fit un signe de la
main, d'après lequel chacun se retira sans rire,
et sans souffler le mot.

Je commençai aussitôt à remplir mes fonctions. Je mis le couvert, je montai le souper, et
je servis Milord avec intelligence et exactitude. Il
ne faisait que tordre et avaler, et son assiette
disparaissait en un clin-d'œil. Il aimait à boire,
et son verre n'était pas plus tôt vide, que je
l'avais rempli. Il avait demandé du *punch* à
dîner ; de mon autorité privée je lui en montai
un *bowl* au dessert, et je l'accompagnai d'une
gazette anglaise que j'avais trouvée sur le comptoir de l'hôtesse. Ce dernier trait l'enchanta, et
il me marqua sa satisfaction par un signe de tête.

Je descendis à la cuisine, où on me servit à mon tour, avec des marques de considération, qui me flattèrent infiniment; et lorsque je me sentis en état d'attendre le déjeuner, on me conduisit à un excellent lit, dans lequel je m'étendis avec délices, en bénissant ma destinée.

CHAPITRE VI.

J'arrive à Paris.

On ne passe pas d'un état désespéré à une condition supportable, sans éprouver des sensations inconnues, séduisantes, chimériques peut-être, mais auxquelles l'imagination se livre avec complaisance, et qu'elle embellit des traits de la vérité. Le bonheur n'est plus un être de raison; on le voit, on le touche, on s'en pénètre; et si l'on se rappelle la crise qui a précédé ces momens d'ivresse, c'est pour sentir plus parfaitement sa félicité présente. Un amant désespéré de l'infidélité d'une maîtresse adorée, et qui tient la preuve certaine de sa constance; l'ambitieux aux joues cavées, au teint have, qui reçoit un brevet qu'on disait envoyé à quelqu'un qui le méritait mieux que lui; un avare qui croit son trésor perdu avec sa maison que dévore un incendie, et qui s'échappe, à travers les flammes, sa cassette sous le bras; le marin qui surmonte la violence des vagues, qui viennent d'engloutir son vaisseau, et qui brave, du rivage, leur impuissance et leur fureur; l'innocent justifié au pied de l'échafaud; ceux-là auront une idée nette et précise de ce qui se passait en moi. Ma chambre, mon lit, mes habits, Milord, sa fille, leur voiture, le présent, l'avenir, tout se peignait en beau à mon œil satisfait : un monde nouveau venait d'éclore pour moi. Je me laissais aller au charme qui m'entraînait; je me sentais bercé par la main du plaisir. Cependant je ne dormis point; je ne pensai point à dormir; je faisais mieux, je jouissais, et cette nuit fut la plus douce que j'aie passée de ma vie.

Cinq heures venaient de sonner, et le plus profond silence régnait encore dans l'hôtel. Milord n'est pas fait pour attendre, me dis-je aussi-tôt; Milord n'attendra pas. Je me lève, je prends mes habits, pièce à pièce; je les regarde, je les étends sur mon lit, sur des chaises; je les regarde encore, je les touche, je leur souris, je leur parle. Quelle richesse! quelle élégance! disais-je en m'habillant, et tout cela est à moi! je me considérais dans une glace, et je remarquais, avec satisfaction, que ma figure ne faisait point de tort à mon ajustement. Miss a raison, m'écriai-je en finissant ma toilette, je suis vraiment joli garçon.

Je descendis à la porte de Milord; j'écoutai et je n'entendis rien. Restons ici, me dis-je alors, soyons immobile, et que Milord, en ouvrant les yeux jouisse de ses bienfaits et de ma reconnaissance. Un moment après, j'entends tousser; on crache, on se mouche, on sonne, et la porte s'ouvre aussitôt : « Je suis contente, « me dit Milord. Demandez les chevaux, et « faites mounter lé thé ». Tout dormait encore dans l'hôtel. Je vais, je viens, j'appelle, et pendant que les gens de la maison bâillent, en se frottant les yeux, j'allume un grand feu, je le charge d'un trépied et d'une casserole pleine d'eau, et je cours à la poste. Une voiture attendait; les chevaux allaient être mis. « C'est « pour Milord, criai-je de cinquante pas, vite « des chevaux à Milord »; et au nom de Milord le postillon part au grand trot, me suit, et laisse là ses voyageurs, qui ne concevaient pas qu'on préférât un anglais à des gens comme il faut, et qui paient leur guide à dix sous par poste. Je rentre dans la cuisine, je presse la fille; le thé est prêt, je le place devant Milord; je lui annonce que sa voiture l'attend; et j'ai grand soin de m'essuyer le visage, pour qu'il n'ignorât pas que j'avais couru. Miss paraît, me sourit, d'un air plein de graces; on prend le thé, on demande la carte, on paie, et on descend.

Je n'avais guère que onze ans. Il n'y avait pas d'apparence que je pusse conduire un cheval, et supporter la fatigue de la course; d'ailleurs je n'avais ni la culotte de peau de daim, ni le tapabord de velours noir, ni surtout les bottes à l'anglaise, et le jockei de Milord ne pouvait monter à cheval sans le costume le plus exact: ainsi il fut décidé que j'irais, d'Amiens à Paris, dans l'intérieur de la voiture.

Milord occupait le fond de la berline, ses jambes étendues sur le coussin de devant; Miss était à côté de lui, et j'étais vis-à-vis d'elle. Nos yeux se rencontraient, presque sans interruption. Les siens étaient beaux, j'avais du plaisir à les voir; ses genoux touchaient les miens, et j'y trouvais encore du plaisir; elle m'adressait quelques mots, et sa voix flattait mon oreille; elle me parlait avec bonté, et cela m'allait au cœur.

Milord voulait faire une anglaise de sa fille, c'est-à-dire qu'il essayait de la persuader que le peuple anglais est le premier peuple de l'univers, et que les autres ne sont que des barbares, tout au plus dignes de l'admirer, et de le servir. Milord était silencieux, par système et par habitude; mais il ne tarissait pas quand il trouvait l'occasion de médire de la France, et même de la calomnier. Il commença la conversation par une sortie violente contre les Français; et pour que je ne perdisse rien de son immense érudition, il eut la complaisance de nous déchirer dans notre propre langue. Il parlait français comme un maître-ès-arts parle grec; sa fille, qui le parlait très-bien, riait de ses balourdises, et le reprenait quelquefois. Milord s'ennuya d'être repris, se fâcha, prétendit avoir parlé et prononcé à merveille ; Miss prétendit le contraire, tira un livre de sa poche, chercha le mot qui était l'objet de la contestation, le trouva, et me dit de juger. Je sentis pour la première fois qu'il peut être utile de savoir lire. Je rougis, je ne répondis rien, et je crus voir, dans un regard de Miss, le regret qu'elle avait de m'avoir humilié.

Nous arrivâmes à Chantilli. Tout était plein dans l'auberge où nous descendîmes. Il ne fut pas possible de donner une chambre à Milord. Mais on lui dit qu'on allait servir un monsieur, qui était seul, qui paraissait très-honnête, et qui serait sans doute flatté de dîner avec lui. « Jé lé « crois bien, parbleu, reprit Milord. Paitit gâ- « çon, faites mon compliment à cé Monsieur, et « dites à lui que Milord Tillmouth, et Miss Ju- « liette sa fille, ils se proposent de dîner avec « lui ». Le Monsieur m'écouta d'un air très-affable, n'eut pas l'air de s'apercevoir que le compliment pouvait être plus poli, et me répondit qu'il serait enchanté de pouvoir faire quelque chose qui fût agréable à Milord. « Jé lé crois bien, « parbleu », répéta mon anglais, lorsque je lui rapportai la réponse du Monsieur, et il entra dans sa chambre. Le Français s'avança quelques pas au-devant de lui, le salua respectueusement, présenta la main à sa fille, et lui offrit un siége. Milord répondit à tout cela : « C'ette fort bien,

« ne vous dérange pas. Miss ajouta: Nous som-
« mes très-flattés, Monsieur, que le hasard nous
« procure le plaisir de vous connaître. C'est
« assez, c'est assez, interrompit Milord. Dinons,
« car j'ai une grande appétite, et je suis pressé
« de partir ». Miss rougit, le Monsieur sourit, on
servit, et on se mit à table.

Ce Monsieur était un homme de trente-cinq
ans, qui avait cette noble aisance, cette politesse
franche et gaie, qui plaisent au premier abord.
Aussi je m'aperçus qu'il plaisait à Miss, autant
qu'il paraissait lui-même charmé de ses graces en-
fantines, et de la justesse de son esprit. Pour Milord, plus le Monsieur était aimable, et plus il
fronçait le sourcil.

La conversation s'engagea à la fin. Milord écrivait régulièrement tous les soirs ce qu'il avait fait
et dit dans la journée. Je trouvai quelques années
après ce dialogue dans ses papiers, et le voici
tel que je l'ai traduit:

« Milord paraît avoir de l'humeur? — Cela se
« peut. — Aurais-je le malheur d'en être la cause?
« — Non pas individuellement. — Auriez-vous la
« faiblesse de la plupart de vos compatriotes?...
« — Mes compatriotes n'ont pas de faiblesses. —
« Mais leur aversion pour tout ce qui est fran-
« çais... — est fondée sur l'expérience et la raison.
« — Vous la partagez donc? — Ne me pressez
« pas, je suis franc. — Il est triste que des hom-
« mes, faits pour s'estimer et se chérir, soient

« éternellement dupes d'une prévention...... —
« Prévention, dites-vous? Récapitulons les ridi-
« cules, les défauts, les vices des Français, de
« leur gouvernement et de leur culte, et vous
« verrez..... — qu'ainsi qu'en Angleterre, tout y
« est mêlé de bien et de mal. — Vous osez com-
« parer l'Angleterre.... — Ne vous échauffez pas,
« Milord. Voyons votre récapitulation.

« — Le sol de la France est fertile et délicieux;
« mais qu'on y est loin encore du degré de per-
« fection où les Anglais ont porté l'agriculture!
« Le laboureur condamné aux corvées, écrasé
« par la taille, la gabelle et autres exactions, qu'on
« appelle des impôts, déserte vos campagnes, ou
« tombe dans le découragement et le désespoir.
« Il voit périr d'inanition des enfans à qui il ne
« peut donner que du sel pour toute nourriture.
« On lui arrache jusqu'à son grabat, pour satis-
« faire à la rapacité des préposés du prince; et si
« dans un moment d'une fureur légitime, il ose
« venger sa déplorable famille, c'est pour lui
« seul qu'il existe des lois, c'est sur lui seul
« qu'elles sont exécutées : elles n'atteignent jamais
« la puissance, ni la fortune. En Angleterre, on
« ne connaît pas de corvées ; on ignore ces im-
« pôts avilissans qui ne pèsent que sur une classe
« de citoyens. Le voyageur paie les réparations
« des chemins; le noble contribue, comme le ro-
« turier, aux besoins de l'état; la loi est égale pour
« tous, veille au bien-être de tous, et frappe éga-

« lement sur tous, sans acception de personnes,
« de rang, ni de richesses. Le Roi est son premier
« sujet. Tout-puissant pour faire le bien, il ne
« peut attenter à la constitution, sans compro-
« mettre sa couronne et sa tête. Les deux cham-
« bres sont les conservatrices des libertés du peu-
« ple et de l'équilibre de ces pouvoirs, réunis
« mais distincts, résultent la sûreté et la durée
« de l'empire. En France, le prince est absolu,
« sa volonté fait la loi, et ce sont ses agens qui
« l'exécutent. Le peuple rampe devant le dernier
« courtisan, qui, après avoir brigué, à force de
« soumission et de bassesses, un regard protecteur
« du maître, va se venger, sur ses vassaux, des
« opprobres dont il s'est abreuvé à la cour. Nous
« vivons tous dans nos terres, et le peuple nous
« pardonne une aisance qui n'est jamais oppres-
« sive, qui vivifie le commerce, qui anime l'in-
« dustrie, et répand par-tout l'abondance. — Ce
« que vous venez de dire, Milord, est très-vrai
« à certains égards. Il est en France des abus
« cruels, que tôt ou tard on réformera sans doute,
« *mais avec réflexion et sagesse, sans précipita-*
« *tion et sans emportement.* Alors, Milord, vous
« aurez des reproches de moins à nous faire, et
« du loisir de plus pour vous apercevoir que le
« temps altère tout, change tout, que le peuple
« Anglais vend aujourd'hui ses suffrages, que
« celui qui a payé son élection, d'une partie de
« sa fortune, se vend à son tour à un ministre

« ambitieux, qui gouverne un monarque imbé-
« cille, et qui déchire, feuille à feuille, la charte
« de vos priviléges. »

Milord se mordit les lèvres, et continua ainsi :
« La religion influe, plus qu'on ne pense, sur
« le gouvernement. Un culte qui ne parle que de
« crimes et d'expiations, qui n'inspire que des
« terreurs, qui rétrécit l'entendement humain
« par des pratiques superstitieuses, ôte enfin à
« l'homme cette énergie qui le pénètre du sen-
« timent de sa dignité, et qui le rend capable de
« grandes choses. Partout les catholiques ro-
« mains sont esclaves, et ils doivent l'être. Vous
« êtes catholiques, et vous parlez de réforme!
« Abjurez d'abord cet assemblage étonnant d'ab-
« surdités et de contradictions. Cessez de recon-
« naître un Dieu des miséricordes et un Dieu des
« vengeances ; d'être cruels et tolérans, selon que
« vos prêtres ont intérêt d'épargner le sang, ou
« de le répandre. Songez que votre religion a dé-
« vasté, tour-à-tour, les quatre parties du monde.
« Les croisades, la destruction de l'espèce hu-
« maine en Amérique, la proscription des Mau-
« res, le massacre des Vaudois, la journée de la
« Saint-Barthélemi, les dragonnades des Cé-
« vennes, les bûchers de l'inquisition ; des États
« troublés, ravagés par des papes ; des couronnes
« données, ôtées, et rendues par eux ; la chaire
« de saint Pierre, elle-même, déshonorée par l'in-
« ceste, le viol, la perfidie, l'avarice et le meur-

« tre : tels sont les abominables effets du catho-
« licisme. Et vous êtes catholiques, et vous par-
« lez de réforme !

« Milord, reprit en souriant le Monsieur, le
« temps des orages est passé. La foudre n'est plus
« à craindre, quand le ciel est devenu serein. Ces
« excès de nos pères étaient les fruits de l'igno-
« rance. Le fanatisme, le zèle aveugle, ont disparu
« avec elle. La religion n'est plus que ce qu'elle
« doit être; un hochet pour le peuple, et rien
« pour l'homme éclairé. Mais, dites-moi, à votre
« tour, Milord, pourquoi, dans certains pays,
« on s'occupe encore d'affaires de religion? Pour-
« quoi en Angleterre, par exemple, il est des
« sectes qui sont à peine tolérées? Pourquoi le
« catholicisme y redoute-t-il sans cesse la malveil-
« lance, la haine publique, et les injustices du
« gouvernement? Quoi! un peuple de philo-
« sophes est encore persécuteur! Que lui importe
« qu'on prie Dieu en latin ou en anglais, ou
« qu'on ne le prie pas du tout? Dès long-temps
« on ne devrait plus dire : un tel est chrétien, juif
« ou mahométan. On devrait dire simplement :
« un tel est honnête homme, ou un tel est un fri-
« pon, surtout en Angleterre, où la raison a fait
« des progrès étonnans ». Milord allait remercier
obligeamment le Monsieur, lorsqu'il ajouta :
« Oui, des progrès étonnans, qui ne vous empê-
« chent pas d'être exagérés et injustes envers les
« Français, qui cependant ne diffèrent de vous

« que par des usages sensés ou ridicules, mais, à
« peu près, indifférens : le cœur humain est le
« même partout.

« Je ne suis pas du tout de cet avis, répliqua
« Milord, et je suis très-loin d'être satisfait des
« moyens faibles et captieux que vous venez de
« m'opposer. Ils me confirment dans mon opi-
« nion. Passons maintenant à des objets moins
« sérieux, mais bien dignes de l'attention d'un
« observateur : examinons le caractère national.
« — Ceci me touchera de plus près, et j'oserai
« répondre à Milord. — Osez, osez. — Vous le
« permettez ? — Sans doute. — Allons, Milord,
« que pensez-vous du caractère national? — Le
« Français est vain, léger, inconstant. — L'An-
« glais est orgueilleux, pesant, et ne tient à ses
« habitudes que parce que son imagination indo-
« lente n'a pas la force de désirer et de jouir. —
« Si le Français a quelques momens de jouis-
« sance, ils passent aussi rapidement que la sen-
« sation qui les a fait naître. — Un moment de
« jouissance fait oublier des années de peines.
« Que je plains ceux à qui la nature a refusé les
« moyens de s'étourdir sur leurs maux ! — Le Fran-
« çais, inconsidéré, sacrifie tout aux convenances,
« jusqu'à la morale. — L'Anglais, réfléchi, ne
« choisit le vice que par haine de la vertu. — Le
« Français est esclave de la mode. — Et l'Anglais
« de la prévention. — Le Français répond en
« chantant, quand on lui parle raison. — L'An-

« glais croit répondre, parle toujours, et ne
« prouve rien. — Le Français passe sa vie aux
« pieds de ses maîtresses. — Ne doit-on rien à qui
« nous rend heureux? — Mais ses maîtresses le
« trompent. — Les Anglais ne le sont-ils jamais?
« —L'Anglais trahi se brûle la cervelle. — Le Fran-
« çais se console. — Vos seigneurs, vos finan-
« ciers, tout ce qui veut singer l'opulence et la
« grandeur entretient des filles, et se ruine pour
« elles. — Les lords et les marchands de Londres
« nourrissent des chevaux et des coqs, et se
« ruinent en paris. Je crois, toutes réflexions
« faites, qu'il vaut mieux se ruiner à la fran-
« çaise : il reste, au moins, quelques souvenirs.
« — Le Français se fait un jeu de dégrader les
« femmes, qui l'avilissent à leur tour. — Il y a
« partout des séducteurs et des femmes sans prin-
« cipes. — L'adultère est plus fréquent en France
« qu'en Angleterre. — Cela n'est pas prouvé, et
« ce n'est pas la peine de disputer sur le plus ou
« sur le moins. — La dissipation dans laquelle
« vous élevez vos femmes, les conduit à l'oubli de
« leur devoir. — L'abandon auquel vous livrez
« les vôtres, la supériorité que vous affectez sur
« elles, leur rendent le devoir insupportable. —
« Oui, nous sommes toujours maîtres de nous...
« — Nous ne sommes pas si dupes. — Et cepen-
« dant, les Anglaises sont, après les Asiatiques,
« les plus belles femmes de l'univers. — Mais
« elles sont mélancoliques, sans usage du monde;

6.

« elles ignorent cette gaîté décente qui fait le
« charme de la société. Les Françaises, avec des
« traits moins réguliers, sont plus jolies, plaisent
« davantage, et l'art de plaire est préférable à la
« beauté. Soyez de bonne foi, Milord; que con-
« cluez-vous de tout ceci ? — Ma foi, pas grand'
« chose, je l'avoue ; mais vous conviendrez au
« moins que nos soldats sont les plus braves de
« l'Europe, et nos généraux les meilleurs tacti-
« ciens. — Cela se peut, Milord. Cependant vous
« avez été subjugués par tous les peuples qui
« ont voulu vous conquérir. Les Romains, les
« Danois, les Saxons, les Normands, vous ont
« successivement mis sous le joug. La France a été
« envahie, et n'a jamais passé sous une domina-
« tion étrangère ». Ici un *Goddam* vint mourir
sur les lèvres de Milord, qui continua ainsi :
« Vous ne nierez pas, je l'espère, que les An-
« glais ne l'emportent infiniment sur leurs voisins
« dans les arts utiles, dans les sciences abstraites,
« et dans la haute littérature. Qui travaille l'acier
« comme nous ? — Personne. — Qui construit
« un vaisseau comme nous ? — Personne. — Qui
« entend la manœuvre comme nous ? — Per-
« sonne. — Qui a égalé le divin Newton ? —
« Personne. — Qui a fait des tragédies comme
« Shakespear? — Racine, qui réunit à plus de
« connaissance du cœur humain la sagesse du
« plan, la régularité de l'action, et la richesse
« de la poésie. — Racine était nourri de la lec-

« ture des anciens, et il s'est approprié leurs
« beautés. Shakespear, né dans la lie du peuple,
« n'eut point de modèles, et son génie lui ap-
« partient tout entier. — Mais Shakespear est
« incohérent, inégal, souvent trivial et bas, et
« l'un compense l'autre. — Quelqu'un a-t-il
« fait la comédie comme Driden? — Molière est
« infiniment au-dessus de lui, et Regnard lui
« est quelquefois préférable. — Avez-vous quel-
« que chose à comparer au Spectateur? — Lisez
« les Lettres juives. — Avez-vous un Fielding?
« — Nous avons un Lesage. — Il n'a pas créé
« de caractères. — Il a peint le monde et les
« hommes, tels qu'ils sont. — Qui opposerez-
« vous à Junius? Quel publiciste osa parler
« aux rois avec cette noble hardiesse, dans un
« style qui n'appartient qu'à lui? — Ouvrez le
« Contrat social, et dites-moi quel est le plus
« profond, le plus concis, le plus véritablement
« éloquent de Junius, ou de Jean-Jacques? — Mais
« Jean-Jacques s'est borné à des données géné-
« rales, et Junius a voulu réformer les abus de
« son pays. — L'ouvrage passe avec les circon-
« stances qui l'ont fait naître : les principes sont
« éternels. Laissez de côté la prévention na-
« tionale, et dites-moi, Milord, où sont vos Fé-
« nélon, vos Labruyère, vos Lafontaine? Où
« est votre Encyclopédie? Où est votre Buffon,
« qui déroba les secrets de la nature en fouil-
« lant jusque dans ses entrailles? Où est votre

« Voltaire, dont le vaste génie embrasse tout,
« et qui n'eut des ennemis que parce qu'il fut
« supérieur dans presque tous les genres? Où est
« votre Desault, qui guérit à Paris des maladies
« qu'on croit encore incurables à Londres? Avez-
« vous inventé l'art de fabriquer le papier, et de
« faire des horloges à roues? Avez-vous trouvé
« l'imprimerie, la boussole, l'électricité, l'inocu-
« lation? Vous avez profité, dans les derniers
« temps, des découvertes des Italiens, des Alle-
« mands, des Chinois et des Turcs. Venise, Gê-
« nes, Bologne, Sienne, Pise, Florence et Pa-
« doue étaient déja fameuses, que vos maisons
« étaient encore couvertes en chaume. On
« brûlait de la bougie à Milan, que vous vous
« éclairiez encore avec des morceaux de bois sec
« allumés. Vous ne mangiez de la viande que
« trois fois la semaine, on ne trouvait de vin que
« chez vos apothicaires, et vos chemises étaient
« de serge. Votre sol aride et inculte était cou-
« vert de forêts, et vous ne saviez pas vous ga-
« rantir du froid à l'aide de ces cheminées qui
« ornent aujourd'hui les maisons les moins re-
« cherchées. Vos familles s'assemblaient au milieu
« d'une salle enfumée, et s'asseyaient, sur des es-
« cabelles de bois, autour d'un foyer rond, dont
« la fumée s'évaporait à travers le plafond; enfin
« vous étiez encore des barbares, que le luxe,
« enfant des beaux-arts, était déja introduit dans
« une partie de l'Italie. Votre atmosphère humide

« et froid vous refuse cette imagination créatrice
« qui donne l'immortalité. Vous êtes nés avec
« l'esprit de calcul, et la patience qui perfection-
« nent : perfectionnez, mais rendez justice à vos
« maîtres.

« Il ne vous reste plus, continua le Monsieur,
« qu'à vanter votre ville de Londres, la seule
« dont vous puissiez parler. Je conviens que ses
« rues sont larges, bien pavées; que l'air y cir-
« cule librement; que les trottoirs garantissent
« l'humble piéton de la rapidité des voitures; que
« la basilique de Saint-Paul est la première après
« Saint-Pierre de Rome et Sainte-Sophie de Con-
« stantinople; que la Tamise est la reine du monde;
« que les quatre parties de l'univers viennent dé-
« poser leurs tributs jusque sous des ponts dont
« la hardiesse est digne de la majesté du fleuve
« qui les porte; mais n'oubliez pas, Milord, que
« nous avons un Louvre, des Tuileries, des
« Champs-Elysées, cinq cents hôtels magnifiques,
« des bibliothèques, un jardin botanique, des
« peintres, des sculpteurs, et que vous n'avez rien
« de tout cela. Souvenez-vous qu'il n'est pas dé-
« licat de voyager dans un pays uniquement pour
« le dénigrer; que les Anglais ne méritent pas
« notre admiration exclusive; que les Français
« peuvent être comptés pour quelque chose ;
« enfin que le sage trouve partout des objets di-
« gnes de son attention, comme il trouve partout
« des choses qui le blessent, parce que les hommes

« de tous les lieux et de tous les temps ont des
« qualités et des travers, des vertus et des vices ».
A ces mots le Monsieur se leva, salua Milord,
et sortit.

Goddam, goddam, goddam, répéta Milord
pendant un quart-d'heure... « Paitite drôle, me
« dit-il enfin, demande le carte, et partons. Vous
« ne devez rien, Milord, dit un garçon qui entrait
« pour desservir. Le marquis de Condorcet a payé
« votre dîner. Goddam, dit Milord, en se levant et
« en frappant du pied, un inconnu, un étranger,
« un Français paie le dîner de Milord Tillmouth!...
« Voilà dix guinées pou lé gâçon, et si cet imper-
« tinente marquis de Condorcet il repasse jamais
« ici, dites-lui bien que j'ai donné, en pour-boire,
« quatre fois la valeur du dîner. » Nous partîmes
enfin, et il ne cessa de gronder entre ses dents
jusqu'à l'hôtel des Milords, passage des Petits-
Pères, où nous arrivâmes à la nuit.

CHAPITRE VII.

Une journée de Paris.

Le lendemain matin, Milord me donna ses ordres pour toute l'année. Je devais me lever tous
les jours à sept heures, entrer chez lui à huit,
donner le coup d'époussette à son juste-au-corps,
la couche d'huile chimique à ses escarpins, lui
monter à déjeûner, le chausser, lui passer sa

cravate, serrer la boucle de sa perruque, le mettre dans son remise, et m'aller promener jusqu'à quatre heures, que je rentrerais à l'hôtel pour lui servir à dîner, ou pour dîner moi-même s'il lui plaisait de manger ailleurs. J'étais maître de mon temps et de mes actions jusqu'à dix heures du soir que j'apprêterais ses pantoufles, son bonnet de coton, que je chargerais sa pipe, et que je mettrais les papiers anglais sur sa table de nuit; après quoi, je l'attendrais en dormant sur son ottomane, ou en bayant aux corneilles, selon que je me sentirais disposé à veiller ou à dormir. Cette manière de répartir le temps me parut aussi agréable que celle du frère Joseph était excédante et ridicule, et je répondis à Milord qu'il pouvait compter sur mon exactitude.

Il n'est pas de maître qui ne veuille savoir au moins le nom de son domestique, et on me demanda le mien. Je m'étais toujours appelé Jean, en commémoration du père Jean-François. Ce nom ne plut pas à Milord : il y a des Jean partout; des Jean à la douzaine; des Jean de toutes les façons; Jean sucre, Jean farine, Jean avant le mariage, pour peu qu'on épouse une brune éveillée; Jean après, pour peu qu'elle ne s'endorme pas; Jean que sa femme envoie à Charenton; Jean que sa femme fait fermier-général; Jean que l'ami de la maison caresse, Jean qu'il rosse, Jean qui pleure d'être Jean, Jean qui s'en moque et qui fait bien, etc., etc. Milord jugea à propos de me débaptiser, et Miss Juliette prononça qu'à l'avenir je me nommerais Happy. Ce nom me parut un peu extraordinaire, et n'est pourtant que le Félix des latins, à ce que j'ai su depuis.

Après ces arrangemens préliminaires, Milord se mit à son secrétaire, pour instruire les lords d'Angleterre, d'Ecosse et d'Irlande de son heureuse arrivée dans la capitale de l'Empire Français, et Miss passa dans son cabinet de toilette, où je la suivis sur la pointe du pied. Elle s'assit devant son miroir, et se regarda avec complaisance, en chiffonnant un ruban dans ses cheveux : elle était femme, jeune et jolie. J'étais appuyé sur le dos de sa chaise ; je la regardais aussi, et son œil noir, sa peau satinée, son bras arrondi, sa main blanchette, fixaient alternativement mon attention. Je n'étais pas entré pour cela ; mais j'oubliai ce qui m'amenait dans ce cabinet ; je regardais toujours, et je ne bougeais pas. Miss me trouva enfin dans un coin de sa glace ; elle me regarda à son tour. Je baissai les yeux, et je rougis, sans savoir pourquoi. Je quittai le dos de la chaise ; mais mon œil se reporta involontairement sur la glace ; Miss me souriait. Je repris insensiblement ma première position, et je crois que je lui souris aussi. Elle se retourna enfin, et me demanda ce que je voulais. « J'ai reçu les or-
« dres de Milord, lui répondis-je, et je viens
« prendre les vôtres. Je n'ai point d'ordres à vous

« donner, me dit-elle ; mais il me semble que
« mon papa a distribué votre journée de manière
« à vous laisser plus de temps qu'il n'en faut pour
« s'ennuyer, ou pour faire pis. A quoi passerez-
« vous vos loisirs? — Si Miss ne veut point
« me donner d'ordres, ajoutai-je, me refu-
« sera-t-elle des avis? » Elle se leva, prit un
livre, me le mit dans les mains, me les serra et
me dit : Je sais lire, Happy. Milord m'appela,
me donna quelques billets à porter dans différens
quartiers de Paris ; monta en voiture avec sa fille,
et ordonna de toucher chez l'ambassadeur de Sa
Majesté Britannique.

Je tournais dans mes mains les billets de Milord, et je me disais : J'aurai le désagrément de me faire lire ces adresses. Ceux à qui je m'adresserai me prendront pour un sot, et il faut que j'en passe par là. J'ouvrais le livre de Miss, et je disais : elle l'a lu ; il me semble que j'aurais du plaisir à le lire à mon tour : il faut apprendre à lire.

Je descendis à la cuisine, j'examinai tous les visages ; je n'en trouvai aucun qui eût un air scientifique. C'étaient des marmitons crasseux et gras, des garçons brusques, étourdis, qui passaient leur vie à ouvrir et fermer des portes, à monter et descendre des plats. Le maître de l'hôtel était savant sans doute ; mais ses grandes occupations ne lui permettraient pas d'être mon instituteur, et son air important m'ôtait l'envie de le lui proposer.

Un tonneau était planté dans la rue, contre une borne. Dans ce tonneau était assise une petite brune de seize à dix-sept ans. Ses cheveux étaient arrêtés par un bavolet qui retombait sur une oreille; son juste était percé au coude, et cependant elle était jolie. La santé brillait sur son visage, la gaîté dans ses yeux, et elle chantait, un œil sur un livret accroché devant elle, et l'autre sur une semelle de drap vert qu'elle attachait à un bas de fil gris. Pourquoi une femme inspire-t-elle toujours plus de confiance qu'un homme? pourquoi aime-t-on mieux lui devoir quelque chose? pourquoi une vieille femme n'est-elle que respectable? pourquoi s'éloigne-t-on d'une femme pour qui on ne sent que du respect? pourquoi trouve-t-on ridicules les vieilles qu'on ne respecte pas? etc., etc. Voilà des questions qu'on peut se faire à onze ans, et qui sont bientôt résolues à seize. Quoi qu'il en soit, j'abordai la petite ravaudeuse, mon chapeau à la main; je la saluai d'un air timide, et je lui dis que j'avais bonne envie d'apprendre. Elle me prit par la main en continuant sa chanson, me fit asseoir à côté d'elle, finit son couplet, ouvrit mon livre sur le bord de son tonneau, tira une grosse aiguille de son étui, et me donna ma première leçon, après laquelle je partis pour la rue du Bac, où elle m'avait dit que s'adressait une des missives de Milord.

A peine eus-je fait quatre pas, que je perdis

beaucoup de l'admiration que j'avais conçue, sur parole, pour la ville de Paris. Les hommes étaient faits comme à Calais, les femmes mises à-peu-près de même; les maisons étaient de pierre, les rues étroites et malpropres. Un coup de coude me faisait faire un demi-tour à droite; un second me remettait où le premier m'avait pris. Le perruquier me blanchissait une manche; le charbonnier me noircissait l'autre; le porteur-d'eau jetait dans mes souliers l'excédant de ses seaux; le petit-maître qui courait ventre à terre dans son wiski, m'obligeait à me coller contre le mur, et me couvrait de boue en passant; des femmes barbouillées de rouge comme des roues de carrosse, décolletées jusqu'à la ceinture, et troussées jusqu'au genou, me prenaient par le menton, et me disaient des choses auxquelles je n'entendais rien. Je saluais tout le monde, ainsi que cela se pratique à Calais; et personne ne prenait garde à moi. On allait, on venait, on trottait, on courait, on se heurtait, on se rangeait, et on se cassait la tête sur le front de celui qui s'était rangé en même temps; on se passait la main sur le visage, on se demandait excuse, et on se remettait à courir. Je ne concevais pas comment toute la France se trouvait à Paris; quelles affaires pressantes faisaient courir tout ce monde à la fois; mais je jugeai que la première chose à apprendre en arrivant dans cette ville, c'est l'art d'éviter les coureurs, tant à pied qu'à cheval. Je n'avançais plus qu'avec précaution, par ménagement pour mon individu, par égard pour la veste galonnée de Milord, et je disais tout bas : Oh la sotte ville! oh les sottes gens!

J'entrai dans le palais-royal, qu'il était permis à la canaille de tous les genres de traverser jusqu'à dix heures du matin. Je fus étourdi de la somptuosité du palais, de la fraîcheur du jardin, de la tournure, de l'élégance, des graces des femmes qui commençaient à s'y rendre, de l'air agréable et facile des hommes qui les abordaient, et je me dis : Paris n'est pas tout entier dans les rues, et je pourrais bien m'être trompé. Je sors par la place du château-d'eau, j'enfile la rue de l'Echelle, et, sans m'en douter, je me trouve dans les Tuileries. A l'aspect du Louvre, d'un jardin immense, des statues de marbre qui le décorent, je me sentis pénétré d'un sentiment de respect, et je convins que Paris vaut bien Calais. Je sortais par la grille du côté de l'eau, et je vis un des trottoirs du pont-royal chargé d'une foule de curieux, qui paraissaient observer quelque phénomène hydraulique. Je m'approchai : c'était un chien noyé, qui suivait le fil de l'eau, et qu'on attendait au passage. Je leur ris au nez. Un petit Monsieur, en habit de camelot et en perruque à bourse, un parasol sous un bras, et un chien-lion sous l'autre, me dit que je n'étais qu'un provincial et un impertinent. Je lui répondis qu'il n'était qu'un parisien et un sot, et j'entrai dans la rue du Bac. Un Auvergnat, lourd comme un cheval, et vigoureux à l'avenant, gobait des mouches à la porte d'un hôtel, en attendant le moment de porter une lettre ou une malle. Je lui demandai le numéro de la maison où j'avais affaire; il me l'indiqua; je remis mon paquet au suisse (car vous saurez que pour être digne de garder une porte à Paris, il faut être membre du souverain des treize cantons); et je le priai de me dire de quel côté je tournerais pour remettre à leur adresse trois autres paquets de la même importance. Il m'envoya à la Chaussée-d'Antin. Je repassai le pont-royal, d'où une vingtaine de femmes regardaient un jeune homme qui nageait sur le dos avec une grace toute particulière, et je demandai mon chemin.

Après avoir marché un grand quart-d'heure, je jugeai convenable de reprendre haleine. Je m'amusai à regarder les boutiques qui garnissent le rez-de-chaussée des rues de Paris. Quelques-unes m'étonnèrent par leur variété et leur richesse, et je ne pus m'empêcher de m'écrier: Ah, mon Dieu! les belles boutiques! Qu'appelez-vous boutiques, me dit un marchand qui était sur sa porte? Apprenez, mon ami, qu'il n'y a plus à Paris ni boutiques ni métiers. On a un *état*, et on tient un *magasin*. En effet, je passai devant des *magasins* de parfumerie qui avaient quatre pieds en carré, et qui renfermaient trois ou quatre savonnettes, une livre ou deux de pommade, et cinq à six paires de gants piqués. Je laissai derrière moi des *magasins* de modes, où quelques bonnets, à-peu-près passés, étaient accrochés aux vitraux pour la forme, et où on avait *emmagasiné* quelques filles, telles quelles, qui passaient, par *état*, du *magasin* dans l'arrière-boutique. Je vis des *magasins* de cordonnerie, et je m'aperçus que *l'état* du propriétaire était de raccommoder des savates; des *magasins* de librairie, contenant cinquante ou soixante bouquins, où on faisait son *état* de compléter des ouvrages dépareillés : enfin, je m'arrêtai devant un véritable *magasin*, où je crus voir les perles d'Orient, les diamans de Golconde, et les mines du Potose. Tout y était éblouissant et recherché. Le nom du *magasinier*, en lettres d'un demi-pied, formées de brillans de la grosseur du pouce, était entouré de rayons éclatans, et garnissait le fond du *magasin*. Un comptoir de bois d'acajou servait de niche à une *magasinière* immobile, dont le crâne était chargé d'aigrettes et d'étoiles, et dont les oreilles s'allongeaient sous le poids de ses girandoles. Hélas! presque tout ce que je voyais était faux; mais je ne m'en doutais pas, et je jouissais. J'étais cloué devant cet amas de richesses idéales ; je me rassasiais du plaisir de les considérer, et je ne m'apercevais pas qu'un homme, deux hommes, vingt, trente, quarante, cinquante hommes s'étaient successivement arrêtés autour de moi, la bouche béante, l'œil fixé au fond du *magasin*, et cherchant à découvrir l'objet de mon imperturbable attention. L'un deux, moins patient que les autres, me frappa enfin sur l'épaule, et me dit: « Que diable re-« marquez-vous donc là? — Je ne remarque rien; « j'admire tout, lui répondis-je. — Voyez, reprit-« il; ce petit animal, qui nous tient là le bec « dans l'eau depuis une heure », et pan, il m'alonge un coup de pied dans le derrière, et je prends ma course pour esquiver le second. Le coup m'avait foulé un nerf, et je boitais en courant. Quatre ou cinq savoyards se mirent à courir en boitant; je trouvai mauvais qu'on me contrefît; j'en cognai deux ou trois, et je repartis comme un trait. Les savoyards me suivirent, en criant au voleur. Vingt ou trente personnes suivirent les savoyards; une escouade d'invalides prit la piste, en sautillant en mesure sur ses jambes de bois; les chiens du quartier aboyaient; les courteaux de boutique accouraient à leur porte; mon cortège grossissait à vue d'œil; j'allais toujours; mais on me serrait de près; enfin, j'allais être étrillé, sans être entendu, lorsqu'une femme qui pissait debout, et qui pétait en pissant, arrêta mes badauds au coin du pavillon d'Hanovre. Ils se moquèrent d'elle; elle leur jeta de la boue au nez; et pendant qu'ils se torchaient le muffle, j'entrai dans la première allée de la Chaussée-d'Antin, en m'écriant: Oh la sotte ville! oh les sottes gens!

I. 7

Une petite femme, vieille comme Hérode, sèche comme une latte, ridée comme un cornichon, et laide comme les sept péchés capitaux, sortit d'un trou pratiqué sous l'escalier, ou, si on l'aime mieux, de sa loge, et me demanda d'une voix tremblotante ce qui m'échauffait la bile. Je lui contai ma mésaventure; elle y prit beaucoup de part, remit elle-même ma lettre, qui était adressée à la maison attenante, me dit que les deux autres étaient pour la rue de Sève, me souhaita un bon voyage, me consola, m'embrassa, me cracha sa dernière dent au visage, et se renferma dans son trou.

Je me remis en route. Je marchais lentement, sans m'embarrasser de ce qui se passait autour de moi. Je me proposais bien de faire comme tant d'autres, qui ont des yeux sans voir, des oreilles sans entendre, et des mains pour mettre dans leur gilet, ou dans le gousset de leur culotte; enfin, j'étais triste, humoriste, épigrammatiste, quand je découvris un dentiste, dont l'arlequin, vrai rapsodiste, et menteur comme un journaliste, haranguait à l'improviste, avec l'audace d'un puriste, des benêts que le ciel assiste.

Je ne pus résister à la tentation. J'avançai, j'écoutai, je bâillai, et je levai les épaules, tant j'étais bête encore, pendant que l'auditoire émerveillé riait aux éclats. Je tournai le dos aux tréteaux et aux saltimbanques, et je m'en fus. Bientôt je m'aperçus que je n'avais plus mon mou-

choir. Je retournai, je tâchai de reconnaître les pavés sur lesquels j'avais marché, et je ne vis pas de mouchoir. Je pensai qu'il pouvait être tombé aux pieds de l'*incroyable* arlequin, et je poussai jusque-là. Je demandai si on n'avait pas vu mon mouchoir; on se moqua de moi, et on m'apprit qu'il y a à Paris des gens dont l'*état* est de fouiller dans la poche de leurs voisins. Je me résignai, et je m'en fus tout droit à la rue de Sève, où j'arrivai sans accident. Là se terminaient mes messages, et il était temps, mes jambes ne me soutenaient qu'à peine. Je me demandai pourquoi on s'amusait à bâtir des villes grandes comme des provinces; je me répondis que je n'en savais rien, et je tâchai, clopin, clopant, de regagner l'hôtel des Milords. Deux hommes passèrent auprès de moi, à la parisienne, c'est-à-dire avec l'air très-affairé, sans avoir rien à faire. L'un disait à l'autre: « Il a déterré ce corps à Clamart. L'autre
« ajoutait: C'est clair, et il n'a pas fait grace du
« linceul. Le premier reprenait : Ce sont nos chi-
« rurgiens qui se font un jeu de violer les sépul-
« tures, sous le prétexte de guérir les vivans,
« comme si les vivans avaient quelque chose de
« commun avec les morts. Si du moins, poursui-
« vait le second, on faisait tout cela dans le si-
« lence et l'obscurité de la nuit, il n'y aurait pas
« de scandale; mais traverser Paris en plein jour
« avec un cadavre sur l'épaule, c'est braver le
« public, la police et ses réglemens.... Et qui sait

7.

« encore à qui a appartenu ce corps qu'on va
« hacher comme chair à pâté? Peut-être à l'ame
« de feu ton père, ou à celle de feu le mien, et
« tous deux s'écrièrent ensemble, comme par in-
« spiration : Il faut le faire arrêter au prochain
« corps-de-garde ». Je regardai derrière moi, et
je vis en effet un homme qui marchait tranquillement, portant un mort assez proprement enveloppé, dont les extrémités allaient et venaient
d'après le mouvement du porteur. « Hélas! dis-je
« en moi-même, voilà peut-être un malheureux
« qui sera, comme moi, le jouet des circonstances
« et des sots. On l'arrêtera, on l'emprisonnera,
« on lui fera peut-être pis, pour avoir voulu s'in-
« struire et être utile ». Je vais l'avertir; je le dois,
je le veux. Je l'attendis, et je lui conseillai de
prendre une autre route. Il marchait toujours, et
ne me répondait pas. Je le tirai par l'habit, et je
répétai mon avis. Il me regarda, et continua son
chemin. Je le pris par le bras, je le conjurai de s'é-
pargner de mauvaises affaires. Je le pressais dans
les termes les plus pathétiques que je pus trouver ; il me regardait, me faisait des signes de
tête, et allait son train. Tout-à-coup nous fûmes
entourés par des soldats du guet; et un sergent,
en frappant le pavé de sa hallebarde, nous arrêta
de par le roi. Je dis à monsieur le sergent que je
n'étais pas un maraudeur de cimetière, que j'ap-
partenais à milord Tillmouth, et que je ne connaissais pas l'homme avec lequel on m'arrêtait.

Monsieur le sergent répliqua que je le tenais par le bras, que cela indiquait complicité, et que nous irions tous deux au corps-de-garde, jusqu'à plus ample informé. Je n'étais pas le plus fort, et je marchai, en disant du fond du cœur : Oh la sotte ville ! oh les sottes gens !

La porte du corps-de-garde était déja obstruée par des amateurs, qui grillaient de voir un mort, et qui se bouchèrent le nez lorsque nous fûmes à vingt pas d'eux. Le sergent tira aussitôt son mouchoir; ses soldats, qui n'en avaient pas, prirent la basque de leur habit : et le factionnaire reçut l'ordre de faire passer de l'autre côté de la rue, de peur de la contagion; précaution qui ne servit qu'à piquer la curiosité, et à augmenter le nombre des spectateurs.

L'homme au cadavre déposa son fardeau sur le lit de camp, s'assit à côté, et ne répondit pas aux interrogations de monsieur le sergent, qui m'interrogea à mon tour, et n'en apprit pas davantage. Il crut, vu l'urgence du cas, pouvoir déplacer monsieur le commissaire, et lui dépêcha monsieur le caporal, militaire d'un talent distingué pour enlever des filles, et déménager leur appartement. Monsieur le commissaire parut bientôt, en robe et en rabat, suivi d'un clerc en habit noir et en cheveux longs; il se disposa à faire la levée du corps dans les règles, et à verbaliser contre qui il appartiendrait. Monsieur le clerc se frotta préalablement les tempes et le creux de la main avec de l'eau de Cologne faite à Paris, et vida magnifiquement son flacon sur le carreau du corps-de-garde ; puis il prit la plume, et minuta le protocole d'usage ; après quoi monsieur le commissaire me demanda mon nom, ma profession, et le lieu de mon domicile. Je satisfis à ces questions, qu'il réitéra au spoliateur de sépultures, qui ne sonna mot, et se mit à rire. « C'est « bien le moment, lui dis-je en lui donnant un « coup de coude. Voilà une affaire qui prend une « jolie tournure.... Lesquels, dicta le commissaire « à son clerc, ont refusé de répondre ; et ont « manqué à la justice en lui riant au nez ». A ces terribles mots, je tremblai d'aussi bon cœur que dans la cour de monsieur Dessein. « Procé- « dons maintenant à la vérification du cadavre, « continua le commissaire : tambour, détachez « ce linceul. ». Le tambour obéit, en faisant la grimace, et le commissaire stupéfait ne trouva qu'un mannequin qu'un peintre de l'académie envoyait à un confrère par un commissionnaire sourd et muet.

Les spectateurs se moquèrent du sergent, de la garde, du commissaire, et de son clerc. Le commissaire se plaignit au sergent de ce qu'il avait compromis la dignité de sa charge ; il lui reprocha de lui avoir fait apposer les scellés sur une malle d'argenterie, dans laquelle on ne trouva que des pavés ; il lui enjoignit d'être plus clairvoyant, à peine d'être cassé ; et pendant que le sergent s'excusait et protestait de la pureté de ses intentions, je sortis du corps-de-garde, au bruit des *bravo* et des battemens de mains de la multitude, qui aime autant trouver un innocent qu'un coupable, mais à qui il faut des spectacles de quelque genre que ce soit.

Il était à peu près six heures du soir, à ce que je vis en traversant le pont-neuf, qui n'est pas très-neuf, mais qui sera le pont-neuf tant qu'il plaira au temps et à la Seine de le laisser debout. Je ne savais pas trop ce que Milord penserait de mon absence, ni comment il recevrait mes excuses ; je tremblais que Miss ne me soupçonnât d'avoir fait des sottises, lorsqu'au contraire j'en avais éprouvé de tous les genres. L'affection de Milord m'était chère ; mais celle de Miss me flattait davantage. J'étais déterminé à faire des miracles pour la conserver, et je sentais que je ne me consolerais pas de l'avoir perdue.

J'appris, en rentrant à l'hôtel, que Milord n'avait pas dîné chez lui, et je fus fort aise d'être dispensé de satisfaire sa curiosité aux dépens de mon amour-propre. Je mangeai un morceau sous le pouce, et j'attendis la voiture, en faisant connaissance avec les gens de la maison. Milord arriva enfin. Je courus à la portière. Miss sauta dans mes bras, Milord s'appuya sur mon épaule, et donna la main à un compatriote à peu près aussi volumineux que lui.

On monta. Milord demanda du punch et des

pipes. J'avançai une petite table. Milord s'assit d'un côté, son ami de l'autre; et nos deux penseurs, séparés seulement par un flambeau, et se regardant gravement, la tête appuyée sur les deux coudes, se soufflèrent mutuellement de la fumée au nez pendant une bonne demi-heure, aux intervalles près où ils puisèrent dans le bowl de quoi fournir à leur abondante expectoration.

Miss s'était assise sur l'ottomane, et avait l'air de travailler. J'avais l'air de ne penser à rien, et je m'approchai de l'ottomane. Je la sentis derrière moi. Je ne sais quoi me disait de m'asseoir; je ne sais quoi me le défendait; j'étais incertain, embarrassé. On me tira doucement, et je me laissai aller. On me demanda, à demi voix, ce que j'avais vu de remarquable dans Paris. Je fus tenté de mentir; je sentis que je ne le pouvais pas: je racontai tout ce qui m'était arrivé, à l'exception de ma leçon de lecture, sur laquelle je glissai, je ne sais pas pourquoi. A chacune de mes catastrophes, Miss répétait : Pauvre Happy ! Et le plaisir d'être plaint de Miss me fit oublier les désagrémens de la journée.

CHAPITRE VIII.

L'influence du Médecin.

La société de Milord se bornait à quelques Anglais assez maussades; plus un médecin français, âgé d'environ trente ans , d'une figure pleine et agréable ; une perruque, symétriquement peignée, et poudrée à blanc, un habit complet de pékin noir, faisaient ressortir la fraîcheur de son teint ; des manchettes de point d'Angleterre tombaient sur sa main potelée, qui caressait un bec de corbin en or, et l'œil s'arrêtait avec complaisance sur un superbe solitaire qu'il portait au petit doigt. Il avait toutes les graces que peut se permettre un médecin, sans manquer aux bienséances de son état. Il était aimable, spirituel, enjoué ; il savait l'anecdote du jour, parlait avec facilité, parlait de tout ; et guérissait quelquefois ses malades en les amusant. Il était couru de la cour et de la ville ; il était l'homme qu'il faut nécessairement appeler quand on sait vivre, et qu'on veut mourir décemment et dans les règles.

Il avait reçu un billet de Milord, et il s'empressait de lui venir rendre ses devoirs. Il le félicita de son retour à Paris, se promit de le guérir de son antipathie nationale, essaya de le faire rire, en lui parlant de l'histoire de trois ou quatre femmes que tout le monde connaît, et qui vont tomber dans l'oubli à force de célébrité. Il trouva Miss grandie, embellie ; il baisa la main du petit ange, qui n'en fut pas très-flatté, ni moi non plus.

Après ces préliminaires charmans, il fit un peu le médecin. Il trouva Milord prodigieusement engraissé ; il lui répéta, pour la dixième fois, que l'air opaque de Londres lui était absolument contraire. Il lui rappela qu'il avait maigri régulièrement à chacun de ses voyages à Paris; que la raréfaction de l'air y raréfiait son cerveau ; que ses fibres, ses nerfs, ses muscles, etc., y reprenaient leur élasticité; que l'excessif embonpoint visait directement à l'apoplexie ; qu'il ne répondait plus de lui s'il retournait en Angleterre; que l'amour de son pays ne devait pas lui faire renoncer à l'amour de lui-même; que la patrie du sage est partout; qu'à la vérité les Français sont des fous, mais que leur folie est aimable, et qu'au pis aller il vaut mieux vivre à Paris par raison, qu'aller mourir à Londres par système.

Quel est le malade qui ose contester quelque chose à la Faculté? On rit de la médecine, on plaisante le médecin, on lui prodigue l'épigramme, le sacarsme; on fait l'esprit-fort quand on a des témoins. Le médecin se venge dans le tête-à-tête; il tranche, il ordonne, il tue; le malade s'humilie, obéit, et meurt. Milord écouta le docteur sans emportement; il se montra même docile et soumis; mais il éclata, quand celui-ci lui proposa de vendre son bien, de placer ses fonds en France, et de s'y fixer à jamais. Le docteur insista; Milord se défendit. Il objecta le ridicule dont il se couvrirait aux yeux de ses compatriotes; il représenta que sa conduite serait en opposition avec ses principes, et qu'un sage ne compose jamais avec son intérêt personnel. Le Docteur lui répliqua que son entêtement, qu'il qualifiait de sagesse, le conduirait à la fin déplorable de M. Edmond. Milord demanda ce que c'était que M. Edmond. C'est, lui répondit le Docteur, un homme opulent, d'une probité sévère, de mœurs austères, d'un esprit éclairé, qui vient de mourir à l'Hôtel-Dieu, uniquement pour avoir été trop sage. Cela ne se peut pas, reprit Milord. Voici son histoire, continua le Docteur:

Le danger d'être trop sage.

Edmond avait vingt ans. Sa figure était de celles qui préviennent d'abord; sa taille était haute et dégagée; la meilleure éducation avait développé le plus heureux naturel, et il joignait à ses agrémens personnels trente mille livres de rente. Edmond, par conséquent, était l'idole de sa petite société. Les mères qui avaient des fils le leur proposaient pour modèle : celles qui avaient des filles le leur souhaitaient pour mari; et les filles, qui jugeaient un mari nécessaire à leur vertu, regardaient Edmond du coin de l'œil. Tout cela était très-naturel.

Edmond, jaloux de plaire à tout le monde, jouissait des éloges qu'on lui prodiguait, et s'efforçait d'en mériter de nouveaux. C'est en se rendant maître de soi, disait-il, c'est en subjuguant ses passions, que l'homme, devenu sage, peut se rendre essentiel. Oh! je vaincrai les miennes; et si mes talens, ma fortune et mes amis me font espérer un état brillant, la fougue de la jeunesse ne sera point un obstacle à mon avancement.

Ainsi raisonnait Edmond. Il croyait nécessaire d'anéantir des penchans naturels, de surmonter une passion dont la première étincelle embrasait son ame. Son cœur, sans objet qui le déterminât, éprouvait le besoin d'aimer, besoin si doux, et qu'il est si doux de satisfaire ! Fatales passions, dont le feu circule dans mes veines, vos efforts seront inutiles. Je vous vaincrai, sans doute, disait le pauvre Edmond, car je le désire sincèrement, et j'y travaillerai de toutes mes forces.

La jeunesse est enthousiaste. Edmond, satisfait de lui-même, jouissait des victoires qu'il allait remporter, et il se livrait au délire de son imagination. Il se montrait moins souvent; sa conversation devint plus sérieuse; il fut réservé auprès du sexe; il renonça à ces jeux innocens, dont il était l'ame, et qui suffisaient à une société qui savait s'amuser encore sans jouer et sans médire. Edmond enfin, plus estimé peut-être, était trouvé moins aimable; et les jeunes filles, qui s'étaient tant plues avec lui, avouèrent, avec un soupir, qu'Edmond était un sage, et qu'un sage de vingt ans est un être bien insipide.

Edmond se voyait moins fêté, il en avait du chagrin; mais il tâchait de se suffire à lui-même, et il ne concevait pas par quelle contradiction on prêche la sagesse, et on fuit les sages.

Edmond parvint à cet âge où il ne suffit plus d'être aimable. La qualité de citoyen impose des devoirs; la considération s'accorde à qui les remplit. Edmond sentait tout cela; il brûlait d'être utile; mais il entrait dans son système de vivre sans ambition. Il voulait mériter la confiance publique; mais il croyait que la solliciter c'est s'avilir. Ses amis avaient du crédit; mais il fallait appuyer leurs démarches, implorer des protecteurs, employer la brigue, acheter le droit de rendre service à la patrie, obtenir enfin, par des manœuvres sourdes, le prix du mérite, qu'on arrache souvent à l'homme respectable pour le donner au caprice. Edmond aurait rougi de s'abaisser à de pareils moyens. On lui représentait en vain, que l'homme sensé se plie aux travers de son siècle. Il prétendait que le siècle devait se réformer, comme il travaillait à se réformer lui-même. Qu'arriva-t-il? Edmond, zélé pour le bien public, capable d'y contribuer par ses talens, vécut inutile et ignoré. Il attendit le moment de se faire connaître; ce moment ne vint pas, et il passa sa vie à chercher pourquoi il faut être inutile au monde, quand on veut vivre sans ambition.

Edmond, sans état, était souvent oisif, et l'oisiveté amène l'ennui. Il n'était plus aimable; il n'avait jamais été prodigue; il lui restait à peine quelques liaisons. Il sentit que l'homme n'est pas né pour vivre seul, et que la femme est sa société naturelle. Oh! disait-il, j'aurai une femme, car ma religion veut que je multiplie, et j'ai de grandes dispositions à l'accomplissement du précepte.

Pour bien choisir, il faut voir. Edmond se rapprocha insensiblement du monde qu'il avait fui. Le désir de plaire lui rendit cette affabilité, cet air de gaîté, qui lui étaient naturels; et à mesure qu'il se livrait aux autres, les autres revenaient à lui. Bientôt il fut empressé, tendre même auprès des belles. Comme il était riche et beau, on se sentait disposé à l'aimer; et chacune de ces petites créatures, attribuant son retour à l'effet de ses charmes, lui savait gré de l'effort, et était prête à l'adorer. Edmond n'avait qu'à jeter le mouchoir.

Il les aurait épousées toutes, tant il était généreux! Un peu de philosophie venait à l'appui de la commisération. Il venait d'éprouver que l'uniformité entraîne toujours l'ennui, et il n'est pas de diversité plus agréable que celle des femmes. Mais les mœurs se soulevaient contre cet affreux systême, et Edmond aima mieux s'en tenir à une seule, et s'ennuyer toute sa vie avec elle, que de renoncer au titre sublime de sage. Il trouvait pourtant étrange qu'il fallût prodiguer les preuves du plus tendre amour à quelqu'un pour qui l'on n'en a plus; mais il se résignait, en songeant que la sagesse le veut ainsi.

Edmond ne pouvant avoir sept à huit femmes, voulut au moins en avoir une bonne, c'est-à-dire en avoir une qui lui convînt. Il examina celles qui s'offraient à lui, avec le flegme de la raison. Celle-ci est belle, disait-il; mais elle est altière: son mari serait son premier valet. Passons à une autre. La taille de celle-là est parfaite; sa gorge paraît formée par l'amour; ses mains éblouissent par leur blancheur; ses yeux noirs et languissans promettent un cœur tendre; mais elle est bête: la beauté passe promptement; il faut qu'il reste quelque chose à mon épouse. Les soirées sont longues l'hiver; les nuits de l'hymen sont froides. Je parle peu; il me faut une compagne qui parle pour deux. Je trouverai cela aisément; mais je veux qu'elle parle bien, et cela n'est pas si commun. Poursuivons.

Cette enfant, trop simple encore pour lire dans son cœur et cacher ses sentimens, a du plaisir à me voir, et me regarde sans cesse. Sans le vouloir, sans y penser même, elle est toujours près de moi; dans nos jeux, sa main est souvent dans la mienne. Elle est jolie à quinze ans, et pourra être belle à vingt-cinq. Elle a des talens, de l'ingénuité, et ses saillies annoncent un esprit qui n'a besoin que d'être cultivé. Tout cela est charmant; mais son caractère n'est pas décidé, et sais-je ce qu'il deviendra? Qui m'assurera que cette femme, qui m'adore aujourd'hui, ne sera pas demain mon fléau? D'ailleurs, elle aura vingt mille livres de rente, et l'opulence corrompt les mœurs. Passons, passons.

Cette grande femme n'est pas jolie; mais sa figure est agréable. Elle n'est pas des mieux faites, et cependant elle a des graces; elle a de l'esprit, et ne s'en doute pas; elle est mise simplement, mais avec goût; elle est pauvre; oh! tant mieux, tant mieux! elle ne sera pas orgueilleuse; elle m'amusera sans me mépriser, parce que mon imagination est moins vive que la sienne. Un extérieur décent annonce, dit-on, une ame honnête : elle ne sera pas entourée d'une jeunesse brillante, qui jouirait de ma femme pendant que je m'ennuierais chez moi. Elle me sera unie par le double lien de la reconnaissance et de l'amour. Alexandrine, vous aurez la préférence.

Alexandrine s'aperçut de son triomphe, et son amour-propre en jouit. Il est si doux d'humilier ses compagnes, de renoncer au triste et pénible rôle de vieille fille, de recevoir une existence de l'hymen, d'avoir un mari jeune, beau, bien fait et riche! Tous les sens y trouvent leur compte. Alexandrine saisissait toute l'étendue de ces avantages, et elle aimait déja beaucoup l'être charmant à qui elle allait les devoir.

Cependant Alexandrine n'avait pas vécu vingt-cinq ans sans s'apercevoir qu'elle avait un cœur; et de l'amour à la faiblesse le pas est si glissant! Un petit magistrat, espèce de bel-esprit, bien empesé, bien lourd, avait plu; il y avait dix ans au moins, à la faveur de quelques plats madrigaux, qu'Alexandrine trouvait charmans, parce qu'ils faisaient son éloge. L'homme de robe avait fait quelque temps sa cour à une vieille tante, pour approcher de la nièce. Au moyen de quelques tendres complaisances envers la douairière, il avait acquis la familiarité de la jeune personne ; et à force de se répéter qu'ils s'aimaient, ils en étaient venus tout simplement à se le prouver.

Cet arrangement fut toujours caché, parce qu'un robin doit être discret et prudent, et on sait que les gens de robe remplissent exactement leurs devoirs. Alexandrine s'ennuyait quelquefois, et de son amant, et de son air guindé, et de sa robe, et de ses madrigaux. Mais elle sacrifiait à l'habitude ; et puis c'était une fille nonchalante, que l'idée d'une nouvelle intrigue effrayait. Elle vivait donc avec son petit robin, sans amour et sans haine, quand le sage Edmond lui offrit son cœur et sa main.

On sent bien que l'habitude ne tint pas contre des offres aussi brillantes. On voulut rompre avec le magistrat ; celui-ci prétendit garder sa conquête : il y avait presque prescription. On s'échauffa mutuellement, et on finit par s'apercevoir qu'on n'était pas seuls. On convint d'un rendez-vous pour le soir, parce qu'une rupture de cette importance ne pouvait pas se faire sans explication.

Rien n'échauffe un amour presque éteint, comme l'infidélité d'une maîtresse. Le robin arrive à l'heure indiquée, plus tendre et plus pressant que jamais. Le désordre de ses sens ne lui permettait pas d'entendre Alexandrine. Elle jugea, très-sagement, qu'il fallait les calmer pour le rendre attentif.

Edmond croyait qu'il faut aimer sa femme, et il se passionnait pour sa future. Il savait qu'il faut paraître empressé, et il résolut de passer l'après-souper avec sa belle. L'obscurité, le silence de la nature, prêtent un charme aux discours des amans. Edmond savait cela à merveilles, quoiqu'il fût sage. Il frappe à la porte de sa maîtresse. D'abord mademoiselle est sortie : Edmond veut s'en assurer. On ajoute d'un air indécis que mademoiselle est occupée, qu'elle ne veut voir personne. Edmond croit que la défense ne peut le regarder. Il écarte doucement la suivante, et entre chez Alexandrine. Il ne trouve personne, et marche vers une autre chambre. Un soupir se fait entendre ; Edmond retourne sur ses pas, tire les rideaux du lit, et voit le magistrat travaillant de tout son cœur à pouvoir écouter ce que la belle aurait à lui dire.

Tout autre qu'un philosophe aurait fait un bruit affreux. Edmond s'en fut paisiblement chez lui, et ne comprenait pas pourquoi, dans une foule de femmes, il est impossible à un sage d'en trouver une qui lui convienne.

Edmond, méprisant le sexe, et croyant le haïr, rompit encore avec le monde, et la retraite l'excéda de nouveau. Que je suis à plaindre, se disait-il! Je vois tous les hommes satisfaits, au moins quelquefois ; moi seul, je suis toujours malheureux. Plus je deviens sage, et plus je suis à charge à moi-même. Ah! sans doute, je n'ai point fait encore assez de progrès dans l'étude de la sagesse. Les commencemens sont rebutans en tout genre. La félicité doit être le prix de la perfection : il faut redoubler mes efforts pour devenir parfait.

Pendant ce monologue, un homme aborda notre sage. Il lui avait parlé trois fois au plus; il avait besoin de vingt mille francs, et il lui donnait la préférence : que cela était flatteur pour Edmond! Je vais donc être bienfaisant, pensait-il, et ce jour ne sera pas perdu pour la sagesse. La raison lui criait en vain : La bienfaisance est la plus belle vertu de l'humanité; mais l'impudence des hommes est extrême, et l'on demandera toujours à qui ne refuse jamais. Edmond rejette ce conseil, embrasse l'inconnu, et lui dit: « Je vois que vous êtes vraiment mon ami,
« car vous avez recours à moi dans l'adversité. Je
« n'ai pas vingt mille francs, mais j'ai des contrats.
« Prenez celui-ci, engagez-le, et que j'aie une fois
« en ma vie contribué au bonheur d'un galant
« homme. »

Son ami le laissa pénétré du plaisir d'avoir fait une bonne action, et ne concevant pas comment l'homme avide pouvait se le refuser.

Edmond, s'ennuyant un jour plus qu'à l'ordinaire, s'avisa d'aller demander à dîner à l'homme aux vingt mille francs. Il était sorti; mais notre philosophe fut reçu par une femme de dix-huit ans, qui joignait à une beauté parfaite tous les attraits des graces. On l'accueillit comme quelqu'un à qui on a de grandes obligations. Sa figure, sa taille, son air, n'échappèrent point à la petite personne, qui le mesura d'un coup-d'œil, et le résultat de l'examen fut un surcroît de politesses.

Hortense était sage; mais elle était tendre. Son mari était vieux, laid, bizarre. Il était naturel qu'elle vît Edmond avec plaisir, et de son côté le philosophe trouvait son hôtesse charmante. La conversation s'anima. Une femme peut être spirituelle avec modestie, enjouée sans indécence : Edmond convenait de tout cela, et sa vertu n'était pas alarmée. Vers la fin du repas, il crut apercevoir dans les yeux d'Hortense l'expression de la tendresse, et il se sentit ému. La dame vit son trouble; il fit naître sa confiance, et, sans s'interroger sur la nature de ses sentimens, elle se livrait au charme qui l'entraînait. Le même feu embrasait avec rapidité le cœur sensible d'Edmond, et il se disait : Pourquoi est-elle la femme de mon ami!

On quitte la table, et Hortense se met sur sa chaise longue : c'est un de ces meubles qu'une femme qui entend ses intérêts a toujours à sa disposition. La coquetterie l'inventa, et la coquette s'en sert à plus d'un usage. C'est de ce poste avantageux qu'Hortense attaquait le sage Edmond. Un bras arrondi soutenait négligemment sa tête, et des regards de flamme allaient se fondre dans le cœur du philosophe. Deux globes, arrondis par l'amour, se laissaient voir en partie, et laissaient soupçonner des charmes plus intéressans encore. Une jambe faite au tour, et qu'on ne pensait plus à cacher, l'abandon de la volupté, tout contribuait à perdre Edmond, et la tête lui tourna tout-à-fait. Il tombe aux genoux d'Hortense; il se tait, mais elle entend. Le silence est le plus doux langage des cœurs qui sympathisent; ils jouissent dans le recueillement.

Le philosophe devint plus entreprenant, Hortense se montrait plus facile; elle ne combattait plus que pour mettre un prix à sa défaite. Déja cet aimable couple épuisait ces tendres caresses, délicieux précurseurs du plaisir, plus doux peut-être que le plaisir même... Tout à coup Edmond se souvient qu'il a fait vœu d'être sage. Frémir du danger où il est exposé, se dégager des bras d'Hortense, et fuir, est l'ouvrage d'une seconde. Hortense, restée seule, pleura, et cela devait être ainsi : il est si dur pour une femme qui pense d'oublier sa vertu, et de l'oublier en pure perte !

Edmond, en s'en allant, s'applaudissait de sa victoire, et ne concevait pas qu'on pût faire son ami cocu. Plein de désirs et d'amour, occupé de l'image séduisante d'Hortense, il marchait tristement, la tête baissée. On l'arrête, il se retourne. Une inconnue, dans sa première jeunesse, moins belle qu'Hortense, mais plus piquante, qu'une gaîté folâtre animait, qui semblait n'exister que pour le plaisir, attaqua le pauvre Edmond dans tous ses sens : il était déja plus qu'à demi vaincu : il fut aisé d'achever sa défaite. La sagesse a ses bornes, et les forces du philosophe étaient à bout. Flore l'enchante, le persuade, l'entraîne ; il est introduit dans le temple de l'amour.

La déesse du lieu en fit parfaitement les honneurs. Le scrupule, une fois vaincu, est bientôt méprisé. Edmond passa plusieurs heures dans l'ivresse du plaisir. Enfin il revint à lui, rougissant de sa faiblesse. Un instant avait ruiné sa vertu, confondu sa philosophie. Il sortit en gémissant de ce lieu de débauche, et se demandait comment un sage, qui a résisté à une femme adorable et décente, cède aux séductions d'une catin.

Edmond fut reçu chez lui par un homme qui lui présenta humblement quelques papiers. Il est tout simple que l'homme aux vingt mille francs ne s'était pas borné à un premier emprunt. On se doute bien que d'autres amis, aussi solides, avaient souvent procuré à Edmond la satisfaction d'être bienfaisant. Il était trop délicat pour avoir pris des sûretés : il avait affaire à des amis. D'ailleurs, aurait-il souffert que son nom fût cité au barreau pour des affaires d'intérêt? il faisait profession du plus parfait désintéressement.

Son amour pour l'étude ne lui avait pas permis d'administrer son bien; à peine connaissait-il sa fortune.

Cependant ses bons amis avaient emprunté les deux tiers de ce bien. Une mauvaise administration, la friponnerie de ses domestiques, des marchands, des ouvriers, avaient absorbé l'autre tiers. Edmond ne se soutenait plus que par son crédit, et ne s'en doutait pas. Le bruit de sa sagesse prodigieuse se répandit partout: tout le monde, excepté lui, savait qu'il était ruiné.

Comme on est convenu qu'il est inutile d'avoir des égards pour un homme ruiné, des gens qui avaient profité de ses dépouilles, et à qui il était redevable de modiques sommes, lui députèrent l'homme dont il est parlé ci-dessus. Cet homme était un huissier, et ses papiers des exploits.

Edmond reçut la nouvelle de sa ruine avec une résignation stoïque. « Voilà, s'écria-t-il, le moment
« où je recueillerai le fruit de mes travaux: c'est
« dans l'adversité que brille particulièrement un
« sage. » L'huissier, qui n'entendait rien à ce galimatias, le supplia de lui compter huit mille sept cent soixante-quatre livres six sous trois deniers.
« Mon ami, lui dit Edmond, j'ai confié mon bien
« aux malheureux qui en ont eu besoin, et je ne
« ferais pas attendre mes créanciers après des som-
« mes légitimement dues, s'il dépendait de moi de

« les payer. En vertu donc, reprit l'huissier, d'un
« petit mot de sentence, dont voilà la signification,
« vous voudrez bien me suivre. » Edmond fut étonné
un moment; mais la sagesse rentrant bientôt dans
ses droits, il quitta, sans le plus léger serrement
de cœur, ses dieux domestiques, et il disait en
suivant l'honnête huissier : « Qu'il est beau de souf-
« frir pour la vertu! mais qu'il est singulier que la
« vertu me conduise en prison! »

Après avoir souffert huit jours de la meilleure
grace du monde, Edmond sentit que la liberté
est le premier des biens; et il regretta de l'avoir
perdue. Quelle faiblesse pour un sage! il la com-
battit vingt-quatre heures, et céda enfin malgré
lui à l'évidence et à la nature.

Il se donna la peine de chercher les noms de
ses bons amis, qui lui devaient des sommes con-
sidérables : il s'abaissa à leur écrire, non pas en
suppliant; il écrivit en homme qui redemande
son bien, et qui croit assez à la probité pour être
persuadé qu'on le lui rendra à sa première réqui-
sition. Les plus honnêtes lui firent dire qu'ils y
penseraient, d'autres qu'ils ne savaient de quoi
il était question, et le plus grand nombre ne
lui fit rien dire du tout.

Alors la vertu d'Edmond s'aigrit considérable-
ment; il fit venir un procureur, et le mit au fait
de ses affaires : « votre cause est excellente, lui
« dit le procureur; donnez-moi vos billets. Hé-
« las! répondit Edmond, je n'en ai pas; mais il

« est sûr que j'ai prêté environ quatre cent
« mille francs à mes amis. Votre affaire est *imper-*
« *dable*, reprit le procureur. Donnez-moi de l'ar-
« gent, car les préliminaires d'un procès coûtent
« beaucoup. Eh! je n'ai plus rien, répliqua le mal-
« heureux Edmond. En ce cas, s'écria le procureur,
« votre cause ne vaut pas le diable, » et il s'en fut.

Edmond ne se dissimula plus l'horreur de sa situation ; et l'adversité lui parut d'autant plus dure, qu'il y était peu accoutumé. Il faisait à ce sujet des réflexions très-bonnes, mais très-tardives, quand il ressentit les premières atteintes d'un mal dont jusqu'alors il n'avait connu que le nom. Il se souvint de Flore, et s'écria dans l'amertume de son ame : « Ah! cet ami qui m'abandonne...
« cet ami si peu digne de ma délicatesse.... si je
« l'avais fait cocu, je ne pleurerais du moins que
« ma liberté! O Providence, que tes voies sont
« cachées ! Toutes les vertus me sont funestes,
« et la vérole est le prix de ma chasteté. »

Cependant le mal faisait des progrès rapides, et on envoya à Edmond le chirurgien chargé de rendre la santé aux prisonniers. Celui-ci, ainsi que beaucoup de ses confrères, avait la méthode de leur prodiguer des remèdes qui ne coûtent rien, qui ne valent rien, et au moyen desquels le malade guérissait s'il pouvait.

Ainsi, la vérole d'Edmond allait son train, en dépit du carabin, qui faisait semblant de vouloir l'extirper. Ses créanciers craignirent qu'on ne les obligeât à le traiter selon les lois de l'humanité, ce qui eût ajouté aux frais de détention. Ils relâchèrent leur prisonnier, qui ne concevait pas qu'il pût résulter un bien de la vérole.

Edmond avait trop d'amour-propre pour habiter une ville qui avait vu son opulence, sa sagesse, son désastre et sa vérole. Il se traîna à un bourg éloigné de quelques lieues, et célèbre par son hôpital. Edmond ignorait qu'il y eût là un hôpital ; mais celui-ci se présentait à propos, et notre sage y entra.

Le chirurgien-major, voyant une maladie compliquée, qui pouvait lui faire honneur, reçut le malade avec plaisir, lui donna tous ses soins, et le guérit radicalement. Il ne lui en coûta que cinq ou six dents.

Edmond sortit de l'hôpital, très-sain de corps, et très-malade d'esprit. Il ne prévoyait qu'une continuité d'infortunes, dont la perspective l'accablait. Il faisait des réflexions amères sur l'insuffisance de la sagesse, et il gémissait sur les maux qui dévorent notre malheureuse espèce.

Edmond était vêtu proprement, et c'est tout ce qui lui restait de sa splendeur passée. Il vendit son habit, qui ne lui donnait pas à dîner, et prit tristement le chemin de Paris. Arrivé dans cette ville, il se fit annoncer chez ses protecteurs. Mais il avait autrefois refusé leurs bons offices, et on l'avait oublié. Il était devenu pauvre, et il n'inspirait plus le moindre intérêt. On ne lui montra qu'une compassion froide et insultante, qui l'irrita tout-à-fait contre la sagesse. Il commença à maudire tout de bon la manie qu'il avait eue d'être sage.

La misère, le chagrin, l'inquiétude, enflammèrent enfin le sang d'Edmond, et on le porta à l'hôtel-dieu avec une fièvre violente. On le coucha entre un goutteux et un hydropique. Le goutteux l'empêchait de dormir, l'hydropique l'infectait, et en deux jours il fut à toute extrémité. Une religieuse charitable, attentive aux progrès du mal, jugea qu'il était temps d'appeler un confesseur. Celui qu'on donna à Edmond était, à ses préjugés près, un homme assez raisonnable.

Il écouta patiemment notre philosophe, qui fut long, diffus, et se répéta souvent, comme font les malheureux; enfin, il lui dit: « L'homme rai-
« sonnable ne cherche pas à détruire ses pas-
« sions, mais à les régler. Sans elles, il n'est
« point de bonheur. C'est un présent du ciel, qui
« peut devenir funeste; mais l'homme sans pas-
« sion serait réduit à la simple végétation, et mé-
« connaîtrait le prix de son être. Mon ami, celui
« qui veut atteindre à la perfection, se croit égal à
« Dieu, et n'est qu'un fou. Elle n'est pas le par-
« tage de l'homme; et les excès, dans la vertu
« comme dans le vice, mènent à l'infortune. Con-
« solez-vous cependant: Dieu juge les hommes
« selon leur cœur, et il vous récompensera. Vous
« allez entrer dans sa gloire, et une félicité sans

« bornes et sans fin attend votre ame immortelle.
« — Hélas! dit Edmond, je veux bien croire à
« mon ame immortelle; je veux bien croire à la
« félicité des élus; mais je n'en ai pas de certi-
« tude physique, et je suis physiquement sûr que
« j'ai été inutile à mes concitoyens, que j'ai vécu
« sans femme, que mes amis m'ont ruiné, que j'ai
« été emprisonné, que j'ai eu la vérole, que tout
« le monde m'abandonne, et que je vais mourir
« à l'hôtel-dieu pour avoir été trop sage. »

« Cet Edmond n'était qu'un sot, s'écria Milord.
« Précisément, répondit le médecin. — Et quels
« rapports trouvez-vous entre moi et cette ridi-
« cule personnedge? — Deux chemins différens
« conduisent quelquefois au même but : Edmond
« est mort par amour pour la sagesse, vous mour-
« rez par amour de l'Angleterre, et vous serez
« morts tous deux pour avoir tenu à vos opinions.
« Que diable voulez-vous donc que moi fasse,
« reprit Milord? Rester avec nous, répliqua le
« docteur; monter à cheval jusqu'à ce que vous
« puissiez courir à pied; fumer beaucoup; boire
« peu; trouver bon qu'on vous fasse rire; jouir
« de vous-même, vous amuser de tout, et arriver
« le plus tard que vous pourrez au terme où
« vous rendrez à la nature la portion de matière
« qu'elle vous a prêtée. »

Milord se tut, se mit dès le lendemain au régime qui lui était prescrit, et son médecin ne dé-
sespéra pas d'en faire enfin un Français.

CHAPITRE IX.

Je ne suis plus un enfant.

Je menais une vie douce et tranquille ; un mot, un regard de Miss, me rappelaient à mon devoir, quand la légèreté naturelle à mon âge m'en avait écarté. Son amitié me consolait des petits chagrins que me donnait quelquefois l'humeur brusque et inégale de son père, et le désir de leur plaire à tous deux me rendait le travail facile et agréable.

Milord avait donné à sa fille des maîtres de musique et de dessin. Je n'assistais d'abord aux leçons, que parce qu'elles me donnaient un prétexte de rester auprès de Juliette, de la voir et de lui parler. Mais ses progrès eurent bientôt piqué mon émulation. Je crus que je pourrais apprendre la musique et le dessin tout comme un autre ; je me flattai que Miss me saurait gré de mes efforts. En conséquence, dès que j'étais seul, je prenais les crayons ; j'ouvrais le piano, j'exécutais ce que Miss avait fait à la leçon précédente ; je me rappelais assez exactement les préceptes des maîtres, lorsque je pouvais prendre sur moi d'oublier Miss pour les écouter, et mon infatigable assiduité et mes réflexions suppléaient à ce qui m'était échappé.

J'avais lu et relu le livre que Miss m'avait donné.

Mademoiselle Fanchon n'avait plus rien à m'apprendre. Je sentais qu'il me fallait un autre maître; je ne savais où le prendre, ni comment le payer. Cela m'inquiétait; mais j'étais exact auprès de Fanchon, par habitude et par reconnaissance. Je lui lisais un jour quelques pages d'Hippolyte comte de Douglas, que lui avait prêté une cuisinière de ses amies. L'attention que je donnais à ma lecture m'absorbait tout entier. Milord rentra avec sa fille, et leur voiture était arrêtée à la porte de l'hôtel sans que je l'eusse vue ni entendue. Fanchon me poussa; je levai la tête, j'accourus. Miss était descendue, cela me fit de la peine; elle ne me regarda point, cela m'alla au cœur; elle monta avec son père, je montai après eux. Miss entra dans sa chambre, j'y entrai après elle; elle fit plusieurs tours, passait, repassait auprès de moi, se dérangeait pour m'éviter, agissait pour agir, paraissait tourmentée, et, après quelques irrésolutions, elle se disposa à sortir. J'étais en face de la porte, elle me poussa de la main; sa main trouva la mienne, et elle me regarda; des larmes roulaient dans mes yeux, et elle s'arrêta. « Que faisiez-vous, me dit-elle, auprès de cette « jeune fille? — Je lisais. — Et pourquoi auprès « d'elle?—Elle a la bonté de me montrer. —Elle « est bien, cette fille-là. — Je ne m'en suis pas « aperçu. — Ce n'est pas là le maître qu'il vous « faut. » Elle glissa un louis dans la poche de mon gilet, et rentra dans le salon.

Le lendemain de grand matin, j'achetai du papier et des plumes. Je parcourus les rues adjacentes; je découvris un maître, et je m'arrangeai avec lui. En revenant, j'entrai chez une lingère, et je choisis un bonnet-rond, orné d'une petite dentelle; je le payai six francs. Je l'offris à Fanchon, qui le reçut de bonne grace; je la remerciai, et je ne lui parlai plus.

J'avais remarqué la boutique d'un libraire, qui louait des livres au mois: je m'abonnai. Mon goût pour la lecture devint une passion, à mesure que je lisais des choses qui parlaient à mon esprit et à mon cœur. J'étais sans guide dans le choix des ouvrages; je n'en connaissais aucun, et je ne pouvais me décider sur le titre. J'ouvrais le livre par le milieu, j'en parcourais quelques pages; mon oreille décidait du style, ma raison du sujet, et je me trompais rarement.

Au bout de quelques mois je connaissais les meilleurs auteurs, j'écrivais très-passablement, j'exécutais une sonate avec facilité, et je dessinais correctement une tête. Personne au monde ne soupçonnait ce que je savais faire. J'avais eu la force de cacher mes progrès à Miss, et je me préparais en secret au plaisir de la surprendre, en faisant éclater tous mes talens à la fois. Cependant je ne pus vaincre le désir de lui faire connaître que j'avais un maître, et que ce maître n'était plus mademoiselle Fanchon. Il me parut indispensable de lui faire voir mon écriture. Fanchon ne savait pas écrire, Miss ignorait cela ; mais je le savais, et j'agis comme si Miss eût été à l'école de mademoiselle Fanchon. Deux ou trois fois je pris mon papier, et j'allais le lui présenter; mais il y avait des pages un peu négligées, des pâtés par-ci, par-là, et son nom se trouvait à-peu-près partout. J'achetai une feuille de papier à lettre, dorée sur tranche; je pris ma plume neuve, et j'écrivis au milieu de la feuille, et bien mieux que je n'avais fait jusqu'alors :

Voilà l'usage que je fais de vos bienfaits.

Je lus, je relus. J'examinai toutes les lettres, les unes après les autres, et je prononçai que je pouvais avouer cela. J'entrai, à la dérobée, dans le cabinet de toilette, je plaçai mon papier devant la glace, et je me cachai dans une garde-robe. C'était l'heure où Miss se coiffait. J'étais sûr qu'elle ne tarderait pas, et je voulais voir quel effet produirait mon écriture. Miss entra, ainsi que je l'avais prévu, elle s'assit, et aperçut le papier. Elle le prit, le regarda, le remit, le reprit encore, et dit : « C'est bien, c'est très-bien... Pauvre Happy !.. « un bon cœur, de l'esprit, une figure.... » Elle baissa la voix, et je n'entendis pas la fin. Elle ploya mon papier en quatre, tira son portefeuille et le serra. Cela me fit un plaisir... mais un plaisir ! elle prit quelque chose dans sa poche, elle en fit un petit paquet, écrivit quelques mots sur le dessus, se coiffa, se leva, sortit de son cabinet, et moi de la garde-robe. J'approchai de la toilette. Le petit paquet était à l'endroit même où j'avais placé mon papier : je le pris et je lus :

A celui qui sait employer son argent.

Je le mis dans mon sein, et je courus dans ma chambre. Je m'assis sur mon lit, et je tirai le petit paquet. Elle m'a répondu ! m'écriai-je ; elle a daigné me répondre ! Ouvrons. J'ouvris, je trouvai trois louis, et je soupirai. Je repris l'enveloppe, je la portai sur mon cœur, je la collai sur mes lèvres, et je l'attachai au-dessus de mon chevet. Je la lirai, disais-je, en me couchant, en me levant, et elle me fera souvenir de bien faire. Je descendis. Miss me regarda d'un air qui me fit croire qu'elle avait quelque chose à me dire : je me mis à la croisée. Elle fit un tour ou deux dans le salon, se mit à côté de moi, et me dit bien bas : « Ma réponse est sur ma toilette. — Je l'ai prise, « lui répondis-je, et je vous en remercie. — Par « où avez-vous passé ? Je ne suis pas sortie d'ici. » J'avouai la petite ruse que j'avais employée pour m'assurer qu'elle trouverait mon papier. Elle rougit.... « Happy, me dit-elle, je vous défends « d'être près de moi sans que je le sache. » Son père toussa, et nous nous retournâmes.

L'anniversaire de la naissance de Milord approchait. J'avais célébré la précédente comme un polisson ; je me préparai à celle-ci comme un jeune homme qui cultive les arts. Après avoir cherché tous les moyens de faire quelque chose qui fût agréable à Milord, avoir conçu vingt projets, y avoir ôté, ajouté, les avoir abandonnés, je jugeai que rien ne le flatterait autant que son portrait. Milord avait des traits prononcés, le front droit, le sourcil épais, le nez retroussé, la bouche grande, et un double menton; sa perruque coupée devait aider à la ressemblance : j'eus l'audace de croire la chose facile, et la présomption de l'entreprendre. Je commençai un profil au crayon. Je corrigeais, j'effaçais, je recommençais. Milord était présent à ma mémoire, je croyais le voir, et je ne faisais rien de bien. Cependant je ne me décourageai point : j'avais quinze jours devant moi. Je recommençai tant et tant, que je saisis enfin la ressemblance. Je calquai mon trait avant de commencer à ombrer, et bien m'en prit. Lorsque j'eus fini ma tête, elle ne ressemblait pas plus à Milord qu'à moi. J'en ombrai une seconde, et j'y trouvai quelque chose. J'en fis une troisième, où j'attrapai l'œil et son pourtour. Dans la quatrième je saisis la bouche. Je pris un peu de l'une, un peu de l'autre, et je fus content de moi. J'entourai mon buste d'une guirlande de fleurs, et je mis dessous ces deux vers de ma composition :

Pour ce premier essai ayez quelque indulgence.
Mon crayon fut conduit par la reconnaissance.

L'idée me parut très-jolie, et les vers admirables, quoiqu'il y ait un *hiatus*, à ce que m'a appris depuis la poétique de Gaillard. Je ne me lassais pas d'admirer mon ouvrage. La tête me paraissait parfaitement dessinée, le crayon moëlleux et bien fondu. Je fis mettre mon chef-d'œuvre dans une bordure dorée, sous un verre de Bohême, et je le cachai jusqu'au moment où il devait paraître aux yeux des convives émerveillés.

Le matin de ce grand jour, j'accrochai le portrait derrière un grand tableau qui décorait la salle à manger, et je m'occupai des objets relatifs à mes fonctions ordinaires. Milord avait ordonné un repas somptueux, et il avait invité ses amis de l'Angleterre et son cher médecin. Miss avait engagé quelques dames qu'elle voyait habituellement. La société devait être nombreuse, et cependant choisie, et on se promettait de s'amuser. A deux heures Miss parut au salon, parée de tout ce qui pouvait relever sa figure enchanteresse. Elle examina mes dispositions, les trouva pleines d'intelligence et de goût, et me dit qu'elle avait une confidence à me faire. Nous passâmes dans une autre pièce, où elle m'apprit qu'elle avait préparé une petite fête pour son père. « J'écris mal, « dit-elle, mais je pense bien : papa laissera le « style, et saisira la pensée. Mes petits vers doi- « vent être répétés par de jeunes personnes de « la connaissance de nos dames. Elles n'arriveront « qu'au dessert : c'est le moment de la poésie et « du chant. Elles seront accompagnées par quel- « ques jeunes gens qui auront des instrumens. On « fera un petit concert, et la journée se termi-

« nera peut-être par quelques contredanses. Papa
« entre rarement ici : faites-y dresser une table ;
« qu'elle soit chargée de fleurs, de fruits, de pâ-
« tisserie et de rafraîchissemens : je veux régaler
« mes acteurs. Je compte sur vous, mon cher
« Happy. De la promptitude, et surtout de la
« discrétion. » Elle me donna sa bourse, et me
laissa.

En moins d'une heure, le limonadier, le confiseur, le pâtissier et la fruitière, m'arrangèrent un ambigu charmant. Une heure après, j'avais des guirlandes de roses montées sur des cerceaux, et des corbeilles garnies pleines de fleurs de toute espèce. A quatre heures les convives arrivèrent, et, après les premiers complimens on se mit à table. Miss faisait les honneurs, avec cette grace aisée qui ne la quittait jamais. Milord et ses amis d'Angleterre mangeaient ; le docteur et les dames soutenaient la conversation. J'étais vis-à-vis du tableau qui cachait le portrait de Milord ; je grillais de le faire paraître. J'approchais, je m'éloignais; et je me serais trahi, s'il eût été possible qu'on eût quelques soupçons, ou qu'on me remarquât au milieu de dix à douze domestiques qui servaient avec moi.

Le second service était sur table. Je sentais que les acteurs de Miss ne tarderaient pas à venir. Il fallait les aller recevoir, les ranger, les faire entrer; je n'avais plus qu'un moment, et je me décidai. Je coupai le cordon qui attachait le grand

tableau; il tomba avec un fracas qui fit retourner toutes les têtes, et les dames et le docteur s'écrièrent à la fois : « C'est Milord, c'est lui, il est frap-
« pant. » Le docteur se leva, prit le portrait, le présenta à Milord, qui l'examina attentivement, et regarda sa fille. « Ce n'est pas moi, papa, lui dit-
« elle. Je l'avoue en rougissant, cette idée ne m'est
« pas venue. » Le portrait passa de main en main, reçut des éloges à la ronde, et j'étais content... oh! j'étais content !.. Qu'on se mette à ma place. Le docteur jura à Miss que le portrait était d'elle, et elle lui soutint le contraire. Les dames la pressèrent d'en convenir, et elle se défendit avec vivacité. Elle reprit le portrait, l'examina de nouveau, et dit:
« Ce ne peut être que mon maître. Pas du tout, re-
« prit Milord, il y a des vers qu'un maître de dessin
« il ne peut pas m'adresser. Des vers! des vers!
« s'écria le docteur; voyons les vers... Ils sont
« dans un enfoncement ombragé par des fleurs...
« — C'est de l'immortelle, dit Miss. — Lisons les
« vers, continua le docteur. » Il fit au *essai ayez* une légère grimace qui échappa à tout le monde, hors à l'auteur, qui n'y comprit rien, et il finit par trouver les vers pleins d'ame et de délicatesse. Tous les yeux se reportèrent sur Miss. « Je n'au-
« rais pas écrit autre chose, dit-elle; mais encore
« une fois ce n'est pas moi. C'est donc le diable,
« reprit Milord ». Un valet, qui faisait l'entendu, s'approcha de l'oreille du docteur. Celui-ci se leva avec vivacité. « Mesdames, mesdames, s'écria-t-il,

« Happy va nous mettre dans la confidence : c'est
« lui qui a fait tomber le tableau qui masquait le
« portrait. — Parlez, mon ami, me dit Milord.
« — C'est moi qui.... — Qui avez été chargé de
« placer le portrait, reprit le docteur; mais par
« qui ? — C'est moi qui.... — Cette moi qui,
« poursuivit Milord.... Finissons. Qui a fait cette
« diable de portrait ? — C'est moi, Milord.... —
« Qui avez dessiné cette peinture ? — Oui, Mi-
« lord. — Ne mentez pas, me dit Miss avec un
« regard sévère ». A ces mots j'éprouvai un mouvement de dépit, et je montai à ma chambre, d'où
je descendis, les bras chargés de mes dessins, depuis mon premier œil jusqu'aux esquisses du portrait de Milord. Je déposai mes œuvres aux pieds
de miss Juliette, et je lui dis à demi-voix: « Je
« ne vous dis pas tout; mais je ne mens jamais.
« C'est lui, c'est lui ! s'écria-t-elle, d'un air que
« je ne lui avais jamais vu. C'est lui.... et je l'ac-
« cusais.... » Elle se tut et rougit. Ah, ah! dit
Milord. C'est extraordinaire, dirent les dames.
Mais, en vérité, ce n'est pas mal du tout, poursuivit le docteur: et on parla d'autre chose.

J'entendis plusieurs voitures qui arrêtaient à la
porte: je sortis. C'étaient les acteurs de Miss, qui
s'étaient entassés dans des carrosses de place, et qui
riaient aux éclats en se démêlant les uns d'avec
les autres. Je tremblais que Milord ne vînt à la
croisée; mais il n'était pas curieux; et quand il
était à table, il ne se levait pas aisément. Je priai

la joyeuse recrue de monter en silence, et sur la pointe du pied. Je la fis entrer dans la salle, où était dressé l'ambigu. Là, je déclarai que Miss m'avait nommé maître des cérémonies. Je distribuai les corbeilles de fleurs à six demoiselles, très-jolies, mais qui ne valaient pas à elles six.... Je priai les jeunes gens de déposer leurs instrumens, et de prendre les guirlandes; j'engageai l'un d'eux à passer au piano quand il en serait temps, et je rentrai.

On servit le dessert: Miss me fit signe, et les portes s'ouvrirent. Cette brillante jeunesse défila au son d'une fanfare, et fit le tour de la table en marchant en mesure d'un air tragi-comique. Les jeunes personnes présentèrent leurs corbeilles à Milord, et l'embrassèrent. Les jeunes gens formèrent sur la table un berceau de leurs guirlandes; et pendant que le docteur admirait le choix et la fraîcheur des fleurs, qu'il s'extasiait sur la douceur de leur parfum, on se disposa à commencer la pièce. Elle joignit au rare mérite d'être courte, le mérite plus rare encore d'être écrite avec délicatesse et sentiment. C'était une fille tendre, qui tremblait pour les jours d'un bon père, qui le pressait de demeurer dans un bocage riant, où il n'avait rien à craindre de la méchanceté des hommes, ni de la fureur des loups. C'étaient des bergers et des bergères, qui lui promettaient de veiller sur lui, et d'embellir ses derniers jours. C'était enfin l'ouvrage de Juliette, dont l'ame, pure comme un beau jour, s'exhalait dans des vers qui n'étaient pas très-corrects, mais qui étaient vrais comme la nature. Milord s'attendrit insensiblement; ses larmes coulèrent, et il ne pensa point à les cacher. Il cherchait sa fille; elle était près de lui, et elle tomba dans ses bras. Les actrices s'assirent auprès de leurs mamans; les acteurs prirent des serviettes et servirent leurs bergères. Le marasquin arriva : il multiplia les saillies; il ajouta à la gaîté, et bientôt on ne s'entendit plus.

Voilà le moment, disaient au docteur deux femmes fort aimables qui étaient à ses côtés; voilà le moment, frappez le grand coup. Le docteur se leva, s'essuya la bouche, se la pinça, toussa, demanda un moment de silence, et parla.

« Avouez, Milord, que les plaisirs de l'Angleterre
« sont bien froids comparés à ceux-ci. Vous raison-
« nez à Londres, vous jouissez à Paris. Voyez cet
« aimable désordre, cette joie naïve qui brille dans
« tous les yeux, la tendresse de votre fille, l'em-
« pressement de vos amis; descendez dans votre
« cœur, soyez vrai, et convenez que vous êtes
« heureux. Cette scène de bonheur peut se mo-
« difier de mille manières différentes, et se re-
« nouveler tous les jours. » Puis s'essayant sur un ton plus grave, il ajouta : « Votre santé est
« parfaite, votre embonpoint est réduit; il y a
« trois mois vous pouviez à peine vous tenir à
« cheval; vous marchez facilement aujourd'hui;

« vous mangez avec appétit, vous riez quelque-
« fois, et vous retourneriez à Londres! Non, Mi-
« lord, vous resterez ici : je vous l'ordonne au
« nom de la médecine; ces dames vous en prient
« au nom de l'amitié. »

Elles se levèrent à l'instant, s'approchèrent de Milord, le cajolèrent, le caressèrent, le pressèrent; Miss lui présenta une procuration, qui autorisait son homme d'affaires à vendre tous ses biens. Milord se fit un peu prier; sa fille tomba à ses genoux; Milord prit la plume et signa. Le docteur fit le paquet, le cacheta, et j'allai le charger à la poste.

Quand je rentrai, la table était levée. On s'était mêlé dans le salon; on ne respirait que le plaisir. Un couple causait dans un petit coin; un autre, à la faveur d'un innocent duo, dévoilait le secret de son cœur; les uns dansaient, les autres riaient; Milord écoutait, regardait, et trouvait tout bien.

Place, place, dit une des dames, en conduisant au piano une jeune demoiselle, qui s'en défendait pour la forme. Les jeunes gens courent dans la pièce voisine, prennent leurs instrumens; vingt pupitres sont dressés; on se range, on prête l'oreille, et le concert commence. Les jeunes personnes, fortes et faibles, reçurent le tribut d'éloges qu'on accorde plus souvent à l'usage qu'à la vérité. Enfin on pria Miss de se faire entendre à son tour. Elle éludait, elle n'était pas en train, elle avait chaud, etc. Sa résistance me piquait: elle

était d'une force supérieure, et j'étais certain qu'elle éclipserait ses rivales. Milord la prit à l'écart et lui dit : « J'ai fait ce que vous avez voulu :
« faites quelque chose pour moi — Ces demoi-
« selles sont faibles, répondit-elle, je ne veux
« pas les humilier. » Je l'entendis, et je l'admirai. Trente personnes joignirent leurs instances à celles de Milord : il eût été ridicule de se défendre davantage ; elle le sentit, et céda.

Elle toucha un concerto avec une précision, une netteté, une expression, qui enlevèrent les suffrages. Une jeune dame lui présenta ensuite une ouverture qu'elle tira de sa poche. « Elle ne
« connaît pas cela, dit-elle à un monsieur qui pa-
« raissait au mieux avec elle. » Miss joua le morceau en badinant. Elle fut applaudie à trois reprises. La dame se mordit les lèvres, et Miss lui rendit sa musique en la remerciant d'une prévoyance qui avait fait valoir son talent.

« Vous n'avez rien entendu, dit le galant doc-
« teur ; nous avons une sonate à quatre mains !..
« je ne connais rien d'aussi varié, d'aussi piquant ; » et on pressa Miss d'ajouter à l'ivresse qu'on avait éprouvée. « Madame, dit-elle à la
« femme à l'ouverture, vous jouez tout à la pre-
« mière vue. Vous voudrez bien faire une partie. » La dame balbutia, s'excusa, et refusa. Le docteur insistait. Miss demanda un second, et personne ne se présenta. « J'en suis fâchée, dit-elle en re-
« gardant la dame en question ; le morceau est

« joli, et je le joue assez bien. — Je ferai la se-
« conde partie, lui dis-je tout bas. — Vous,
« Happy! — Moi. — Cela ne se peut pas. — Je
« vous ai dit que je ne mens jamais. Venez, me
« dit-elle avec force; vous êtes étonnant en tout. »
Nous nous mîmes au piano; un léger murmure
se fit entendre. « Commençons, me dit Miss; du
« courage et de l'aplomb. » Le cœur me battait
avec violence; je sentais mes doigts s'engourdir,
et je m'aperçus que Miss me couvrait dans certains passages. Le plus profond silence régnait
dans la salle; on semblait épier le moment de
me prendre en défaut. J'en vins à une roulade
extrêmement difficile, et je la passai avec le brillant et la rapidité de l'éclair. Toutes les mains
partirent à la fois. Des bravos multipliés me ras-
surèrent, et je me remis. « Changeons de partie,
« me dit Miss quand nous fûmes au rondeau: tous
« les solos sont dans la mienne. »

Il n'est pas possible à un artiste de désirer un
prix plus doux de ses travaux que celui que j'obtins dans cette délicieuse soirée. On oublia l'hor-
phelin, l'infortuné, le domestique de Milord; on
ne vit que l'homme, et on me prodigua ces expressions flatteuses qui sont sans prix quand elles ont
le caractère de la vérité. Miss ne me dit pas un
mot. Elle me serra la main : qu'eût-elle dit qui
valût cela?

Je me levai et on m'entoura; je voulus sortir,
et on me retint. Le docteur me parla chymie, et

je lui dis que je n'étais pas médecin. Il me parla littérature; je répondis conséquemment. Il fit le grammairien; je lui prouvai que je l'étais. Le docteur ne concevait pas comment je savais tout cela. Je le conçois à merveille, lui répondait Miss. Tous les hommes m'interrogeaient à-la-fois; les femmes attendaient ma réponse, et souriaient avant que j'eusse répondu.

Milord fendit la presse, et me prit gravement par la main. « Messieurs, dit-il, quand un homme,
« dans mon pays, il se distingue de la classe com-
« mune, nous oublions les torts de la fortune, ou
« si nous nous en souvenons, c'ette pour les ré-
« parer. Cette june homme, il a été mon domes-
« tique; il sera désormais mon hami. Happy,
« embrassez-moi. » Je me jetai à son cou, et des larmes abondantes furent ma seule réponse. Tous ces messieurs m'embrassèrent à leur tour, et l'aimable docteur me présenta aux dames, qui se prêtèrent avec grace à ce qu'elles appelaient ma réhabilitation. Miss était la dernière. Je m'arrêtai devant elle. Ses yeux étaient baissés; un vif incarnat colorait ses joues. J'éprouvais une émotion qui m'était inconnue; un feu, que je n'avais jamais senti, passait de mon cœur dans mes veines, et circulait avec mon sang. Miss et moi, nous étions immobiles, à deux pas l'un de l'autre. Milord me poussa par l'épaule, et m'ordonna de l'embrasser aussi : je touchai sa joue, et je tombai sur le parquet.

Le docteur fit appeler un chirurgien, et voulut qu'on m'ouvrît la veine. Miss l'assura que mon incommodité ne venait que d'un excès de joie, causée par le changement de ma condition. Le docteur avait prononcé, et ses jugemens étaient sans appel. Pour moi, je me sentais oppressé; je ne connaissais pas la cause de cette oppression, et je me laissai faire.

On exigea que je me misse au lit. Je n'en avais pas la moindre envie, et pour cette fois je ne fus pas du tout de l'avis du docteur. Il insista de manière, que je ne pouvais résister sans me rendre coupable de lèse-médecine : il fallut obéir.

Bientôt j'entendis danser, et je m'emportai intérieurement contre le trop prévoyant docteur, qui me privait d'une partie des agrémens de la soirée. J'aurais eu tant de plaisir à contempler Juliette! Je me la représentais rasant légèrement le parquet; je voyais ses mouvemens souples et moelleux, sa physionomie animée et décente, lorsque ma porte s'ouvrit. C'était Juliette: elle s'était échappée un moment. Elle prit une chaise, s'assit près de mon lit, me demanda comment je me trouvais; et, après un silence, elle me dit d'un ton pénétré : « Je vous ai fait de la
« peine, Happy : j'ai pu vous croire capable d'un
« mensonge! Papa vous a bien vengé; mais ce
« n'est pas assez pour moi. Happy, me pardon-
« nez-vous ? » Elle s'était levée; sa main, appuyée

sur mon chevet, soutenait son corps, qui était penché vers moi ; sa bouche touchait presque à la mienne ; je respirais son haleine, et je me sentais brûler. Je saisis sa main, et je la couvris de baisers. Mon cœur, mon ame, tout mon être était sur mes lèvres, s'épuisait sur cette main, et y reprenait une nouvelle vie... « C'est trop, me « dit Juliette d'une voix entrecoupée, c'est trop... « L'expérience m'éclaire... Happy, nous ne sommes « plus des enfans. » Je ne voyais, je n'entendais rien.... J'osai porter sa main sur mon cœur.... Elle fit un effort, la dégagea, et s'éloigna avec vivacité. Elle tenait la porte entr'ouverte ; sa tête se tournait encore vers moi ; son œil humide se fixait sur le mien ; elle ne pouvait l'en détacher. « Happy, me dit-elle enfin, je ne vous reproche « rien ; mon imprudence seule a tout fait. Sou- « venez-vous toute votre vie que vous avez oublié « un moment et mon père, et Juliette, et vous- « même, et l'honneur..» Je joignis mes mains en suppliant ; j'allais m'accuser, demander grace ; elle sortit sans vouloir m'entendre.

Je me calmai insensiblement. Je réfléchis, je m'interrogeai, je me trouvai coupable, et je frémis. « Je vois clair dans mon cœur, m'écriai-je. « J'adore Juliette, et ce fatal amour me livre à « des maux qui ne doivent plus finir. Je suis « aimé autant que j'aime, et c'est un malheur de « plus. La naissance, la fortune, les préjugés, la « raison même, tout sépare des êtres que tout

« devrait unir. Juliette!... Juliette! je m'immole-
« rai à ton repos et à ton père; je te fuirai, tu
« m'oublieras, tu seras heureuse avec un autre :
« j'en mourrai; mais j'aurai fait mon devoir. »

Je passai le reste de cette nuit cruelle à combattre mon amour et à lui céder alternativement. Au point du jour, ma tête était vide, mon corps fatigué, et je m'assoupis insensiblement.

CHAPITRE X.

Je vois le monde.

Je descendis chez Milord, et je me présentai pour l'habiller, selon ma coutume : il ne voulut pas le permettre. Il m'avança un siége, et m'ordonna de m'asseoir. Il me dit qu'il était déterminé à se fixer en France; que la conservation de sa santé, les instances de sa fille et de ses amis lui en faisaient une sorte de loi; qu'il avait vu mourir à Londres son épouse et les hommes qu'il avait le plus aimés, et que tous les lieux lui devaient être indifférens; que cependant il aimait passionnément sa patrie, et que les momens les plus agréables pour lui seraient ceux où je la lui rappellerais. Il ajouta obligeamment que j'apprenais ce que je voulais, et qu'il espérait que je me ferais l'effort d'apprendre l'anglais pour lui; qu'il m'aimait; qu'il m'estimait; qu'il comptait que je m'attacherais invariablement à lui, et qu'il ne négligerait rien pour rendre mon sort agréable. Il finit en me donnant cinquante louis pour commencer ma garde-robe.

Rien n'humilie un bon cœur comme des bienfaits dont il ne se sent pas digne. A chaque mot de Milord, je sentais le trait aigu du remords ; et je serais tombé à ses pieds, si j'avais été le seul coupable.

Juliette partageait ce pénible état. Elle avait perdu cette gaîté franche et naïve, garant d'une ame pure; elle ne répondait aux caresses de son père qu'avec timidité et embarras; elle m'évitait, autant que le permettait la décence; ne me parlait que lorsqu'elle y était contrainte par la nécessité, et fuyait dès qu'on la laissait seule avec moi. J'approuvais sa conduite, et elle me faisait une peine!... Oh! les passions, les passions!.... Avec quelle adresse elles nous subjuguent! par quels sentiers fleuris elles nous égarent pas à pas! de quels charmes elles parent l'avenir! avec quelle fureur elles nous tourmentent, quand la raison a déchiré le voile de l'illusion!

Milord n'avait pas de soupçons. Il nous trouvait changés; il attribuait ce changement à la réserve qu'inspire un âge plus avancé. Il en plaisantait quelquefois. Nous rougissions, et Milord ne s'en apercevait pas.

Il m'avait conduit aux bibliothèques, au jardin botanique. Il m'avait fait voir différentes galeries de tableaux. Il parlait peu; mais il jugeait bien, et il paraissait se complaire à me former le jugement. Il m'avait présenté chez tous ses amis. Des talens agréables, un physique avantageux, me faisaient accueillir; ma modestie me faisait aimer. Je n'avais pas vu les spectacles; Milord lia une partie d'opéra avec la comtesse d'Alleville, la femme de Paris qu'il voyait avec le plus de plaisir.

La comtesse avait été jolie, et s'était préparée de bonne heure à vieillir. Elle avait connu les hommes, elle avait apprécié les erreurs de la jeunesse, et elle avait orné sa raison de tous les agrémens de l'esprit. Elle jouissait, à soixante ans, des sacrifices qu'elle s'était faits à vingt-cinq. Les hommes mûrs la recherchaient, les jeunes gens l'écoutaient avec plaisir, les femmes l'aimaient depuis environ quinze ans.

Nous trouvâmes chez elle un conseiller au parlement, qui avait un sens droit, de l'aisance dans les manières, qui ne parlait jamais procès, qui ne dédaignait pas l'épée, et qui eût aimé la comtesse, si elle fut née vingt ans plus tard;

De jeunes personnes jouant l'ingénuité, ne répondant que oui et non, écoutant, entendant tout, et n'oubliant pas que l'innocence ne rougit jamais;

Un jeune officier aux gardes, étourdi, présomptueux, portant parfaitement l'uniforme, ignorant comme un chevalier français, parlant de tout avec l'assurance d'un homme instruit, persiflant le clergé, méprisant la robe, et ne daignant pas parler du tiers-état; courant les femmes, qu'il croyait aimer, et leur persuadant qu'il leur faisait beaucoup d'honneur en les déshonorant;

Un prélat qui ne connaissait pas son diocèse, qui n'avait jamais lu ses mandemens, et qui partageait le patrimoine de S. Pierre avec des filles d'opéra;

Une marquise nouvellement mariée, vive, piquante, *adorant* son mari, le cherchant sans cesse des yeux, l'appelant, et le becquetant en appuyant tendrement son pied sur celui de l'officier aux gardes;

Un jeune homme de vingt ans, beau comme Adonis, timide comme un homme de mérite, réservé auprès du sexe, très-disposé à aimer, et ayant encore son cœur pour n'avoir su à qui le donner..

C'est au milieu de cette société, que Juliette parut avec des avantages qui devaient attirer tous les yeux et fixer tous les cœurs. Un sourcil parfaitement dessiné couronnait un œil noir, qui n'était pas voluptueux encore, mais qui déja faisait naître le désir; une bouche de rose qui ne s'ouvrait que pour s'embellir; un teint d'une blancheur éblouissante; la gorge, la taille, et l'abandon des graces; de l'esprit sans prétention; des connaissances sans pédanterie; un cœur.... oh! un cœur!... Si on l'eût connu comme moi, elle eût été trop dangereuse.

L'officier aux gardes l'aborda familièrement, joua avec son jabot et le pommeau de son épée, se caressa le menton, lui dit des choses *délicieuses*, auxquelles elle ne fit pas d'attention.

Le conseiller la salua respectueusement : cette marque de considération parut la flatter.

Le prélat la regarda, voulut lui parler, et se tut aux premiers mots qu'elle lui répondit. Il n'était à son aise qu'avec des femmes d'un certain genre.

Le jeune homme fit deux ou trois tours dans le salon, s'assit près de deux ou trois femmes, leur dit je ne sais quoi, se leva sans attendre leur réponse, et se trouva à côté de Juliette comme par hasard. Je m'étais aperçu qu'il ne cherchait qu'elle, et qu'il avait pris un détour pour qu'on ne soupçonnât point son but. Il lui parla de ce ton qui annonce l'estime ; son accent avait cette douce chaleur qu'inspire un intérêt pressant ; elle lui répondit avec une politesse froide qui le déconcerta. Il ne parla plus, mais il la regardait ; il se trouvait bien auprès d'elle, et il y resta. Je ne sais pourquoi ce jeune homme me déplut au premier coup-d'œil ; je ne sais si Juliette le sentit ; mais elle se leva après quelques minutes, fut se placer à côté de madame d'Alleville, s'entretint quelque temps avec elle, et me dit en s'asseyant près de moi : « Cette femme est étonnante ; elle « embellit jusqu'à la vieillesse. Heureuses celles

« qui la prendront pour modèle, et qui lui res-
« sembleront un jour! »

La conversation devint générale. On parla beaucoup, et on dit très-peu de chose. C'étaient de jolis riens débités avec légèreté, des tours de phrase agréables et fins; c'était la piquante équivoque, que couvrait encore un coin du voile de la pudeur. On singeait la raison, on jouait le sentiment, on courait après la pensée, on applaudissait à des choses qu'on n'avait pas entendues, on était content de soi, on paraissait l'être des autres: c'était charmant.

Le conseiller tâchait de donner à la conversation quelque apparence de bon sens; on ne l'écoutait pas.

Le prélat s'exprimait avec une feinte modestie qui n'en imposait à personne.

La marquise déraisonnait à perdre haleine; et quand elle avait dit une sottise, elle embrassait son mari en riant aux éclats.

L'officier lui jurait qu'elle était adorable, d'un air qui eût révolté une femme décente. Le mari riait de la présomption de l'officier; celui-ci se moquait de la bonhomie du mari, et la marquise se moquait peut-être de tous les deux.

Juliette souffrait de ces ridicules. Elle me dit:
« Je n'aime pas les femmes trop caressantes: l'é-
« pouse honnête et sensible répond aux caresses
« de son époux. Celle qui le prévient avec affec-

« tation, craint qu'il ne soupçonne qu'il est
« trompé, ou qu'il va l'être. »

Le jeune homme la devina, et parut s'estimer davantage pour l'avoir devinée.

Milord avait trouvé une traduction de Locke, et ne prenait pas garde à ce qui se passait autour de lui.

Pour moi, je ne me plaignais que de l'assiduité fatigante du jeune homme, qui, à force de tourner, était revenu à côté de Juliette.

L'officier, après avoir épuisé tous les lieux communs que lui fournit sa mémoire, crut qu'il convenait à un homme comme lui de se faire exclusivement écouter. Il perdit de réputation quelques femmes dont il prétendait faire l'éloge ; il en calomnia d'autres qui l'avaient apprécié à sa juste valeur. La marquise lui dit en ricanant qu'il était un méchant. Juliette le regarda d'un air de pitié. Le conseiller fut sur le point de lever les épaules, et la comtesse observa qu'on dit toujours des femmes trop de bien ou trop de mal ; que la plus estimable est en effet celle dont on parle le moins ; que la femme du jour est rarement la femme du lendemain ; et que le plus grand tort que certains hommes puissent faire au sexe, c'est d'en parler de quelque manière que ce soit.

L'intarissable officier laissa les femmes, et se jeta à corps perdu dans la métaphysique. Il demanda à l'abbé s'il croyait en Dieu. L'abbé répondit, en s'inclinant, qu'il ne parlait jamais religion.

Le conseiller demanda à son tour à l'officier s'il croyait au soleil: « Parbleu, je le sens, répondit
« celui-ci. — Est-il si difficile, reprit le conseiller,
« de remonter de l'effet à la cause ? — Je ne con-
« nais ni les effets ni les causes, continua l'offi-
« cier; mais je sais que les religions sont inutiles,
« et qu'on devrait s'en passer. Nos officiers de for-
« tune prendraient leurs invalides chez les bénédic-
« tins, qu'ils mettraient à la porte; nos officiers-
« généraux seraient abbés commendataires, et
« on réserverait les évêchés pour messieurs du ré-
« giment des gardes. On mènerait au moins
« une vie agréable, et on s'inquiéterait peu de
« l'autre, qui, dans le fait, est très-apocryphe,
« et n'a rien qui puisse tenter un galant homme.
« Aussi je n'y crois point du tout; et il serait à
« désirer que tout le monde pensât comme moi:
« les choses en iraient bien mieux.

« Vous croyez-donc, reprit le conseiller, en
« s'échauffant un peu, vous croyez donc mourir
« tout entier? — Parbleu, je n'en doute pas, ré-
« pliqua l'officier. — Où sont vos moyens de con-
« viction, continua son adversaire? — Convic-
« tion ? Qu'est-ce que cela ? repartit l'officier.

« Vous croyez donc, reprit à son tour la com-
« tesse, qu'une société d'athées pourrait exister?
« — Certainement, madame. — Alors il n'y aurait
« plus de vertus. — Ni de préjugés.

« Vous allez un peu loin, madame la com-
« tesse, dit le conseiller. Il est en effet impossible

« qu'une société d'athées se forme jamais, parce
« qu'un athée est un être pensant, et que la mul-
« titude ne pense point ; mais si un peuple adop-
« tait ce sytême, il pourrait exister et prospérer,
« indépendamment de ses opinions. Des lois
« sages, administrées avec fermeté, sont le seul
« frein de la méchanceté humaine. Les lois divines
« menacent sans cesse, ne frappent jamais ; et la
« crainte du supplice présent est plus puissante
« que celle d'un supplice éloigné, dont on n'a
« point d'idée précise. D'ailleurs, Dieu pardonne
« au coupable ; on sait cela, et on y compte. Le
« parlement ne pardonne point, et on ne s'y joue
« pas ; et puis l'athéisme suppose une éducation
« soignée, des connaissances, fruit de longues
« réflexions, et l'homme qui médite est rarement
« un scélérat. Le véritable athée, s'il en est, ne
« compte que sur sa vie présente. Il ne s'occupe
« qu'à jouir, et quelles peuvent être ses jouis-
« sances ? les cherchera-t-il dans la débauche, qui
« le conduirait à l'infamie ? dans le crime, dont
« la punition abrégerait des jours au-delà des-
« quels il ne voit et n'attend rien ? Il cultivera la
« vertu, parce qu'elle porte avec elle sa récom-
« pense. Il aimera ses semblables, pour en être aimé
« à son tour. Il soulagera l'humanité souffrante,
« pour obtenir des droits à la reconnaissance. Il
« sera bon époux, parce qu'une épouse chérie
« versera des fleurs à pleines mains sur les amer-
« tumes de sa vie. Il sera bon père, pour trouver

« un bon fils, bon citoyen, pour acquérir de la con-
« sidération. L'affection et l'estime de ceux qui
« l'entourent rempliront son cœur, et le rendront
« fier de lui-même, en le rendant heureux par
« les seuls moyens qu'il tient de la nature. Il sera
« à plaindre, sans doute, au moment où tout
« devra finir pour lui. Il s'éteindra, sans espoir
« de renaître ; son cœur se séchera à l'idée du
« néant absolu ; mais aura-t-il été un fardeau inu-
« tile à la terre, et un fléau pour la société ?

« Je n'entreprendrai pas de vous répondre, dit
« la comtesse ; de tels objets sont au-dessus de
« ma portée, je vous l'avoue avec humilité. Vous
« remarquerez seulement qu'il est une multitude
« de cas imprévus par ces lois humaines dont
« vous vantez la puissance, une foule de délits
« obscurs qu'elles ne peuvent atteindre, et dont
« la multiplicité détruirait bientôt chez un peuple
« toute espèce de moralité. — Ces délits obscurs,
« reprit le conseiller, ne seront jamais commis
« par un véritable athée. Il ne s'enivrera point,
« de peur d'altérer sa santé ; il ne jouera point,
« de peur de perdre sa fortune ; il ne manquera
« point à sa parole, de peur qu'on ne viole celle
« qu'on lui aura donnée ; il ne séduira point la
« femme de son voisin, de peur qu'on ne dé-
« bauche la sienne.

« Et s'il n'aime point sa femme, continua l'offi-
« cier, il couchera donc avec sa voisine ? — Cela
« se peut, monsieur. Il est même possible qu'il

« assassine le voisin l'épée à la main, ou autre-
« ment; mais alors on le rompra comme on rompt
« un déïste, et tout sera dit.

« Laissons cela, poursuivit la comtesse. J'aime
« à croire que le bien que j'ai fait n'entrera pas
« avec moi dans la tombe. J'aime à revivre dans
« un monde, inconnu sans doute, mais dont l'in-
« time conviction me fait supporter celui-ci. Si
« c'est une erreur, elle me soutient, elle me con-
« sole; il serait cruel de me la ravir.

« Mesdames, mesdames, s'écria l'officier, nous
« oublions l'Opéra. — Il est six heures et demie,
« continua la marquise. Legros aura chanté son
« ariette; cela est désespérant. Qu'on fasse avan-
« cer ma voiture. — Ma voiture, dirent l'officier
« et le prélat. »

Milord donna la main à Madame d'Alleville.
Je m'avançai pour offrir la mienne à Juliette; le
tourmentant jeune homme me prévint. Juliette
ne pouvait le refuser; elle laissa prendre sa main,
me regarda, et je l'entendis.

Milord occupait le fond de sa voiture avec sa
fille, le jeune homme prit une place de devant,
le conseiller avait accepté la quatrième que Milord lui avait offerte. Ce contre-temps m'affecta,
et je montai dans le carrosse de madame d'Alleville. Je ne pus résister à l'envie de connaître ce
fâcheux jeune homme, que je trouvais sans cesse
dans mon chemin. Je demandai qui il était.

« C'est monsieur Abell, me répondit la comtesse,

« le fils du secrétaire d'ambassade de Sa Majesté
« Britannique, jeune homme bien né, et qui joint
« à un rare mérite une fortune considérable :
« vous serez bien aise de le connaître ». Cette connaissance ne me flattait pas du tout, et je sentis que monsieur Abell ne serait jamais mon ami.

Nous arrivâmes à l'Opéra. Chacun s'arrangea selon son goût et son intérêt particulier. Je mis la comtesse dans sa loge, et j'entrai dans celle de Juliette. Elle n'était que de quatre places. Milord n'aimait pas à être enfermé ; il s'était mis dans le fond, et l'opiniâtre monsieur Abell était à côté de Miss. Il avait vaincu sa timidité ; il parlait facilement ; il parlait avec véhémence, et je n'entendais pas. Juliette était attentive, elle répondait avec circonspection ; mais ses manières étaient affectueuses. Je souffrais beaucoup ; ma tête se montait ; une fureur concentrée s'emparait de mon cœur, et le poignait. Juliette s'approcha de l'oreille d'Abell, et lui dit quelques mots. Il ne répondit pas : il lui sourit avec une expression... Oh ! que ce sourire me fit de mal ! Vingt fois je fus près d'éclater ; vingt fois j'invoquai la raison, et la cruelle ne me montra qu'un avenir affreux. Des mouvemens convulsifs agitaient tous mes membres ; Juliette me regarda ; il était temps. « Vous êtes un enfant, me dit-elle tout bas. —
« Je me sens mourir, lui répondis-je. — Que dit
« Monsieur ? reprit Abell. — Il ne voit pas, con

« tinua Juliette, et il est dur de ne pas voir à
« l'Opéra. Faisons-lui un peu de place. » Elle
me prit par la main et m'attira sur le devant. « Que vous me connaissez mal ! me
« dit-elle. — Je ne serais pas jaloux de l'offi-
« cier aux gardes. — Vous ne devez l'être de per-
« sonne. » Ce mot me fit un bien ! Il soulagea
mon cœur; il rafraîchit mon sang; il me redonna
la vie. Je me serrais contre Juliette; je la touchais.... C'était elle. Je l'avais perdue; je la retrouvais..... J'étais heureux...... Oh! j'étais heureux!....
« Remerciez Monsieur, me dit-elle tout haut. —
« Eh de quoi? lui répondis-je. De l'opinion avan-
« tageuse qu'il a conçue de vous. Il m'a parlé
« d'abord de mon père et de moi. Il a daigné me
« dire de ces choses flatteuses, qu'on ne croit pas
« quand on se rend justice, ajouta-t-elle en sou-
« riant, mais qu'on entend avec plaisir. Enfin,
« on a parlé de vous : Monsieur se connaît en
« hommes, et je l'en estime davantage. Cepen-
« dant j'ai cru devoir ménager votre modestie, et
« je l'ai prié bien bas de ne pas vous laisser en-
« tendre tout le bien que nous disions de vous. »
Monsieur Abell me présenta la main. J'avançai la
mienne; je le saluai. Il écouta les acteurs, et je
dis à Juliette : « Vous ne me deviez pas d'expli-
« cation. — Je la devais à ma délicatesse. — Com-
« bien je suis confus! Que de torts j'ai envers
« vous! Juliette! Juliette! — Possédez-vous, jeune
« homme, ou vous nous perdrez tous deux. »

Mes yeux se portèrent enfin dans l'intérieur de la salle. Une assemblée nombreuse et brillante, une salle richement décorée, une musique enchanteresse, captivèrent un instant mon attention. Je me lassai bientôt de voir des spectateurs glacés, d'admirer une construction mesquine, qui ne pouvait plaire qu'au premier coup-d'œil, d'entendre une continuité de sons fatigants pour l'oreille. J'examinai la scène, et tout m'y parut faux. L'acte finit. Juliette et monsieur Abell me demandèrent ce qui m'avait flatté. « Rien, leur ré-
« pondis-je. J'ai vu des décorations très-bien
« peintes, et qui donneraient une idée de la na-
« ture, sans la continuelle mobilité des châssis, et
« si on n'apercevait pas les lumières à travers
« des masses de colonnes, ou un fond de forêt.
« J'ai vu des changemens qui ne prouvent que
« l'adresse du machiniste, et qui nuisent à l'illu-
« sion. J'ai vu un char volant, qui eût trompé
« mes yeux, s'ils n'eussent trouvé les cordes qui
« le faisaient mouvoir. J'ai vu une mer de gaze
« d'argent, roulée sur des cylindres, et j'ai de-
« viné la mécanique en voyant dans la coulisse
« l'homme qui faisait jouer la manivelle. J'ai vu
« des Grecs habillés en velours et en satin, des
« casques de la composition du cartonnier, qui
« ne sont ni Grecs, ni Romains, ni Persans,
« ni Gaulois. J'ai vu une princesse, en boucles
« collées et en chignon, chanter la pudeur, en
« invitant d'un œil lascif les amateurs à venir

« souper chez elle. J'ai vu un héros chanter son
« amour, chanter son bonheur, chanter la trahi-
« son de sa belle, chanter son désespoir. Nous
« allons le voir sans doute chanter sa mort, les
« champs-élysées, et la métempsycose. J'ai vu des
« choristes compatir aux douleurs de leurs maî-
« tresse, en tenant toutes leurs mantes de la
« main gauche, en battant toutes la mesure de la
« main droite, et en souriant au cintre à des
« amans qu'elles n'avaient pu placer dans la salle.
« J'ai vu des gardes du roi d'Épire en guêtres
« noires et en bottes à l'anglaise. Je vois des spec-
« tateurs qui s'efforcent de trouver tout cela char-
« mant, qui bâillent sans s'en apercevoir ; et je
« bâillerais aussi, si je n'étais avec vous. Si du
« moins j'avais entendu un vers sur dix, j'aurais
« suivi l'action, j'aurais une idée du mérite du
« poète. Comment travaille-t-on pour ce théâtre ?
« — Vous ne savez donc pas, me dit monsieur
« Abell, qu'on est convenu de s'ennuyer à l'Opéra,
« et qu'on ne vient ici que pour les ballets ? —
« Allons, dis-je, attendons le ballet. » Le ballet
commença. L'incroyable agilité des danseurs, la
grace de leurs mouvemens, l'expression de leur
physionomie, me séduisirent complètement, et
forcèrent mon admiration. Bientôt cette admiration se ralentit ; bientôt je ne vis plus que des
gambades et des mines qui me fatiguèrent
par leur uniformité. « Ce spectacle est en-
« nuyeux, dis-je à Juliette. L'esprit n'y trouve

« pas d'aliment; le cœur n'y est point ému; on n'y
« parle qu'aux yeux. — Voyez cependant comme
« tout est plein, dit monsieur Abell. — Qu'est-ce
« que cela prouve, répliquai-je ? Tant pis pour
« qui n'a que des yeux ». Le lendemain nous fûmes à la Comédie française. On avait affiché
l'Iphigénie de Racine. Je l'avais lue avec une
ivresse!... Je me faisais une fête de la voir représenter!... Je ne fus pas trompé. C'étaient Lekain, Brisard, Dumesnil et Clairon. Quels vers!
quelle connaissance du cœur humain! mais aussi
quel aplomb! quelle intelligence! quelle force!
quelle vérité! Je ne m'occcupais ni de la salle,
ni des spectateurs, ni des décorations. Je n'étais
plus à la Comédie française : ces gens-là m'avaient
transporté en Aulide. Beaux jours de la tragédie,
êtes-vous perdus sans retour? Un seul homme
me les rappelle encore quelquefois. On le hait,
on le critique, on est forcé de l'applaudir. Remplis
ta carrière, Talma. L'envie veut arrêter le char
du génie : elle tombera sous la roue.

J'admirai dans la seconde pièce Préville, Molé,
Dangeville; et Monvel, qui se plaçait en débutant
à côté de ses rivaux.

Je fus à la Comédie italienne, et je ne vis que
Caillot. Retournons aux Français, dis-je à Juliette.
Ce n'est que là qu'on peut jouir.

CHAPITRE IX.

Grands événemens.

Milord reçut ses fonds d'Angleterre en lettres de change sur les meilleurs banquiers de Paris, et on s'occupa sérieusement des moyens de les placer avec avantage. Le Docteur se chargea de visiter les environs de la capitale, et de choisir une terre dont l'air salubre et les sites pittoresques pussent convenir au goût et à la santé de Milord. Il fut décidé qu'il y aurait un jardin anglais, qui réunirait les bois, les fleurs, les boulingrins, les cascades, les rochers, le pont cassé, la chaumière et la laiterie : ce devait être un abrégé de la nature. S'il y manquait quelque chose, ou si rien de tout cela ne se trouvait dans une terre, convenable d'ailleurs, Milord se proposait de faire travailler sous ses yeux, et d'imiter parfaitement ses jardins du duché de Northumberland, au moyen de quoi il serait en Angleterre et en France tout-à-la-fois. Le conseiller prévint Milord de la nécessité d'obtenir des lettres de naturalisation, pour garantir sa fille des petits inconvéniens du droit d'aubaine, que le brigandage imagina autrefois, et que les souverains maintiendront tant qu'ils le pourront, parce qu'ils y trouvent leur compte. Milord pria le conseiller de faire les démarches nécessaires; le conseiller promit d'agir, et moi je fus chargé de lire régulièrement les Petites-Affiches, et de prendre une note exacte des immeubles à vendre, parce qu'on se proposait de placer, en fonds de terres labourables, à peu près un million et demi, dont le produit servirait à l'entretien du jardin anglais, du château, de la table, de la garde-robe et de l'équipage de Milord. Le surplus devait être mangé par sa fille, leurs amis communs, et le mérite indigent. Ces dispositions générales bien arrêtées, chacun s'occupa, en ce qui le concernait, de leur exécution.

Milord allait fréquemment chez madame d'Alleville, qui aimait son caractère franc et loyal, quoiqu'un peu brusque. Elle le recevait avec plaisir; elle le distinguait de ces liaisons superficielles, et quelquefois incommodes, qu'on ne peut cependant éviter dans un certain monde; mais elle sortait peu, et ne venait à l'hôtel que les grands jours, tels que ceux où on célébrait la naissance de Milord, de sa fille, ou du roi d'Angleterre, dont la naissance ou la mort doit être à peu près égale à ses sujets, auxquels il n'a jamais fait ni bien ni mal. Un matin, elle descendit de son vis-à-vis d'un air discret et important, et elle entra dans le cabinet de Milord, où elle s'enferma avec lui pendant deux grandes heures. Le lendemain, elle présenta messieurs Abell père et fils. Le surlendemain elle s'arrêta encore à l'hôtel. Elle avait eu des emplettes à faire. Elle avait pris avec elle monsieur Abell fils, dont elle connaissait le bon goût; ils venaient de courir tout Paris ensemble; ils avaient mis à contribution tous les marchands de la rue St.-Honoré; enfin, ils se trouvaient dans le quartier de Milord, et venaient sans façon lui demander à dîner. Pendant ces premiers détails, que je commençais à ne pas trouver plaisans, deux laquais emplissaient l'anti-chambre de bagatelles, de bijoux et d'étoffes, que madame d'Alleville voulait absolument faire admirer à Juliette, qui n'y trouvait rien d'admirable, et qui répondit aux marques d'amitié que lui prodiguait madame d'Alleville, avec une froideur qui m'étonna, d'après l'opinion que Juliette avait conçue de cette dame. La comtesse, que rien ne rebutait quand elle avait entrepris ce qu'elle croyait être une action louable, continuait de nous montrer ses emplettes pièce à pièce, et soutenait seule la conversation. Une répétition, enrichie de brillans, avait fixé un moment l'attention de Juliette; la comtesse la présenta à Milord, et lui dit: « Elle aimera mieux la tenir de « votre main que de la mienne. » Milord, sans réflexions sur la richesse du cadeau, sans se défendre de le recevoir, sans faire au moins les remercîmens d'usage, prit le bijou, et le plaça au côté de sa fille, qui demeura immobile d'étonnement et d'effroi. Milord lui présenta la main, la conduisit à son cabinet; madame d'Alleville et monsieur Abell les suivirent. Je demeurai seul; je sentis que son mariage était décidé, et que tout

était fini pour moi. Ma tête se troubla tout-à-coup ; un voile épais s'étendit sur ma vue ; un amour indomptable, une jalousie effrénée, l'honneur dont j'étais l'esclave, me tourmentaient, me déchiraient tour-à-tour. Je fis d'incroyables efforts pour me rappeler à ma bassesse, au dévouement absolu que je devais à Juliette et à son père ; l'amour, l'impitoyable amour l'emportait sur la délicatesse, sur la reconnaissance ; la vertu n'était plus écoutée ; elle s'éteignait dans le fond de mon cœur. Mon corps, trop faible, ne put soutenir ce terrible combat ; je succombai, et, pendant quelques momens, je cessai de souffrir. Je revins à moi ; j'étais faible, sans idées suivies, incapable de prendre un parti. Je descendis ; je rencontrai le domestique de Milord, qui me demanda ce que j'avais. « Rien, lui répondis-je... la fièvre, je
« crois... Une migraine... je ne dîne pas à l'hôtel.
« Milord a des affaires sérieuses, je le gênerais
« peut-être... Je vais chez un ami. — Voulez-vous
« que je fasse mettre les chevaux ? Vous n'êtes
« pas en état de marcher. — Je vous remercie ;
« je sortirai à pied. Ne dites rien à Milord de mon
« indisposition ; mais prévenez-le que je ne ren-
« trerai que ce soir. » Je marchai au hasard, accablé, anéanti. Vingt fois je fus près de tomber sous les roues des voitures qui me touchaient, et que je ne voyais pas. Je ne me rappelle point par quelles rues je passai ; mais je marchai long-temps, et au déclin du jour je me trouvai sur le pont-

royal. On venait de retirer de l'eau un malheureux qui y avait perdu la vie. Ses membres étaient roides, sa figure livide; ses cheveux, ses vêtemens étaient couverts de fange; les passans, dégoûtés de ce hideux tableau, s'éloignaient rapidement. Je restai; je repus mes yeux de ce spectacle de mort et de putréfaction; je riais du rire affreux du délire et du désespoir; j'enviai le sort de cet infortuné, et je m'appuyai sur le parapet. L'onde était transparente; son cours était doux et tranquille; la lune commençait à en blanchir la surface; un vent frais agitait les feuilles des marronniers; le pêcheur, le marinier, jouissaient d'un beau soir près de leurs épouses caressantes; tout m'invitait à vivre; mais l'enfer était dans mon cœur, et je voulais mourir. Ma main gauche, passée sous ma chemise, froissait et meurtrissait mon sein; ma main droite était fixée sur le parapet; mon corps s'avançait, mon œil égaré mesurait la hauteur du pont et la profondeur de l'eau; ma bouche desséchée s'ouvrait avec avidité, impatiente de boire le trépas; j'allais m'élancer... On m'arrête par mon habit, on m'entraîne, on m'arrache à la mort; mais on me rend au malheur. C'était une pauvre femme qui m'avait observé, et à qui mes gestes et des mots entrecoupés avaient fait soupçonner quelque dessein sinistre. Elle me fit entrer dans un petit cabaret, et m'invita à manger. Je n'avais rien pris de la journée, et je me sentais défaillir. Je cédai à ses instances, et je me trouvai mieux. Ma tête se remit, je retrouvai des idées. La bonne femme me parlait, je répondais; et quand elle me vit un peu tranquille, elle me reprocha dans son langage simple et naïf d'avoir voulu attenter sur moi-même. Elle parlait mal; mais ses principes étaient vrais, et je fus frappé de la solidité de ses raisonnemens. Je l'écoutai avec docilité; je me repentis; deux ruisseaux de larmes s'ouvrirent, et me soulagèrent beaucoup. La bonne femme pleura avec moi, me consola, et me conduisit chez elle.

Mon funeste secret n'était jamais sorti de mon sein : je ne pus le renfermer plus long-temps. Je nommai Juliette. Je peignis, en traits de feu, ses charmes, ses vertus et mon amour. Je ne me lassais pas de parler de Juliette; je répétais les mêmes choses, et je croyais les dire pour la première fois. La bonne femme m'écoutait avec complaisance, me redisait ce que je venais de lui dire, et je l'écoutais à mon tour. Minuit sonna. « Re-
« tournez chez vous, me dit-elle. Allez revoir Ju-
« liette, que vous vouliez ne revoir jamais. Ce
« mariage n'est pas fait, peut-être ne se fera-t-il
« point. Juliette aura résisté; son père l'aime; qui
« sait ce que le ciel vous réserve? »

Le cœur humain réunit toutes les passions et tous les extrêmes. Je me jetai au cou de la bonne femme, je l'embrassai avec transport, je l'appelai ma mère, et je la forçai à prendre deux louis : c'était tout ce que j'avais au monde.

Je sortis de ce réduit, et je me trouvai dans la rue des Fossés-saint-Victor. J'avais une grande lieue à faire, et je marchai très-vite. La rapidité de ma marche, la fraîcheur de la nuit, et surtout les dernières paroles de la bonne femme, me calmèrent peu à peu, et j'étais assez bien en rentrant à l'hôtel. Le domestique de Milord me dit que son maître m'avait attendu très-tard, qu'il avait paru très-agité, qu'enfin il s'était couché, et me priait de descendre chez lui de bonne heure. Je n'osai demander des nouvelles de Juliette, et je me renfermai dans ma chambre.

Vers les sept heures, j'entrai chez Milord. Il était levé, et marchait à grands pas. Il vint au-devant de moi, et me dit, en anglais, que mon absence lui avait paru extraordinaire; que je devais savoir qu'il n'avait rien de caché pour moi; que je ne lui serais jamais importun, et que jamais ma présence ne lui eût été aussi utile. « Mon ami,
« ajouta-t-il, je vieillis, et ma fille a près de seize
« ans. Elle a toutes les qualités qui peuvent assu-
« rer le bonheur d'un honnête homme, et j'ai
« cru faire le sien en accordant sa main à M. Abell,
« qui l'aime tendrement, et qui lui convient sous
« tous les rapports. Il est jeune, beau, bien fait,
« riche, et ses mœurs sont irréprochables. Il est
« Anglais; il consent à demeurer avec moi; il me
« promet de me fermer les yeux. Je n'ai qu'un
« enfant, j'en allais avoir deux; je me livrais à
« la douce idée d'augmenter ma famille, et de me

« voir renaître avant ma mort. Juliette trompe de si
« chères espérances; elle se refuse à mes vues. Elle
« allègue sa grande jeunesse, son attachement pour
« moi, et d'autres raisons aussi légères qui ne m'en
« imposent point. Si Juliette n'aimait personne,
« elle aimerait M. Abell. Il n'est point de femme
« qui ne fût vaine de sa recherche; il n'en est pas
« qui puisse raisonnablement lui refuser du retour.
« Cependant, mon ami, si Juliette aime, elle a
« donc fait un choix que je ne puis approuver,
« puisqu'elle m'en fait un mystère. Voilà ce qui
« me désole, et ce que je voudrais approfondir.
« Vous êtes son ami d'enfance, vous ne vous quit-
« tez pas; il n'est pas possible que vous n'ayez
« au moins des soupçons sur l'objet de mes alar-
« mes. Mon ami, si j'ai beaucoup fait pour vous,
« et si mes bienfaits vous ont attaché à moi,
« prouvez-moi votre reconnaissance. Dites-moi,
« que savez-vous de Juliette? »

J'avais écouté Milord avec une satisfaction difficile à lui cacher. Il était plus difficile encore de lui parler d'une manière positive sans compromettre Juliette, sans me trahir, et sans avoir recours au mensonge. J'employai ces lieux communs qui ne signifient rien, et qui ne prouvent que la difficulté et l'embarras de répondre. Milord me regarda fixement. « Je vois, dit-il, que
« vous êtes instruit, et cependant vous vous tai-
« sez. Si Juliette vous a confié son secret, je n'exi-
« gerai pas que vous trompiez sa confiance; mais

« vous me devez autant qu'à ma fille. Allez la
« trouver de ma part; dites-lui que si dans les
« choses indifférentes j'ai pu me prêter à ses goûts,
« je dois et je veux les combattre dans une cir-
« constance qui va décider du sort de sa vie en-
« tière. Dites-lui que je n'approuverai jamais des
« penchans que la raison réprouve, et que la
« sienne peut facilement surmonter; dites-lui en-
« fin, que je la verrai avec sensibilité reconnaî-
« tre mes soins et ma tendresse par la soumission
« que j'ai lieu d'attendre d'elle, et qu'une plus
« longue résistance lui causerait des chagrins,
« sans rien changer à mes projets. »

Je rentrai dans ma chambre, et je me consul-
tai sur la démarche que Milord attendait de moi,
et que je ne pouvais lui refuser. Sa confiance
m'humiliait, je ne la méritais pas; mais je n'étais
point assez vil pour concevoir l'idée de trahir lâchement mon bienfaiteur, en pressant sa fille de
lui désobéir. Je ne me sentais pas non plus assez
fort pour être l'instrument de ma perte, et en-
gager Juliette à se donner à Abell. A son nom
seul je sentais se renouveler ces accès de fureur,
dont j'avais failli être la victime. Je passai quelque temps dans cet état d'anxiété et d'incertitude;
enfin, l'honneur l'emporta sur l'amour. « Non,
« je ne perdrai pas Juliette dans l'esprit de son
« père, m'écriai-je tout à coup. Non, elle ne re-
« noncera pas à un établissement avantageux,
« pour garder son cœur à un infortuné qui ne

« peut être à elle. Je lui parlerai, je la persuade-
« rai; et quel que soit mon sort, je ne serai pas
« tout-à-fait malheureux, si j'ai contribué moi-
« même à son bonheur... A son bonheur!... Oui,
« elle peut être heureuse. Mon amour ne me rend
« pas injuste: Abell est fait pour être aimé; elle
« l'aimera quand elle s'en sera imposé le devoir. »
La jeunesse est enthousiaste: je trouvai de l'héroïsme à sacrifier plus que ma vie, à assurer la félicité d'un rival; et j'entrai chez Juliette, bien décidé à consommer mon sacrifice.

Elle était abattue, pâle, défaite, et il me sembla qu'elle avait pleuré. Je m'approchai en silence; nous nous regardâmes quelque temps. « C'est
« vous! me dit-elle enfin; je ne vous ai pas vu
« hier, et bientôt je ne pourrai plus vous voir.
« On veut que je m'immole, on a fixé le jour, on
« compte sur la soumission de la victime. Happy,
« mon cher Happy, il faut donc renoncer aux er-
« reurs de notre enfance! Hélas! elles ont fait six
« ans mon bonheur... Il faut nous séparer, mou-
« rir éloignés l'un de l'autre, sans appui, sans
« consolation... Mon ami, je n'en ai pas le courage,
« je ne le peux pas, l'effort est impossible. » Elle s'attendrit en finissant de parler, ses larmes coulèrent; elles me firent oublier ce que je m'étais promis, ce que je devais à son père. L'amour reprit son empire. Je ne vis plus que Juliette, Juliette que j'adorais, que j'allais perdre, et sans qui je ne pouvais vivre. Son bras était jeté au-

tour de mon cou, son autre main tenait la mienne et la pressait doucement; elle laissa aller sa tête sur mon sein; elle y déposait ses larmes brûlantes, et j'y mêlais les miennes. « Happy... Happy, « me dit-elle d'une voix étouffée, renoncer à toi « c'est mourir; me livrer à un autre est un sup- « plice lent et cruel qui effraie, qui révolte mon « imagination... Happy ! Happy !... » Et elle me pressa contre son cœur, et sa bouche se colla sur la mienne. La foudre n'est pas plus prompte que le feu terrible qui s'alluma dans mes veines. Je n'eus plus la force de réfléchir, ni de résister. Des baisers de feu se succédèrent avec rapidité, et Juliette s'égara à son tour. Je ne respectais plus rien; mes mains avides souillaient les trésors de l'amour; et Juliette oubliant l'univers, s'oubliant elle-même, n'opposait plus de résistance. J'invoquais le bonheur, et je touchais au crime : j'allais le consommer... Sa vertu mourante fit un dernier effort. « Grace, grace, me dit-elle... veux-tu abu- « ser de ma faiblesse, me rendre vile à tes propres « yeux?... Tu me vois sans défense ; mais je ne sur- « vivrai pas à mon infamie... Veux-tu me donner « la mort ?... Grace, grace, épargne ta Juliette: » et elle tomba à mes genoux. Son humiliation, son air suppliant, le désordre où je l'avais mise, me frappèrent, et je me fis horreur. Je la relevai, je la remis sur sa chaise longue, et je m'éloignai sans oser lever les yeux sur elle, et sans proférer un seul mot.

Je retournai dans ma chambre, en proie aux tourmens qui suivent les forfaits. Juliette outragée, implorant ma générosité avec une douceur angélique; ma brutalité, ma bassesse, bourrelaient mon cœur, et je maudis la compassion de la bonne femme qui m'avait arraché à la mort. « J'aurais, m'écriai-je, j'aurais emporté au tom-
« beau sa tendresse et son estime. Je vivrai pour
« être l'objet de sa haine et de son mépris ».

Milord entra. Il me demanda si j'avais vu sa fille; je répondis qu'oui. Il m'interrogea sur ses dispositions; j'hésitai, je divaguai, je me troublai. Milord me prit par le bras, me conduisit à son cabinet, et s'y enferma avec moi. « Je sais main-
« tenant, me dit-il, ce que je dois penser de la
« résistance de ma fille, et je sens trop tard la
« faute que j'ai commise. Mais pouvais-je croire
« qu'un malheureux que j'ai tiré de la misère,
« et que j'ai comblé de bienfaits, portât un jour
« le trouble dans ma maison? Vous me feriez
« haïr la vertu, si je pensais que tous les hommes
« vous ressemblassent. » Je frémis. « Répondez,
« reprit-il avec force; ma fille est-elle perdue sans
« retour? Est-elle indigne des vœux d'un hon-
« nête homme? M'avez-vous mis au point de
« pleurer sa naissance, et de souhaiter sa mort? »
Le sentiment de mon infamie me fermait la bouche; ma langue glacée était incapable de rien articuler. Milord prit mon silence pour un aveu. Ses yeux s'allumèrent, son geste était menaçant,

il allait se porter aux dernières violences, quand on frappa à la porte : c'était Juliette. « Mon père, « dit-elle avec une dignité froide, j'ai cru pouvoir « vous résister : je sens trop maintenant que ce « n'est pas moi que je dois croire. C'est à votre « expérience, à votre tendresse, à décider de mon « sort. Vous me proposez la main de M. Abell, « je l'accepte et l'aimerai sans doute : un homme « honnête et délicat peut seul posséder mon « cœur : » et elle me lança un regard qui m'atterra. Je m'étais conduit comme un lâche ; sa fierté était révoltée, et elle voulait me punir. Hélas ! elle ne sentait pas qu'elle frappait deux victimes.

Son père l'embrassa tendrement, la remercia de ce qu'il appelait son bonheur, demanda son carrosse, m'y fit monter avec lui, et se fit conduire chez M. Abell. « Je me suis trompé à l'égard « de ma fille, me dit-il ; son cœur est libre, et « j'en suis enchanté. Mais j'ai lu dans le vôtre. « Ce mariage le désespère, et vous n'en serez « pas témoin. Je me reproche la dureté avec la- « quelle je vous ai parlé tantôt. Vous avez pu « être sensible au mérite de Juliette, sans être « criminel, et je ne vous abandonnerai pas. J'ai « encore quelques fonds à recouvrer ; vous par- « tirez demain pour Londres. Le temps, l'absence, « vous rendront à vous-même, et vous ne re- « viendrez à Paris que quand vous m'aurez « donné votre parole d'honneur que vous pour- « rez revoir Juliette sans danger. Je vous estime

« assez pour vous croire incapable de me tromper. »

Nous traversions le pont-neuf; quelqu'un sortit du café Conti, et fit arrêter le cocher : c'était M. Abell père. « J'allais chez vous, lui dit Milord ; « montez dans ma voiture. Un moment, ré- « pondit M. Abell, je lis le *Morning-Chronicle*, « qui annonce des événemens désastreux. Pour « l'Angleterre? reprit Milord. Oui, dit M. Abell. « Nos colonies septentrionales se séparent de la « mère-patrie : notre commerce est perdu. » Milord descendit aussitôt, entra dans le café, et demanda le journal. Quelques Anglais s'entretenaient des premières étincelles d'une insurrection, qui ne pouvait avoir que des suites funestes, de quelque côté que demeurât l'avantage. Deux ou trois Français parlèrent de l'abaissement de l'Angleterre comme d'une chose certaine, pour peu que la cour de France voulût aider les insurgés. Milord s'échauffa, et déclara que le cabinet de Versailles ne prouverait que son astuce et sa faiblesse, en s'immisçant dans les affaires d'une nation avec qui il était en paix, et qui lui avait souvent prouvé qu'on ne l'offensait pas impunément. Un jeune homme lui répondit que l'Angleterre était parvenue au plus haut degré de splendeur, qu'elle ne pouvait plus que décroître, et que le moment de sa décadence était arrivé. Milord s'emporta, et M. Abell ne parvint qu'avec beaucoup de peine à le ramener à des expressions mesurées. L'officier aux gardes que j'avais vu chez Madame d'Alleville, entra dans le café, et dit, en sautillant, que le gouvernement faisait partir le marquis de la Fayette et une foule d'officiers français, pour discipliner les Américains, et les aider à secouer le joug de l'Angleterre; qu'il se proposait de se joindre à eux, et qu'il était bien aise de voir comment on soutiendrait l'indépendance américaine. Milord ne put se contenir davantage. Il s'écria qu'il était étonnant que des colonies anglaises voulussent devoir quelque chose à un despote, qui violait ouvertement la foi des traités. M. Abell le fit sortir du café, l'obligea à remonter en voiture, y monta après lui, et nous arrivâmes chez l'ambassadeur d'Angleterre. Je remarquai, en descendant, un homme qu'il me sembla avoir vu dans le café; mais je n'y fis qu'une légère attention. Il entra chez le suisse, et nous chez M. Abell. Les deux pères s'entretinrent long-temps près d'une croisée; enfin, ils se prirent affectueusement la main, et on fit appeler M. Abell fils. Il apprit, avec une joie douce, que son mariage était arrêté pour le lendemain, et que la cérémonie se ferait dans la chapelle de l'ambassadeur. Pour moi, j'étais malheureux au point que ce mariage ne m'affectait plus. C'était la colère de Juliette qui me désespérait. Je l'avais méritée, et ce devait être mon éternel supplice.

Nous sortîmes de chez M. Abell, et Milord me répéta l'ordre précis de me tenir prêt à partir à la pointe du jour. Je fus frappé, en rentrant, de

revoir l'homme que j'avais remarqué à la porte de l'ambassadeur; mais j'avais oublié la scène du café. Je n'étais occupé que de mon départ, et du chagrin cuisant de passer les mers, chargé de l'indignation de Juliette. Je me mis à mon secrétaire. Je laissai courir ma plume, j'écrivis tout ce que m'inspirèrent mon désespoir et mon repentir. J'allais fermer ma lettre, quand je pensai que je n'avais personne à qui je pusse la confier, et, pour ma vie, je n'aurais osé la remettre moi-même. D'ailleurs, je réfléchis aux suites de cette démarche. « Je la connais, m'écriai-je. Si elle me par-
« donne, elle me rendra son estime et son amour;
« elle rompra ce funeste mariage; elle encourra
« la disgrace de son père, et je leur aurai ravi le
« repos à tous deux. Non, qu'elle me croie sans
« mœurs, sans principes et même sans amour.
« Qu'elle épouse Abell; qu'elle m'oublie, et que
« l'océan m'engloutisse. » Je déchirai ma lettre en mille pièces; je me levai, je marchai à grands pas dans ma chambre; je pris une valise, j'y mis un habit, des chemises et quelques mouchoirs. On vint m'avertir qu'on avait servi; je refusai de descendre. Milord m'envoya à dîner. Je pris un doigt de vin, et je me jetai sur mon lit, dévoré par les furies, et rassemblant sur moi seul tous les maux qui peuvent accabler un mortel.

Dans le courant de l'après-midi je reçus un paquet de Milord. C'étaient des lettres de recommandation, et un rouleau de cinquante louis.

Vers le soir tout était dans un profond silence.
J'ouvris ma porte, je sortis sur le palier. Je trouvai
le domestique. Il me dit que Milord était en ville
avec sa fille, et qu'un inconnu était monté derrière la voiture au détour de la rue. Je rentrai.
J'écrivis une seconde lettre, et je la déchirai par
les mêmes motifs qui m'avaient fait déchirer la
première.

A dix heures je sortis encore. J'écoutai, je n'entendis rien, et je me hasardai à descendre. J'entrai dans son cabinet de toilette; je mis sa chaise
devant la glace, je me mis derrière la chaise, et
je dis : « C'est ici que pour la première fois elle a
« souri à mon amour; c'est ici qu'elle a trouvé
« mes premiers caractères; c'est ici qu'elle y a
« répondu. » Un papier sortait d'une des boîtes,
je le tirai; c'était la sonate à quatre mains, et elle
avait écrit sur la première feuille: *Il a prouvé
que les talens et l'art de plaire sont de tous les
états.* Dans le milieu de la sonate je trouvai la
feuille où j'avais écrit il y avait cinq ans: *Voilà
l'usage que je fais de vos bienfaits.* Elle avait mis
au bas: *Je verrai quel usage il fera de son cœur.*
Je soupirai amèrement; je me retournai, et je vis
une robe de son enfance. C'était celle qu'elle portait le jour où elle me défendit de prendre des
leçons de Fanchon. J'en coupai un morceau, et
je le mis dans mon sein. Je passai dans le salon.
Le piano était ouvert; je m'y assis. Je regardai
les touches, je les baisai; je baisai les pédales,

encore empreintes de la poussière de ses pieds. Je me levai, je sortis en silence, les yeux baissés, et recueilli. Ma bouche ne trouva pas une parole, et mes yeux me refusèrent des larmes. Cependant je suffoquais... Je me remis sur mon lit, dans un accablement qui ressemblait à la mort. Bientôt la voiture de Milord s'arrêta à la porte de l'hôtel. Je me couchai à terre, j'approchai mon oreille du parquet, j'écoutai attentivement, je reconnus les pas de Juliette, et je tressaillis. « C'en est trop, « m'écriai-je, il faut partir, et sans délai : chaque « minute ajoute à mes tourmens. » Je prends ma valise, je la mets sous mon bras, j'ouvre ma porte. Le domestique se présente, et me dit que la maison était pleine de gens qui s'étaient fait ouvrir de par le roi, et qu'on marchait à l'appartement de Milord. J'y courus. On avait enfoncé la porte. Milord avait sauté sur ses pistolets, et menaçait quiconque oserait l'approcher. J'étais sans armes; je saisis un chenet, et je me rangeai près de Milord. Un homme, qui paraissait commander aux autres, tira des papiers de sa poche : c'étaient deux lettres de cachet. L'une envoyait Milord à la Bastille; l'autre ordonnait à la supérieure des dames Anglaises de recevoir sa fille, de la garder, et de l'instruire dans la religion catholique romaine. Cet homme, après avoir fait lecture de ces pièces, somma Milord d'obéir. Milord lui répondit par un coup de pistolet, et lui cassa la cuisse. Aussitôt toutes les épées se tirèrent, et on nous environna. Je me jetai dans la foule ; je renversai, avec mon chenet, tout ce qui osait me résister ; je me battais avec la fureur du désespoir : je voulais me faire tuer. Juliette avait passé à la hâte une robe du matin. Elle accourut, et se précipita au milieu des armes. Un de ces malheureux osa mettre la main sur elle ; je l'étendis à mes pieds. J'étais éloigné de Milord, qui avait toujours gardé son second coup. Il tire, son arme manque, les lâches se jettent sur lui. Je me fais jour, et je le dégage. Nous étions dans un angle, où je le défendais avec acharnement. Cependant on nous pressait de toutes parts, mon bras fatigué ne pouvait plus soulever son arme, et nous allions succomber. Le digne domestique de Milord parut, armé d'un coutelas, et changea la face du combat. Tous ses coups étaient décisifs. Mon courage se ranima, je le secondai avec vigueur, et bientôt le sang, ruisselant de toutes parts, inonda le parquet. La rage des assaillans, les cris des blessés, les sanglots de Juliette, l'alarme répandue par les fuyards, attirèrent en un instant plusieurs escouades du guet qui se présentèrent la baïonnette en avant, en menaçant de faire feu. Je sentis que Milord était perdu ; mais je ne désespérai pas de sauver Juliette. Le brave domestique venait de tomber, percé d'un coup de baïonnette ; Milord avait ramassé le coutelas ; tous les efforts étaient réunis contre lui. Je me rejetai dans la foule, je laissai couler mon arme à terre, je cherchai Juliette, et je la trouvai dans un état qui eût attendri des tigres. Ses cheveux étaient épars, sa vue égarée, son sein palpitait, son sang coulait en abondance d'une blessure qu'elle avait reçue au bras. Je l'enlevai, et je me présentai à la porte. Un sergent m'arrêta. « Je réponds de la fille, lui « dis-je; je vais la mettre dans la voiture. Saisis- « sez-vous du père, et surtout ne le blessez pas ». « Ah ! vous êtes des nôtres »; me répondit le sergent, et il me laissa passer. Je descendis l'escalier, qui était couvert de gardes, et je criai: « La « voilà, la voilà, c'est moi qui l'ai arrêtée. La « voiture est-elle là? Eh! sans doute, me répondit-on ». J'arrivai à la porte de la rue; le cocher m'aida à monter Juliette; je me plaçai à côté d'elle, et deux hommes du guet se présentèrent pour m'accompagner. « Je n'ai besoin de personne, « leur dis-je; c'est un enfant, je la conduirai seul. « Mais secondez vos camarades; cet Anglais se « défend comme un lion ». Ils montèrent précipitamment, et j'ordonnai au cocher de marcher. Il me demanda si monsieur Marais m'avait remis la lettre de cachet. Marche, lui répondis-je, je suis en règle; et nous partîmes. A peine eûmes-nous fait cinq cents pas, que je fus saisi d'une crainte nouvelle. Le cocher était sans doute un homme vendu à la police, et je ne savais pas comment je m'en déferais. Si j'employais la violence, les différens postes lui prêteraient main-forte; si j'essayais de le gagner, et qu'il refusât mes offres,

Juliette perdait sa liberté. Je tourmentais mon imagination, et je me désolais de ne trouver aucun moyen. Nous arrivâmes sur le pont Notre-Dame. Le cocher reconnut quelques soldats de la garde, et s'arrêta. « Où vas-tu, Nicolas, lui
« dit l'un d'eux. — Je conduis une jeune fille
« aux Dames Anglaises. Une jeune fille! reprit
« le soldat; ça n'est pas dangereux: rien n'em-
« pêche de boire le petit coup en passant.
« Voulez-vous me le permettre? me demanda
« monsieur Nicolas. — Parbleu, s'il te le per-
« mettra! Est-ce un inspecteur? Non, dit Ni-
« colas, c'est tout bonnement un observateur.
« En ce cas, reprit l'autre, il boira avec nous »,
et il me présenta un verre d'eau-de-vie que je
me gardai bien de refuser. « A mon tour, com-
« père Durand, dit Nicolas, et Nicolas but à son
« tour. Voilà de l'argent, lui dis-je. Va chercher
« une pinte de rogomme et une livre de sucre,
« nous ferons de l'eau-de-vie brûlée. Je veux ré-
« galer Durand. J'ai fait quelques expéditions avec
« lui; c'est un luron. Pas vrai, camarade? re-
« prit Durand. Va pour l'eau-de-vie brûlée. » Et
Nicolas partit. « Chez la commère Dupré, lui
« cria Durand; elle se lève à toute heure ». Pendant l'absence de Nicolas, Durand et ses camarades ne cessèrent de me questionner, et m'embarrassaient beaucoup. Je n'entendais pas l'argot; je tremblais de répondre mal; j'étais dans des transes mortelles. Nicolas revint avec son sucre

12.

et son rogomme, et je lui dis d'entrer au corps-de-garde et de se hâter, parce qu'il serait bientôt jour. Le compère Durand me proposa de descendre. Je répondis que je ne pouvais pas quitter ma prisonnière. « Eh parbleu, reprit Durand, elle « descendra aussi : un petit verre la consolera. « Non pas, Durand, répondis-je ; c'est la fille d'un « milord. — Ah ! reprit Durand, je ne dis plus « rien ; ce n'est pas là du gibier de corps-de-« garde »; et il fut aider à Nicolas. Tous les soldats se rangèrent autour de la gamelle ; le factionnaire, qui convoitait sa part de l'eau-de-vie brûlée, la regardait faire à travers la croisée. Nicolas chantait en tournant le sucre ; les autres faisaient chorus. J'ouvris bien doucement la portière à droite, je descendis, je pris Juliette, et je la portai sur le trottoir en face, masqué par la voiture. J'espérai qu'elle pourrait marcher : elle était sans connaissance. Je la soutins sous les bras, et j'avançai, en tournant la tête à chaque pas. L'eau-de-vie brûlée occupait et cocher, et soldats, et factionnaire ; et j'arrivai heureusement au coin de la rue des Marmousets. Là, je repris Juliette dans mes bras, et je m'enfonçai dans le cloître. Pas une ame dans les rues, pas une maison ouverte ; et Juliette avait besoin de secours. Je n'osais frapper à aucune porte, de peur d'être entendu du corps-de-garde, et j'allai jusqu'auprès de la cathédrale. On la réparait ; le parvis était couvert d'énormes pierres. C'est là que je déposai mon précieux fardeau; c'est entre ces pierres que je le cachai.

Je prêtai l'oreille pendant quelques minutes. Je n'entendis d'autre bruit que celui d'un filet d'eau qui coulait à peu de distance. Je parlai à Juliette; elle était encore évanouie. Je pris ses mains, elles étaient froides; je jettai un cri. Je sentis aussitôt mon imprudence, et je me tus. J'ôtai mon habit, et je l'en couvris; j'enveloppai ses pieds dans ma veste; je m'assis, et je plaçai sa tête sur mes genoux. Je repris ses mains; je les tins quelques minutes dans les miennes, et je reconnus que la chaleur se reportait aux extrémités. Le mouvement du pouls devint sensible : je respirai enfin.

J'écoutai encore, le même silence régnait autour de nous. Je l'appelai plusieurs fois, et je crus voir à la sombre lueur d'un réverbère qu'elle entr'ouvrait les yeux. Je continuai de lui parler; mon nom fut le premier mot qu'elle articula. Elle paraissait sortir d'un songe pénible; elle cherchait ses idées; elle me fixa; elle me reconnut; elle poussa un long soupir, mais qui n'était pas douloureux. « Vous ne m'avez donc pas abandon-
« née? me dit-elle enfin. — M'en avez-vous cru
« capable? — Et mon père, qu'est-il devenu?
« — Il est sans doute arrêté. — Vous l'avez souf-
« fert! — Je n'avais plus d'autre espoir que de
« mourir à ses côtés, et je n'aurais pas sauvé sa
« fille »! Elle se tut, et se recueillit un moment.

« Où sommes-nous? dit-elle. — Dans la rue. —
« Je n'ai donc plus d'asyle! — Vous avez des amis.
« — Je souffre beaucoup du bras. » J'y regardai; je le touchai; il me parut que le sang était arrêté. Je voulus dégager le bras de la manche: l'étoffe était collée à la peau. Je cherchai la fontaine; je la trouvai, guidé par le murmure de l'eau. J'enfonçai la forme de mon chapeau, je l'emplis, je revins, je mouillai mon mouchoir, j'humectai doucement la manche, elle se détacha, et je la tirai. Je lavai la plaie, et je jugeai que c'était la pointe d'une épée, qui, dans le désordre, avait traversé les chairs. Je déchirai ma chemise, et je bandai la blessure. J'essayai de remettre la manche; je ne pus pas y réussir. « J'ai la bouche brû-
« lante, me dit-elle ». Je retournai à la fontaine; je l'invitai à boire; elle but, et se trouva mieux.

Le crépuscule commençait à blanchir le haut des toits. Déja je distinguais les taches de sang qui couvraient ses vêtemens et les miens. Il était impossible de rester plus long-temps où nous étions. Je le lui dis, et elle se leva. « Où irons-
« nous? me dit-elle ». Je lui proposai la maison de madame d'Alleville, du conseiller, ou du médecin. Elle ne me répondait pas. « Préférez-vous,
« lui dis-je avec timidité, vous retirer chez
« messieurs Abell? — Non, dit-elle avec force;
« allons chez madame d'Alleville ». Elle s'appuya sur mon bras, et nous marchâmes. Nous n'avions pas fait cinquante pas qu'elle s'arrêta. Je lui de-

mandai ce qu'elle avait. « Je pense, me dit-elle, « que je ne serai pas en sûreté chez madame « d'Alleville, et que je la compromettrai. On con- « naît les amis de mon père; on aura les yeux « sur eux. Ils ont tous des maisons montées, un « domestique nombreux; ils reçoivent du monde; « je serai vue, reconnue, arrêtée. N'allons pas « chez Madame d'Alleville. Et où aller, lui ré- « pondis-je? vous êtes dans un état à faire pitié. « Madame d'Alleville vous donnera du linge, une « robe; et si elle juge que vous ne puissiez pas « rester chez elle, vous serez du moins en état « de sortir, et de chercher une autre retraite. — « Êtes-vous sûr que les gens de la police ne soient « pas déja à sa porte »? Cette réflexion m'accabla. Le temps pressait; il fallait se décider, et nous ne décidions rien. Nous nous regardions, et nous soupirions. Elle laissa tomber sa tête sur sa poitrine, et me dit:

« Conduisez-moi au premier corps-de-garde, et « éloignez-vous; je subirai mon sort. » Elle fouilla à sa poche, et dit : « Je n'ai pas ma bourse; je « ne peux plus rien pour vous, que vous par- « donner l'outrage que vous m'avez fait hier. Je « vous pardonne; vivez en paix, soyez homme « de bien. Le ciel nous réunira peut-être quelque « jour ». Elle reprit mon bras, et voulut me faire avancer. « Non, non, lui dis-je en sanglotant, je « ne vous livrerai pas à ces barbares, après vous « avoir défendue, après vous avoir ôté de leurs

« mains. Je le veux, répliqua-t-elle; obéissez ». Je résistais, je la retenais, je suppliais... Tout à coup je pensai à ma bonne femme... « Elle m'a
« sauvé la vie, m'écriai-je; elle ne vous refusera
« pas un asyle. » Et je l'entraînai avec précipitation.
« Qui donc... qui donc ! me demandait Juliette.
« Quand votre vie a-t-elle été exposée ? Qui
« est cette femme à qui je la dois ? » Il fallut lui raconter en marchant ce qui m'était arrivé sur le pont-royal. « Cruel jeune homme, me dit-elle,
« avez-vous pensé que je pourrais vous survivre ?..
« Que j'aime votre bonne femme ! C'est là qu'il
« faut aller. La pauvreté est hospitalière; son obs-
« curité fera notre sûreté ». Nous ne marchions plus; nous volions. Nous entrâmes dans la rue des Fossés-Saint-Victor. Je regardais toutes les maisons les unes après les autres. Je tremblais de ne pas trouver celle de ma bonne femme: je ne l'avais pas remarquée. Je me rappelais seulement que la porte était étroite, et que l'escalier était en face dans le fond de l'allée. J'entrai dans plusieurs maisons qu'on n'avait pas daigné fermer, et où on reposait avec la sécurité de la misère, et d'une conscience tranquille. L'escalier était à droite ou à gauche, et je disais : Ce n'est pas ici. Et nous cherchions plus loin. Il y avait une demi-heure au moins que nous allions, que nous revenions. Il était jour; j'entendais du mouvement de différens côtés, et je ne trouvais pas cette maison si désirée. Mes forces s'épuisaient; j'étais

abattu, découragé. Une porte s'ouvrit; plusieurs personnes parurent dans la rue, et nous nous jetâmes dans une allée. On venait de notre côté, et nous nous retirâmes dans le fond. Mon pied se posa sur une marche; j'avançai la main, je sentis une grosse rampe de bois. « Je crois que c'est « ici, dis-je à Juliette. » Et nous montâmes jusqu'au cinquième. Je regardais, et je ne reconnaissais rien. Au sixième, je m'arrêtai devant une porte qui ressemblait assez à celle de ma bonne femme. Je craignais de frapper; je n'étais pas sûr que ce fût là. Cependant si cette chambre était habitée, j'espérais qu'on ne nous refuserait pas de la compassion et du secours. J'entendais marcher dans la rue. Nous ne pouvions plus sortir sans être remarqués, suivis, et sans doute arrêtés. Je frappai. « Qui est là, répondit-on ? C'est sa voix, « c'est sa voix, m'écriai-je, nous sommes sauvés. « Ouvrez, ma bonne femme; c'est le jeune homme « du pont-royal, c'est sa malheureuse Juliette, « persécutée, poursuivie, et qui n'a d'espoir qu'en « vous. J'y vais, répondit-elle ». Elle ouvrit, « resta interdite. « Que signifient, me dit-elle, « ce désordre, ce sang ? Malheureux ! vous ve- « nez de commettre un crime; je ne vous rece- « vrai pas ». Elle poussa sa porte sur nous, et tourna la clé. « Écoutez-moi, lui dis-je à travers la serrure. Sauvez-moi encore une fois la vie ». Et je lui contai le plus succinctement que je pus les événemens de cette nuit désastreuse. « Tout

« cela est-il bien vrai, dit-elle en ouvrant sa
« porte une seconde fois ? Ma bonne mère,
« lui répondit Juliette, jamais le mensonge n'a
« souillé nos lèvres. Nous sommes bien à plain-
« dre; nous ne sommes pas coupables. Entrez
« donc, reprit la bonne femme, et elle s'enferma
« avec nous. Pardonnez-moi, continua-t-elle, de
« vous avoir soupçonnés. Mais c'est que c't amour
« fait faire tant de sottises! Allons, mon beau
« monsieur, aidez-moi à soulager cette aimable de-
« moiselle ». Elle tira de son bahut des draps très-
gros et très-blancs ; et pendant que j'arrangeais
le lit, elle aidait Juliette à se déshabiller. Quand
elle fut couchée, la bonne femme prit un vieux
sabot, alla frapper chez sa voisine, revint avec
un charbon allumé, referma sa porte, rassembla
quelques tisons, et souffla. Elle mit du bouillon
dans un petit pot de terre et le fit chauffer. « Ça
« lui fera du bien, me disait-elle. » Je la remer-
ciais, je la caressais, et elle me souriait en ver-
sant le bouillon dans une écuelle fêlée. — « Je
« n'ai que du pain; mais il est blanc, et je suis
« propre. On peut le manger sans répugnance ».
Et elle en mit une tranche dans le bouillon.
« Allons, ma belle enfant, dit-elle à Juliette, pre-
« nez cela; un peu de courage. Dieu est bon, et
« la mère Jacquot ne vous abandonnera pas ».
Juliette exigea que je partageasse avec elle. J'étais
exténué, et j'obéis. « Vous êtes agitée! disait la
« mère Jacquot à Juliette. — Le sort de mon père

« m'affecte cruellement », lui répondait cette tendre fille. Et je lui cachais mes propres inquiétudes pour ne pas ajouter aux siennes. La mère Jacquot lui promit de prendre des informations dans les environs de l'hôtel. Je me proposai de voir M. Abell le père, ou l'ambassadeur d'Angleterre lui-même, aussitôt que j'aurais un habit et du linge. Nos promesses la calmèrent un peu. Nous mîmes de l'eau et du sel sur sa blessure, qui n'avait rien d'inquiétant. Je pris une escabelle; je la portai près de son lit, et je m'assis à côté d'elle. Nous étions accablés de fatigue; nous cédâmes insensiblement au besoin le plus pressant : nous nous endormîmes tous les deux.

CHAPITRE XII.

Elle est à moi.

« Mes petits enfans, nous dit la mère Jacquot,
« quand nous fûmes réveillés, vous avez dormi
« quatre bonnes heures, et vous êtes, grace au
« ciel, en état de m'entendre. Je vous dirai
« d'abord, et d'un, que je viens de courir les
« alentours de votre hôtel. Tout le quartier est
« encore en l'air. On n'y parle que du combat
« que ce pauvre Milord a soutenu contre toute
« la pousse. J'ai demandé ce qu'était devenu ce
« cher homme: on n'en sait rien. Ce qui paraît
« certain, c'est qu'en ce moment le commissaire

« du quartier met les scellés partout, car tout le
« monde le dit. J'ai voulu entrer à l'hôtel, pour
« voir par mes yeux et entendre par mes oreilles.
« Un factionnaire malhonnête m'a jeté d'un coup
« de bourrade sur le tonneau d'une ravaudeuse;
« et la ravaudeuse, le tonneau et moi nous avons
« roulé au beau milieu de la rue. Je me suis rele-
« vée, j'ai aidé à la ravaudeuse à en faire autant,
« et je l'ai fait entrer chez le premier marchand
« de vin. Là, je l'ai interrogée en buvant chopine.
« On se trahit toujours quand on parle de quel-
« qu'un qui intéresse. Aussi la petite ravaudeuse,
« qui est, ma foi, jolie, m'a-t-elle observé que
« j'avais l'air d'en savoir plus qu'elle. Au reste,
« m'a-t-elle dit, il est toujours bon de vous pré-
« venir que toute la pousse a tenu conseil sous
« la porte cochère, il y a environ deux heures.
« Ces *messieurs* ont nommé quelques amis de
« Milord, et se sont séparés en plusieurs bandes,
« pour aller espionner ces différentes maisons, où
« ils comptent sans doute trouver Miss Juliette,
« qui s'est évadée, dit-on, avec un beau jeune
« homme, que vous connaissez, peut-être, aussi
« bien que moi. Si, comme je le crois, vous savez
« où ils sont, recommandez-leur bien de se tenir
« cachés. Dites à monsieur Happy que ce conseil
« lui vient de la petite Fanchon, et il vous
« croira.

« De là, j'ai passé aux piliers des Halles. J'avais
« dans ma poche vos deux louis et trois vieux

« écus de six livres, que je gardais comme la
« prunelle de mes yeux, mais que je ne pouvais
« pas employer dans une meilleure occasion. Je
« vous ai acheté de quoi vous changer tous les
« deux. Ce que je vous apporte n'est pas beau ;
« mais il est des cas où il vaut mieux avoir l'air
« d'un savoyard que d'un duc et pair. J'ai ici
« dessus une mansarde dont je peux me passer.
« Nous l'arrangerons du mieux que nous pour-
« rons, et nous y logerons cette belle demoiselle.
« Vous, monsieur, vous coucherez ailleurs, et
« pour cause. Je ferai une histoire à mes voisins ;
« nous dérouterons la curiosité ; nous nous mo-
« querons de la pousse, et nous serons tran-
« quilles. Nous travaillerons tous les trois, et nous
« ne manquerons de rien : Dieu et le temps sont
« deux grands maîtres. Passez derrière cette ar-
« moire, me dit-elle en me mettant un paquet à
« la main ; allez, et déguisez-vous ». Je trouvai
dans le paquet une veste, une culotte et des
guêtres de bure, un gilet d'indienne mouchetée,
et deux chemises de toile écrue. Pendant que je
passais ce costume, qui me rappelait mon enfance, la mère Jacquot aidait Juliette à s'habiller ;
et quand je sortis de derrière l'armoire, je la trouvai en souliers plats, en jupon de calemande
rayée, et en tablier de cotonnade rouge. Ses
grands cheveux noirs étaient à demi cachés sous
un petit bonnet rond bien simple, mais bien blanc.
Elle était jolie ! oh ! elle était jolie !.. et elle ne
devait rien à l'art.

« Maintenant, nous dit la mère Jacquot, il faut
« penser au dîner. Je mange fort bien du pain ;
« mais vous êtes accoutumés à un autre ordi-
« naire. Donnez-moi de l'argent, car je suis à sec.
« J'irai faire un tour au marché, et je vous ap-
« porterai quelque chose de bon ». Je cherchai
dans les habits que je venais de quitter. Le rouleau que Milord m'avait envoyé s'était crevé dans ma poche ; il n'y restait que dix-neuf louis ; le surplus s'était perdu. Juliette avait laissé sur sa commode sa bourse et ses bijoux. Ces dix-neuf louis, et ma montre qui en valait huit ou dix, c'était-là toute notre fortune. Je rendis à la mère Jacquot ce qu'elle nous avait avancé ; je lui donnai un louis pour les premiers frais du ménage. Je pris mon chapeau et un gros bâton. « Ne vous
« exposez pas, me dit Juliette. Songez que je suis
« séparée de mon père, et que je n'ai plus que
« vous au monde ». Je lui promis d'être circonspect, et je sortis.

Il n'était pas probable que les gens de la police eussent remarqué ma figure, et j'étais travesti de manière à les mettre en défaut, si j'en avais été connu. Je fus droit chez l'ambassadeur d'Angleterre. Je feignis une commission pour M. Abell le père, et je demandai à le voir. On me fit monter ; il était seul. Je me nommai, il se leva et vint m'embrasser d'un air sombre, dont je n'augurai rien de bon. « Milord n'est plus, me dit-il, et je jetai un cri.
« Vous avez perdu votre père, et moi un ami. Il

« a été contraint de céder au nombre. On l'a
« garrotté; on allait le jeter dans un fiacre. La fa-
« tigue, l'émotion, suites d'un tel événement, la
« rage de se voir traiter ainsi, lui ont causé une
« révolution, qui a été suivie d'une attaque d'apo-
« plexie. Il est mort vers les trois heures du ma-
« tin. Ses lettres de naturalisation n'étaient pas
« encore expédiées : toute sa fortune passe au trésor
« royal. Juliette est ruinée sans ressource. Mais
« je sais ce que je dois à la mémoire de son père,
« et mon fils n'oublie pas ce qu'il doit à la déli-
« catesse et à l'amour. Le maître de votre hôtel,
« qui est venu m'instruire de ces détails, m'a as-
« suré que Juliette s'était échappée, et il présume
« que vous avez facilité son évasion. Hâtez-vous
« donc de me faire connaître le lieu de sa retraite.
« Je trouverai les moyens de la faire passer à Lon-
« dres, et mon fils s'y rendra peu de jours après
« elle ».

Ce procédé me toucha; mais je ne voulus pas
que Juliette fût exposée à des sollicitations, tout
au moins importunes, et, je l'avoue en rougissant,
je craignis que les approches de l'indigence ne la
décidassent en faveur de M. Abell. Que je la connaissais mal! Je répondis à M. Abell que je ne
m'étais éloigné de Milord que lorsqu'il me fut impossible de le défendre plus long-temps, et que
j'ignorais où sa fille s'était retirée. « Vous devez
« beaucoup à son père, reprit M. Abell, et vous
« n'avez pas de raisons pour me cacher la vérité.

« Je vous crois, et votre ignorance m'afflige. J'es-
« pérais que vous me rendriez cette infortunée.
« J'ai envoyé chez madame d'Alleville et chez nos
« autres amis. Personne ne l'a vue, personne n'a
« reçu de ses nouvelles, et cela me paraît extraor-
« dinaire. Au reste, mon fils la fera chercher par-
« tout. Joignez vos soins à ses démarches, et
« comptez sur toute ma reconnaissance, si vous
« pouvez m'instruire de son sort ». M. Abell finit
en me demandant mon adresse. Je lui répondis que
je n'avais pas encore de domicile, et que j'aurais
l'honneur de le voir le lendemain. Il m'offrit de
l'argent. Je le refusai, et je lui dis que j'avais du
courage, quelques talens, et que je ne craignais
pas le besoin.

Les desseins des messieurs Abell sur Juliette
m'inquiétaient cruellement. Mon intérêt m'ordonnait de me taire; ma délicatesse me prescrivait
de parler. Depuis quelques jours j'étais sans cesse
exposé à ces terribles combats. Je réfléchissais en
prenant un long détour, et en regardant souvent
si je n'étais pas suivi par quelqu'un des gens de
M. Abell. Tantôt l'amour parlait en maître; tantôt ma probité s'élevait contre lui, et lui imposait
silence. En effet, pouvais-je cacher à Juliette qu'on
se disposait à réparer envers elle les torts de la
fortune? Elle n'avait jamais connu l'indigence :
aurait-elle la force de la supporter? Me pardon-
nerait-elle un jour de l'y avoir exposée? Devais-je
balancer à l'en tirer? Cette lutte terrible se ter-

mina comme les précédentes. Je rentrai chez la mère Jacquot, déterminé à faire encore mon devoir, et pénétré de la fin tragique de Milord.

Juliette me fixa. Je me taisais : je ne savais comment lui apprendre la fatale nouvelle. Ses yeux semblaient m'interroger; les miens craignaient de lui répondre. « Vous ne dites rien ? « me dit-elle enfin. — Hélas! lui répondis-je, je « ne parlerai que trop tôt. — Mon père est mort! « — Et votre fortune est perdue. — Eh! que m'im- « porte ma fortune! ce n'est pas elle que vous « aimiez... Mais mon père!.. mon père!.. et elle « fondit en larmes. Vous me l'avez ôté, ô mon « Dieu! s'écria-t-elle tout à coup, les yeux et les « mains élevés vers le ciel. Un seul homme m'at- « tache encore à la vie; que je meure à l'instant « si vous devez m'en séparer ». Un cœur ulcéré ne raisonne point, et ne veut pas de consolations. Il cherche à nourrir sa douleur; il se plaît à s'identifier avec elle, à l'exhaler sur tout ce qui l'entoure. Les larmes sont amères, et le malheureux aime à pleurer. Juliette exigea que j'entrasse dans les moindres détails de la mort de son père, et sa peine croissait à chaque mot. J'espérai la calmer, en attirant son attention sur d'autres objets. Je lui parlai des vues de messieurs Abell; je louai leur désintéressement; je crois même que je la pressai de se rendre à leurs vœux. « Cessez, « me dit-elle, cessez de me tourmenter. J'ai pu « m'immoler à mon père; il n'est plus, et je ne

« dépends que de moi. Je bénis ma misère, elle
« me rapproche de vous. Il ne me reste que mon
« cœur, il suffira à ma félicité. » Je n'insistai pas,
on le croira aisément. Je venais de me conduire en
honnête homme; c'est tout ce que je pouvais.

Une partie du jour s'écoula dans les regrets et
dans les pleurs. Vers le soir, la bonne mère Jacquot lui fit prendre quelque chose. Cette digne
femme exigea qu'elle se couchât dans son lit. Nous
soupâmes auprès d'elle, et nous la veillâmes toute
la nuit. Je repassais, dans ma mémoire, les malheurs qui s'étaient succédé avec tant de rapidité.
Je les aurais crus des songes, si Juliette n'avait pas
été près de moi. Cette Juliette, quelques heures
auparavant, fêtée, adorée et servie; cette Juliette,
dont l'or et les diamans relevaient l'éclat naturel,
que le faste entourait, à qui une fortune considérable assurait les jouissances qui font aimer la
vie; cette Juliette avait tout perdu en un instant.
Elle était reléguée à un sixième étage, logée entre
quatre murs, couchée sur un grabat, incertaine
du lendemain, et elle ne se plaignait pas! Quel
spectacle! quel tourment pour l'homme qui n'avait
que son cœur à lui offrir, et des privations à lui
faire partager! Je pensais ensuite à son père infortuné. Un mot hasardé lui avait coûté la vie,
parce qu'un gouvernement sans énergie suppléait aux ressorts usés des lois par l'espionnage et
des bastilles. Une fille innocente était dépouillée,
parce que les déprédations des gens en place né-

cessitaient le brigandage et la rapine. « Quel pays,
« m'écriai-je, quel pays que celui où l'enfant n'hé-
« rite pas de son père, où il est enveloppé dans
« sa proscription, où on veut tyranniser jusqu'à
« sa conscience ! Fuyons, fuyons... mais où se re-
« tirer, sans argent et sans moyens d'existence ?
« D'ailleurs, où ne serions-nous pas victimes de
« quelques abus ? Si j'ouvre l'histoire du monde,
« je vois partout le faible opprimé par le fort.
« Partout les gouvernés sont des dupes, et les
« gouvernans des fripons ».

Au point du jour, Juliette parut sortir d'un
long accablement. « Mon ami, me dit-elle, il n'est
« qu'un remède pour les maladies de l'ame; c'est
« le temps. La raison fait supporter la douleur;
« mais le temps la dissipe. Je renfermerai la
« mienne; je ferai des efforts pour la surmonter,
« et je ne vous affligerai plus du spectacle de ma
« peine ». Elle se leva, et fut s'asseoir auprès de
la mère Jacquot. Elle lui prit les mains, elle la
regarda avec intérêt, et un sourire presque imperceptible vint effleurer ses lèvres. « Vous avez,
« lui dit-elle, un coin dont vous pouvez vous
« passer. Mon ami y mettra un ameublement
« conforme à notre humble fortune. Vous avez
« beaucoup fait pour moi, ma bonne mère; je
« ne souffrirai pas que vous vous gêniez plus long-
« temps : à votre âge on a besoin de son lit ».

La mère Jacquot me donna la clef de la mansarde. J'y montai, et je descendis le cœur serré.

« Je vous entends, mon ami, me dit Juliette:
« cela n'est pas beau; mais qu'importe? vous y
« serez avec moi, et je n'y verrai que vous ». Jamais elle ne m'avait paru si grande; jamais elle
ne m'avait été si chère.

Je courus le faubourg Saint-Antoine, et j'achetai quelques rouleaux d'un petit papier gris de
lin, parsemé de bouquets. Je nettoyais les croisées, et la mère Jacquot faisait de la colle. Juliette
coupait le papier; je l'appliquais sur le mur, et
la mère Jacquot appuyait son pied sur les barres
de ma chaise. Un lit de sangle, une table et un
secrétaire de bois de noyer, six chaises de paille,
un petit miroir, formèrent notre mobilier. « Eh
« bien! disait Juliette, qu'en pensez-vous? Ne
« voilà-t-il pas l'exact nécessaire? C'est bien, c'est
« très-bien. Que de femmes sont plus mal, et
« n'ont pas leur ami avec elles »! C'est là que nous
passions des journées, qui s'écoulaient comme des
minutes. Nos voisins, occupés de leur travail, ne
s'inquiétaient pas de nous. Notre univers était
dans la mansarde: nous ne désirions rien au-delà.
Juliette brodait, je faisais quelques gouaches, la
mère Jacquot vendait tout cela, et nous vivions.
La bonne femme nous servait un repas frugal, se
mettait en tiers avec nous, et nous égayait quelquefois par ses saillies naïves. Après le souper,
Juliette m'embrassait au front, la mère Jacquot
prenait la clef de la mansarde, et j'allais me coucher chez un logeur, plein de l'image de Juliette,

et consolé par la certitude de la revoir le lendemain.

Six semaines s'étaient écoulées. Milord n'était pas oublié; mais les larmes étaient taries. Nous conservions de lui ce tendre souvenir, qui remue l'ame sans la déchirer. La guerre était déclarée entre la France et l'Angleterre. Cette dernière puissance avait rappelé son ambassadeur, et nous présumions, avec toutes sortes de vraisemblances, que MM. Abell avaient repassé la mer avec lui. Je proposai à Juliette de prendre l'air pour sa santé, et d'aller tous les jours, de grand matin, faire quelques tours au jardin du roi. La mère Jacquot appuya ma proposition, et Juliette l'accepta.

Un jour que nous nous promenions avec une sécurité parfaite, j'aperçus un homme qui venait droit à nous. Il était enveloppé dans une redingote. Un chapeau rond était enfoncé sur ses yeux. Je ne cherchai pas à démêler ses traits, que je croyais indifférens. Juliette était appuyée sur mon bras, sa main était dans la mienne, et nous nous entretenions avec cette douce chaleur, si difficile à décrire, et si bien sentie par ceux qui savent aimer. L'homme au chapeau rond s'arrêta devant nous. Je levai la tête, je reconnus Abell fils, et j'avoue que je fus interdit. « Je suis à Paris pour
« vous seule, mademoiselle, dit-il à Juliette, et
« je vois avec douleur que vous ne méritiez pas
« mes soins. Je ne m'abaisserai pas à me plaindre;
« mais je vengerai sur votre séducteur l'outrage

« qu'il fait à la mémoire de votre père. » Il me marcha sur le pied. Je l'entendis parfaitement ; mais Juliette était là. Elle nous devina l'un et l'autre, et répondit avec fierté à Abell qu'elle ne lui avait rien promis, et qu'elle trouvait étrange qu'il osât lui reprocher sa conduite. « Une femme comme moi,
« ajouta-t-elle, se donne et n'est jamais séduite.
« L'homme que vous accusez n'est coupable que
« d'avoir su me plaire. Si vous m'avez jamais ai-
« mée, prouvez-le-moi en renonçant à des projets
« de vengeance, qui détruiraient mon bonheur
« sans vous rendre plus heureux ». Abell parut étonné un moment. « Non, s'écria-t-il, la fille la
« plus modeste ne s'est pas oubliée jusque-là. Si
« vous étiez à cet homme, vous n'auriez pas l'im-
« pudeur de le dire. — *Cet homme* est tout pour
« moi, répliqua Juliette. Je suis à lui, irrévoca-
« blement à lui. J'en fais ma félicité et ma gloire.
« Vous voulez, reprit Abell, que je vous mé-
« prise et que je vous oublie : je serais trop mal-
« heureux si je pouvais vous croire. — Finissons,
« monsieur, interrompis-je brusquement, et je
« le tirai à l'écart. Elle est toujours vertueuse,
« lui dis-je ; elle mérite toujours les hommages
« de l'univers. Nous l'adorons l'un et l'autre,
« c'en est assez pour nous haïr. Demain à cinq
« heures du matin je serai au bois de Boulogne,
« avec des pistolets. Je vous connais assez pour
« croire que vous ne nous suivrez point, et que
« vous ne prendrez pas de seconds à la police.

« Je sais que vous êtes brave, me dit Abell : à
« demain ». Il se jeta dans une contre-allée, et je
rejoignis Juliette. — « Quand vous battez-vous?
« me demanda-t-elle d'un air parfaitement tranquille. » Je voulus dissimuler. « Il est inutile de
« feindre, continua-t-elle. Abell m'a insultée,
« vous y avez été sensible, vous lui avez donné
« un rendez-vous. Je ne vois rien là que de très-
« naturel ». Je crus qu'elle cherchait à me pénétrer : je me taisais. « Je vous laisserai maître absolu
« de vos actions, me dit-elle, je vous en donne ma
« parole d'honneur ; mais je veux savoir la vé-
« rité ». Sa parole était sacrée, il ne m'était pas
permis d'en douter, et je lui avouai tout. « Ce
« n'est que demain? reprit-elle. Allez acheter des
« armes, remettez-les-moi ; je vous les rendrai
« quand le moment sera venu ». Ce sang-froid
m'étonna, et, en effet, il était inexplicable. Je
m'éloignais ; elle me rappela. — « Souvenez-vous,
« Happy, que vous me devez la journée. J'exige
« que vous la passiez avec moi ». Ce pouvait être
la dernière, je le sentais ; je lui jurai de la donner tout entière à l'amour, et elle me quitta avec
ce sourire aimable qui annonce la paix de l'ame.
Je croyais qu'il aurait fallu la tromper, user d'a-
dresse pour m'échapper, et elle me donnait des
facilités que je n'eusse pas obtenues d'un ami de
deux jours. Je ne savais que penser, je me perdais dans mes conjectures, et je résolus de me
défier de tout, même de sa parole.

Je rentrai une heure après. Elle s'entretenait à voix basse avec la mère Jacquot, et elles avaient l'air de s'entendre parfaitement. Elle prit mes pistolets, les examina, les mit dans le secrétaire, et serra la clef dans sa poche. Je commençai à concevoir des soupçons. Ces pistolets me coûtaient à peu près tout notre avoir, et il m'était impossible de m'en procurer d'autres. « Rassurez-vous, me « dit Juliette, qui avait l'habitude de pénétrer « jusqu'à ma pensée : je suis incapable de man- « quer à ma parole. Je tiendrai celle que je vous « ai donnée ; mais la journée est à moi. N'en trou- « blons pas les douceurs par des inquiétudes pré- « maturées. Demain, à cinq heures, je vous remet- « trai la clef ». Elle fit un signe à la mère Jacquot, qui prit un panier, et sortit. Juliette vint s'asseoir près de moi. Jamais elle n'avait été si tendre, si caressante ; jamais je n'avais été aussi sensible au plaisir d'être aimé. Mon engagement avec Abell semblait m'attacher de plus près à ma félicité présente. Nous épuisâmes ce que l'amour le plus vif peut dire de plus tendre. Nous nous redisions ce que nous nous étions dit mille fois, et nous trouvions un charme toujours nouveau à le redire. Toutes les langues sont pauvres pour l'amour : les mots manquent à qui sent beaucoup. Nous nous regardions alors, et nos yeux achevaient la pensée... Ce silence avait une expression !... Il nous pénétrait d'une ivresse si douce ! J'aurais passé ma vie, mes yeux fixés sur les siens... mais aussi, comme elle me regardait! c'était la volupté, parée encore par l'innocence.

La mère Jacquot rentra, et son panier était amplement fourni. Ce n'était pas l'ordinaire de tous les jours : j'en marquai mon étonnement. « Je donne une fête ce soir, me dit Juliette en « souriant. Et à qui donc, lui demandai-je ? — « A vous, mon ami ». Et elle commença avec la mère Jacquot les apprêts d'un assez joli souper. Je marchais par la chambre, je les regardais faire, je n'y entendais rien.

La mère Jacquot avait son genre de saillies. Elle les prodiguait, Juliette applaudissait, et je riais quelquefois. Cependant Abell me revenait à l'esprit, et des réflexions tristes et sombres répandaient sur mon visage une teinte de mélancolie qui n'échappa point à Juliette, rien ne lui échappait. Elle me prit la main, me regarda tendrement, me baisa sur la joue. L'idée du lendemain s'évanouit, mon cœur se ranima, le sourire reparut sur mes lèvres.

A huit heures, tout était prêt. La mère Jacquot servit, et nous nous mîmes à table. Juliette avait été enjouée, folâtre même. Elle prit tout à coup un maintien calme, réservé et imposant. Elle paraissait occupée d'un grand dessein ; elle était recueillie ; la mère Jacquot imitait son silence, et j'attendais la fin de tout cela. Juliette se leva enfin, et parla. « Ma position ne me permet pas, dit-elle, « d'observer les formalités prescrites par les lois ;

« mais la pureté de mes intentions et votre pro-
« bité me rassurent. Je n'aurai pas à gémir sur
« les suites d'un dessein que je mûris depuis quel-
« que temps, et dont les circonstances ne me
« permettent pas de différer l'exécution. Des ser-
« mens qui n'auront pour témoins que le ciel et
« cette digne femme, n'en seront ni moins sacrés,
« ni moins inviolables pour vous. Happy, levez-
« vous. » Je me levai. « O mon Dieu, continua-
« t-elle d'un ton religieux et pénétrant, voilà l'é-
« poux que votre providence me désigne; je le
« reçois de votre main. Je jure de l'aimer toute
« ma vie, et de ne m'occuper que de sa félicité.
« O mon Dieu! entendez mes promesses, et bé-
« nissez-nous ». Avec quel transport je répétai les
mêmes paroles! Avec quel transport je jurai de
ne vivre que pour elle! Vous l'avez éprouvé, combien ces sermens sont doux, vous qui les avez
faits à l'objet de votre tendresse!... La mère Jacquot nous embrassa l'un et l'autre, et nous laissa
entre le mystère et l'amour.

O quel moment que celui où l'on possède enfin
ce qu'on adore! quelle plume de feu pourrait es-
quisser cette ivresse de l'ame, cette soif de jouir,
qui se rallume par la jouissance, ce torrent de délices que l'on peut à peine supporter, cette tendre langueur qui suit la satiété des plaisirs! O nature! c'est là que tu manifestes ta puissance, que
tu réunis, que tu épuises tes efforts. Momens di-
vins, qui portez l'homme au plus haut degré de

bonheur où ses vœux même puissent atteindre, pourquoi êtes-vous si courts? Pourquoi ne renaissez-vous jamais? On retrouve des maîtresses : retrouve-t-on son cœur?

Juliette dormait entre mes bras. Son sommeil était doux comme les plaisirs qu'elle avait goûtés; son haleine était fraîche comme la rosée du matin. Son sein rougi par mes baisers, mille charmes secrets recevaient tour à tour mes hommages et mes caresses. L'amour osa la réveiller; elle ne s'en plaignit point.

Je tombai enfin sur les myrtes dont j'avais jonché le lit nuptial, et Juliette fit succéder le langage de la raison aux transports brûlans de l'amour. « Je connais, me dit-elle, la violence de
« votre caractère Mes représentations, mes priè-
« res même eussent été impuissantes hier. Vous
« retenir, c'était précipiter le moment du danger;
« et pour vous empêcher de prodiguer votre vie,
« il fallait vous y attacher par des nœuds que
« vous ne puissiez rompre... O mon ami, com-
« bien une telle nuit doit te faire chérir ton exis-
« tence! Sera-ce la seule que je te devrai? Préfé-
« reras-tu au bonheur que je te réserve encore,
« le barbare et stérile honneur d'exposer tes jours
« pour verser le sang d'un homme que tu dois
« plaindre, puisqu'il m'aime et que tu es heureux?
« Que t'importe l'opinion qu'il aura de toi? que
« te fait celle de tous les hommes? Seule, je te
« suffirai, comme tu me suffiras. J'ai regretté ma

« fortune : je ne pouvais plus la partager avec toi.
« Il ne me restait que ma réputation, je te l'ai
« sacrifiée. Ne feras-tu rien pour moi ? O mon ami,
« peut-être suis-je mère... et tu ne verrais pas ton
« enfant ! ses petits bras ne s'ouvriraient jamais
« pour recevoir et te rendre tes caresses !.. Tu n'iras
« pas, mon ami, n'est-il pas vrai, tu n'iras pas » ?

Je voyais, je pensais comme Juliette ; mais j'étais engagé, et l'ombre même du mépris m'était insupportable. « Tu m'as promis, lui répondis-je
« en soupirant, de me laisser maître de mes ac-
« tions. Voilà la clef, me dit-elle. Allez mas-
« sacrer l'ami de mon père, ou faire mourir du
« même coup trois personnes à la fois ». Je la regardai, je balançai. Elle me pressa sur son sein, et me combla des plus tendres caresses. « C'en
« est trop, m'écriai-je, on ne renonce pas
« volontairement à tant de biens. » Et j'oubliai dans ses bras le point d'honneur, Abell, le bois de Boulogne, et tout l'univers. « Je l'emporte
« donc ! me dit-elle. Combien ta condescendance
« me flatte ! qu'elle est d'un heureux augure pour
« l'avenir ! Mais je n'en ai pas besoin ; mes me-
« sures étaient prises ; tu ne te serais pas battu ».
Elle frappa, la mère Jacquot ouvrit, et introduisit M. Abell. Jamais surprise ne fut égale à la mienne.
« Monsieur, lui dit Juliette, je sens tout ce que
« vous valez ; mais on ne commande pas à son
« cœur. Je vous ai trompé au jardin du roi ; je
« vous ai dit la vérité dans ma lettre, vous le

« voyez. Happy est mon époux; il a passé la nuit
« avec moi, et il ne vous reste plus d'espoir. J'en
« conserve un bien doux; j'aime à croire que vous
« ne le détruirez pas. Oubliez que ce jeune homme
« vous a provoqué, comme j'ai oublié ce que vos
« propos ont eu d'injurieux. A cette condition, je
« vous offre mon amitié, qui peut être de quel-
« que prix à vos yeux. — Madame, lui répondit
« Abell, je vous étais tendrement attaché, et le
« dépit m'a arraché des expressions que la ré-
« flexion m'a fait aussitôt désavouer. Je ne suis
« pas un homme féroce. Votre lettre, dictée par
« le courage et la vertu, m'a rendu ma raison en
« m'inspirant le respect. Je ne vous ai bien con-
« nue qu'au moment où je vous perds. Oui, Ma-
« dame, j'accepte votre amitié, et j'espère que
« Monsieur ne me refusera pas la sienne ». De
quel poids mon cœur était soulagé! avec quelle
satisfaction je répondis à des avances aussi flatteuses! J'embrassai Abell avec la plus franche cordialité, et il me dit: « Vous avez la plus respec-
« table des femmes: qu'elle soit heureuse, et j'ou-
« blierai que j'aurais pu l'être sans vous ».

Il reprocha obligeamment à Juliette de n'avoir
pas été assez confiante pour lui écrire plutôt. Il
ne nous eût pas laissés dans une situation qui ne
paraissait pas aisée. Il nous eût priés d'accepter
quelques avances sur les fonds que Milord avait en
Angleterre, et qui se montaient à peu près à cent
mille livres argent de France. « Ce n'est pas une for-

« tune, ajouta-t-il ; mais cela peut suffire à qui ne
« connaît que le besoin d'aimer ». Il nous rassura
sur la liberté de Juliette. « Je ne crois pas, dit-il,
« qu'on ait fait des recherches bien sérieuses. Le
« gouvernement a *hérité* de Milord, et il lui est
« indifférent que Madame soit au couvent ou ail-
« leurs. Cependant il sera prudent de vous tenir
« cachés, jusqu'à ce que j'aie pris des informations
« positives. Je partirai ensuite pour Londres, et
« je me chargerai volontiers de mettre ordre à
« vos affaires ». Il finit en nous forçant de prendre cent louis pour les besoins les plus pressans.

Nous passâmes la journée ensemble. Je ne craignais plus Abell, et j'étais pénétré de ses bonnes qualités et de ses procédés délicats. Je lui souhaitai intérieurement un autre amour et des succès plus heureux.

Le lendemain, je louai trois jolies petites pièces à l'Estrapade. J'y mis des meubles simples, mais propres, et nous nous y établîmes le surlendemain. Nous engageâmes la mère Jacquot à ne pas nous quitter : nous lui devions tant, et nous étions si satisfaits de pouvoir nous acquitter envers elle !

CHAPITRE XIII.

Je suis Auteur, et je tombe.

Abell ne se démentit point. Respectueux avec Juliette, affectueux avec moi, il nous rendit toutes sortes de services, de la manière la plus désintéressée et la plus franche. Il avait appris que la lettre de cachet qui menaçait Juliette n'était pas révoquée; et il en eût facilement obtenu la révocation, si la guerre qui divisait les deux puissances n'eût ôté aux Anglais leur crédit auprès du ministre. Au reste, on ne faisait nulle espèce de perquisition, et moi je pouvais être parfaitement tranquille. Dans le rapport fait à la police, j'avais été compris avec les gens de Milord, et on ne s'était pas même informé de ce qu'ils étaient devenus. M. Abell avait pris les renseignemens et les papiers nécessaires pour rassembler les débris de la fortune de Juliette. Il touchait au moment de son départ pour Londres, et il devait nous faire passer ces fonds sans délai, si Juliette persistait dans le dessein de rester en France. Il lui représentait cependant qu'il était plus prudent de repasser en Angleterre. Il croyait facile d'obtenir un passe-port sous un nom supposé. Quelques parens de Milord, des amis sincères, s'empresseraient d'embellir notre existence, et ce n'était qu'à Londres que nous pourrions donner à notre mariage les formes légales qui assurent l'état des enfans, et qui imposent silence aux préjugés.

Juliette refusait constamment de prendre ce parti. Elle comptait peu sur l'affection de parens éloignés; elle redoutait leur improbation, leurs sollicitations, et même leurs démarches humiliantes

pour moi, et désagréables autant qu'inutiles pour elle. Elle croyait que l'amitié sincère et compatissante est extrêmement rare. Elle savait, au contraire, que les hommes, en général très-indulgens pour leurs propres travers, sont sans pitié pour ce qu'ils appellent les faiblesses d'autrui. Elle ne prévoyait que des désagrémens dans ces cercles nombreux où l'opinion l'emporte sur la sensibilité, et où on n'a pas toujours la délicatesse de cacher son opinion, même à ceux à qui elle est défavorable. Son mariage était sacré pour elle et pour moi, et sa conscience était tranquille. Si elle devenait mère, il serait temps de sacrifier son repos à sa famille; mais à présent, rien ne l'obligeait à passer la mer pour aller chercher à Londres des chagrins qu'elle ne connaissait pas à Paris. Elle y était ignorée, et personne n'y troublait son bonheur. Elle y menait à la vérité une vie très-retirée; mais cette retraite même était douce, puisqu'elle la partageait avec moi. « Nous ne nous
« quittons pas, me disait-elle ensuite, et les jour-
« nées nous semblent trop courtes. Mon ami, être
« avec toi, toujours avec toi, ne voir, ne désirer,
« n'aimer que toi, voilà la félicité suprême. Res-
« tons à Paris; ne sortons pas de notre chambre.
« L'amour l'habite avec nous, et l'amour sait tout
« embellir. »

Abell n'insista plus. Il prit congé de nous et partit, après m'avoir indiqué une adresse où j'irais prendre ses lettres.

Me voilà donc à dix-huit ans possesseur paisible d'une femme charmante, et m'occupant uniquement du soin de la rendre heureuse. Juliette, tendre, délicate, caressante, n'existait que pour moi. Elle continuait de broder, je faisais toujours des gouaches, et ces petits travaux étaient pour nous des plaisirs. Nous étions l'un vis-à-vis de l'autre, séparés seulement par une table, sous laquelle nos genoux se cherchaient, se rencontraient, se pressaient. Souvent la table était trop grande. Juliette se levait pour voir mon ouvrage de plus près, et elle ne voyait bien que quand sa joue touchait à la mienne. Elle me donnait des *distractions;* mais je ne m'en plaignais pas : j'avais soin de les lui rendre. Je m'avançais sur la pointe du pied, je lui volais un baiser, elle courait après moi pour le reprendre, et son teint alors effaçait la rose qui venait de naître sous ses jolis doigts. A dîner, à souper, je m'asséyais à côté d'elle, ou je la prenais sur mes genoux. Nous mangions dans la même assiette, nous buvions dans le même verre, et tout en devenait meilleur. Le dimanche, elle passait son déshabillé blanc, je prenais mon frac de drap gris, et nous nous permettions une promenade hors des barrières. On se pressait autour de nous. Les hommes la regardaient avec un intérêt!... Les femmes me jetaient un coup-d'œil à travers les bâtons de l'éventail, et cela me rendait fier, et cela la faisait sourire. Bientôt on répétait de tous côtés : Oh, le joli couple! Nous allions nous cacher plus loin, et plus loin on répétait encore : Oh, le joli couple ! Cela nous embarrassait quelquefois, et ne nous déplaisait jamais. Le soir, chacun de nous redisait ce qu'il avait entendu d'obligeant pour l'autre. Juliette ajoutait : « Ce « n'est que pour toi que je veux être jolie. Je ré- « pondais : Ce n'est qu'à toi que je veux paraître « aimable »; et tout cela nous donnait envie de nous coucher. Ces petits jeux eurent enfin des suites qui ne sont pas difficiles à prévoir : sa taille s'arrondit insensiblement; je l'en aimai davantage, et je lui trouvai une grace de plus.

J'avais choisi jusqu'alors pour sujets de mes gouaches les événemens les plus intéressans de notre vie, et le plaisir que je prenais à les tracer me rendait insensible à la modicité du prix que j'en tirais. Abell avait éprouvé des difficultés; il n'avait pas encore fait passer de fonds. Les nôtres commençaient à baisser, et il fallait sérieusement penser à l'avenir. Le bien-être de ma Juliette, une layette à faire, mille autres petits frais par lesquels on achète la douceur d'être père, étaient des objets de la plus haute importance. Je sentais la nécessité de doubler au moins notre gain, j'en cherchais les moyens, et je n'en trouvais pas de bien satisfaisant. Juliette s'en occupait avec moi et n'était pas plus heureuse. D'ailleurs nous commencions par discuter, et nous finissions par arriver, sans nous en apercevoir, au chapitre des *distractions*.

Un jour la mère Jacquot nous donnait du meilleur de son cœur des conseils inexécutables. En pérorant, elle roulait dans ses doigts une feuille du Mercure de France, qui lui avait servi à envelopper du poivre. J'avais pris le papier, et je le roulais aussi, en écoutant les contes bleus de la mère Jacquot. En le roulant et en le déroulant j'y jetai machinalement les yeux, et je lus l'extrait d'une pièce nouvelle, qu'on venait de jouer aux Français : c'était l'Inconstant. L'auteur donnait en débutant les plus heureuses espérances, et ne les a point démenties. Je me sentis inspiré tout-à-coup. Je me levai, et je déclarai que j'étais homme de lettres. Juliette me demanda en souriant à quel genre je me destinais. « Ma foi je n'en sais rien,
« lui répondis-je; mais je réussirai, car tu m'ins-
« pireras. » La mère Jacquot observa que les comédiens sont excommuniés, et que les auteurs doivent l'être doublement, « car enfin, ajoutait-elle
« avec beaucoup de sagacité, s'il n'y avait pas d'au-
« teurs, il n'y aurait pas de comédiens. » Je résolus d'aller mon train en dépit de l'excommunication, et je dis à Juliette avec toute l'emphase d'un poète : « Mon génie t'invoque et t'attend.
« Sois Melpomène ou Thalie. Prononce et je pro-
« duis. La tragédie, la comédie, reprenait Ju-
« liette, c'est bien beau; mais c'est bien long, et
« cela doit être bien difficile. Le temple de Gnide
« est si joli! tout le monde l'a lu, tout le monde
« le relit encore ». Nous avions le temple de Gnide;

je le pris, je le relus, et j'en réalisais certains tableaux qui valent bien des tableaux de tragédie. « Finis donc, me dit Juliette, on ne peut pas te « parler raison. — Ne me regarde donc pas, si tu « veux que je sois raisonnable », et je l'embrassai, et le livre lui tomba des mains, et puis... et puis... La mère Jacquot rentra, et me demanda si je venais de faire une tragédie ou une comédie. Juliette rougissait, moi je riais, et la mère Jacquot hochait la tête. « Tiens, dis-je à Juliette, je ne « veux plus te consulter; je ne veux plus que tu « me donnes d'avis. A force de nous entendre, « nous ne savons ce que nous faisons que quand « nous avons fini, et c'est le moyen de ne rien « finir. J'ai connu il y a quelques années un im-« primeur-libraire, qui demeure rue Galande. « C'est un homme qui ne se borne pas, comme « ses confrères, à trafiquer de l'esprit d'autrui. « Il a de l'érudition, il est considéré dans la lit-« térature : je vais causer avec lui. Il ne me don-« nera pas de *distractions*, je ne lui en donnerai « pas; il m'écoutera, il me répondra, et il déci-« dera. Je serai, selon qu'il le jugera à propos, « poète comique, tragique, épique, didactique, « allégorique, bucolique, érotique, lyrique, et à « quoi que je m'applique, je vais être l'homme « unique. Va, me dit Juliette; mais souviens-toi « que je t'attends. Tu ne m'attendras pas long-« temps, lui répondis-je en sortant, je ne suis « bien qu'auprès de toi ».

M. Cailleau parut fort aise de me revoir, et me reçut avec son affabilité ordinaire. Il aime à parler. C'est un défaut dans beaucoup de gens. Mais il parle bien, et on aime à l'entendre. Après m'avoir promené gaîment d'objets en objets, pendant une heure, M. Cailleau me demanda enfin ce qui m'amenait chez lui. Je lui répondis que j'étais décidé à caresser les Muses, dussent-elles répondre à mes caresses par des égratignures, et que je venais le prier de m'indiquer celle des neuf Sœurs à laquelle je me vouerais exclusivement. « Voilà les
« jeunes gens, reprit-il; ils prennent le goût pour
« le talent d'écrire, et l'amour-propre ne leur per-
« met pas de consulter leurs forces. Monsieur,
« répliquai-je, les plus grands hommes ont com-
« mencé, et jamais ils n'eussent fait un vers, s'ils
« eussent été atteints de la crainte puérile que vous
« voulez m'inspirer. Je sens que la nature m'a fait
« poète, et je remplirai le vœu de la nature. — Si
« vraiment, poursuivit M. Cailleau, vous éprou-
« vez cette impulsion de la nature à laquelle on
« ne résiste pas, vous écrirez, et vous écrirez bien.
« Cependant si vous êtes raisonnable, et que vous
« puissiez faire autre chose, vous vous garderez
« bien d'écrire : cette manie ne fait que des mal-
« heureux, et les Muses sont pauvres partout. Le
« Camoëns est mort à l'hôpital; Cervantes est mort
« de misère; Shakeaspeare écrivait une tragédie
« d'une main, et attendait de l'autre, à l'affût, un che-
« vreuil pour sa provision de la semaine; Fielding a

« enrichi des libraires, et a vécu dans l'indigence;
« la Harpe et l'abbé Delille ne possèdent que leur
« réputation. Je doute que vous ayez le talent de ces
« gens-là, et il est incertain que la fortune vous
« traite mieux qu'eux. Passons aux jouissances de
« l'amour-propre, et voyons ce que vous pouvez
« raisonnablement espérer. Racine a vu tomber
« presque toutes ses pièces, et il est mort de cha-
« grin. J. B. Rousseau a été banni. Destouches a
« été obligé de gâter son Glorieux pour complaire
« à *monsieur* Dufresne. Le manuscrit de la Mé-
« tromanie a été livré six mois à la poussière et
« à l'oubli sur le ciel du lit de ce même acteur,
« et *messieurs* les successeurs de *monsieur* Du-
« fresne, qui n'ont pas tous hérité de son talent,
« mais qui tiennent beaucoup aux traditions, se
« piquent ainsi que lui de morceler les pièces et
« d'humilier les auteurs. Le grand, l'inimitable
« Voltaire, a fait à la vérité sa fortune à force
« de travail et de génie; mais il fut balotté par
« des princes qui se croyaient au-dessus de lui, et
« qui croyaient le prouver en le faisant embas-
« tiller. Il fut chassé par le roi de Prusse pour
« avoir trouvé aimable la princesse Amélie, qu'un
« regard de Voltaire n'avilissait pas. Il frisson-
« nait en ouvrant toutes les feuilles périodiques
« qui parlaient de ses ouvrages, depuis celles de
« Fréron jusqu'aux rapsodies du petit Clément,
« qui me rappelle la fable du Serpent et de la
« Lime. Le bon, l'honnête, l'aimable Collin-d'Har-

« leville, le seul auteur comique dont le théâtre
« puisse aujourd'hui s'honorer, voit, sans se plain-
« dre, vieillir ses ouvrages dans les porte-feuilles
« des comédiens, qui ont l'impudeur de négliger
« l'homme qui les a nourris, les Français par pa-
« resse, les autres pour ne pas payer de part d'au-
« teur. Je vous citerais mille autres exemples, si
« j'avais la manie des citations; mais en voilà plus
« qu'il n'en faut pour vous dégoûter de la métro-
« manie. Je me résume. Si vous avez un talent
« marquant, l'envie agitera ses serpens, et vous
« les entendrez sans cesse siffler à vos oreilles. Si
« vous n'êtes que médiocre, ce sera encore pis.
« Tous les folliculaires s'élèveront contre vous.
« Incapables de rien faire de bien, ils vous con-
« testeront jusqu'au bien que vous aurez fait; et
« comme les folliculaires sont en possession de se
« faire écouter des sots, ils les soulèveront contre
« vous; et comme les sots sont les plus forts,
« personne ne prendra votre défense. Si vous êtes
« au-dessous du médiocre, on ne parlera pas de
« vous; mais aussi on ne vous lira point. N'écri-
« vez pas, mon cher ami, n'écrivez pas, à moins
« que vous n'ayez que cette ressource pour vous
« empêcher de mourir de faim. Eh! m'écriai-je,
« c'est-là précisément l'origine de ma vocation. —
« Alors vous écrirez vîte, et vous n'écrirez que
« des sottises. Vos plans seront mal conçus; votre
« style sera lâche, diffus, incorrect, et vous serez
« bientôt réduit à faire des devises pour les mar-

« chands de bonbons de la rue des Lombards, ou
« à écrire dans un coin de rue *placets*, *mémoires*
« et *lettres* pour les cuisinières du quartier. Je finis
« par un mot qui me concerne. Vos ouvrages,
« bons ou mauvais, resteront dans la boutique
« du libraire, qui aura payé vos manuscrits trop
« cher, en vous en donnant le quart de leur va-
« leur, parce que mes confrères les *contrefacteurs*,
« qui prétendent gagner *honnêtement* leur vie, en
« contrefaisant le tiers et le quart, et qui au fond
« ne sont que des voleurs dignes du fouet et des
« galères, parce que, dis-je, mes confrères les *con-*
« *trefacteurs* vous contreferont en papier gris, en
« caractères usés, vendront six sols de moins, et
« feront fort bien leurs affaires, pendant que votre
« libraire et vous, vous ferez fort mal les vôtres.
« N'écrivez pas, mon cher ami, n'écrivez pas.
« Vous en parlez fort à votre aise, lui répondis-je.
« Si j'étais imprimeur, je vivrais des sottises d'au-
« trui, et malheureusement je suis forcé d'en faire.
« Finissons. Vous avez oublié qu'il n'était pas ques-
« tion de savoir si j'écrirais ou si je n'écrirais pas.
« Mon parti est pris : quel genre adopterai-je ?
« C'est là dessus seulement que je veux vous con-
« sulter. — Ma réponse sera courte, dit M. Cail-
« leau. Avez-vous du génie, faites la comédie de
« caractère; n'avez-vous que de la verve, faites
« de ces tragédies sans conséquence, comme on
« nous en donne tous les jours; n'avez-vous que
« de l'esprit, faites de ces petites comédies à la

« mode, où des détails frais et piquans tiennent
« lieu d'intérêt et d'action ; n'avez-vous que de
« l'imagination, faites un roman ; ne savez-vous
« que limer un vers, faites un poème didactique ;
« n'avez-vous que des réminiscences, faites un
« opéra-bouffon ; n'avez-vous rien du tout, faites
« un journal. Je serais assez d'avis de m'en tenir
« au journal, répliquai-je ; ce serait peut-être le
« parti le plus sage ; mais mon destin l'emporte,
« et je ferai la comédie de caractère. Vous ne
« m'avez rien caché des désagrémens de la pro-
« fession : dites-moi du moins ce qu'elle peut
« avoir d'encourageant. Ma foi, pas grand-chose,
« répondit-il. L'estime d'une trentaine de per-
« sonnes en état de prononcer ; plus, quelques
« coups de mains de gens qui auront acheté trente
« sols le droit de vous juger, et qui à la fin de
« la pièce demanderont l'auteur, comme on de-
« mande le tambour de basque chez Nicolet. Cet
« honneur nouveau fut la juste récompense des
« mille et un succès de Voltaire. Il séduisait, en-
« traînait, déchirait, et le public transporté, vou-
« lut lui offrir son hommage : le parterre savait
« juger alors. Le parterre d'aujourd'hui, qui res-
« semble à celui-là comme vous ressemblez à Vol-
« taire, veut à toute force voir l'auteur. Il veut
« le voir, s'il l'a fait rire ; il veut le voir, s'il l'a
« fait pleurer ; il veut le voir, s'il l'a sifflé sans
« l'avoir entendu. Si par hasard il l'a sifflé avec
« connaissance de cause, il a encore la bassesse

« de le demander pour insulter à sa disgrace. Van-
« dales que vous êtes, voyez combien vous mé-
« prise l'homme de lettres qui se respecte un peu.
« Il dédaigne, du sommet de l'Hélicon, les croas-
« semens qui s'élèvent des bas-fonds du parterre;
« il rejette un honneur, tellement prodigué, qu'il
« n'est plus qu'un opprobre; il court se renfermer
« entre sa gloire et ses amis.

« Ce que vous me dites-là n'est pas très-encou-
« rageant, répondis-je à M. Cailleau. Sont-ce là
« les seuls avantages que je puisse me promettre?
« Peut-être, me dit-il, quelqu'un de nos petits
« seigneurs s'avisera-t-il de vouloir jouer le Mé-
« cène. Il parlera de vous à quelque fille entre-
« tenue, qui vous recevra avec dignité, et qui, au
« moyen d'une nuit ou deux, dont vous ne sau-
« rez que faire, vous recommandera à quelque
« galoppin des bureaux du ministre, lequel, pour
« se débarrasser tout-à-fait de ladite fille, vous
« fera nommer censeur royal, ou académicien ».
Je demandai à M. Cailleau des détails positifs sur
la considération et les honoraires attachés au titre
d'académicien. « Les honoraires sont réduits à zéro,
« me répondit-il, et la considération ne s'étend pas
« beaucoup plus loin. Autrefois on briguait le
« fauteuil; maintenant on le jette à la tête de ceux
« qui refusent de s'y asseoir. Les gens de qualité
« même n'en veulent plus; témoin cette lettre du
« maréchal de Saxe, que je ne rapporte pas pour
« donner un ridicule au vainqueur de Fontenoï:

« il est beau de cacher son ignorance sous ses lau-
« riers. Mais enfin le maréchal de Saxe, pressé
« d'entrer à l'académie, écrivait au duc de Noailles:
« *Jé répondu que je ne cavé pas seulement l'or-*
« *tografe, et que se la miré comme une bage à*
« *un chat, pour coi nan aites vous pas? Je crains*
« *les ridigules, et se lui si man paret un*, etc. Si
« cela continue, messieurs de l'académie justifie-
« ront le mot de Piron : *Ils auront de l'esprit*
« *comme quatre.* En voilà assez, dis-je à M. Cail-
« leau. Qu'est-ce que c'est précisément qu'un cen-
« seur royal? — Ce serait, me répondit-il, quel-
« que chose de moins encore, si on n'avait pas
« attaché à cet emploi des appointemens pas-
« sables; et si le tour du bâton ne valait pas le
« principal. Demandez à un certain monsieur que
« je ne nommerai pas, parce que tout le monde
« le connaît, demandez-lui ce qu'il a reçu du
« théâtre du Palais-royal, et de ceux du boule-
« vard pour ne pas rayer telle scène, dont les
« Français demandaient la radiation, parce qu'elle
« avait le sens commun? Demandez-lui quelles sont
« les qualités exigibles et exigées pour parvenir à
« cette place lucrative? Aucune, vous répondra-
« t-il, s'il est de bonne foi. Un de ses confrères
« mit au bas d'une traduction de l'alcoran, qu'il
« n'y avait rien trouvé de contraire aux mœurs,
« à la religion, ni au gouvernement de France,
« et on ne lui a pas ôté son emploi. Il vous ap-
« prendra, s'il est de bonne foi, comment (avec

« dispense de talent, ce qui ne laisse pas d'être
« agréable) on devient tout ensemble censeur
« royal et académicien, pour peu qu'on sache
« l'anglais, et qu'on ait une femme jolie et com-
« plaisante. Il vous apprendra, s'il est de bonne
« foi, l'art d'écrire de basses platitudes aux gens
« en place. Il vous apprendra... Oh! laissons
« cela, interrompis-je. Je ne suis pas plus jaloux
« de la censure que du fauteuil. Dites-moi main-
« tenant ce que peut rapporter une comédie en
« cinq actes qui réussit passablement. Plus ou
« moins, me répondit-il, selon que vous serez
« bien ou mal avec monsieur le semainier, qui
« vous mettra dans l'abondance ou à la diette,
« selon son bon plaisir, et autant qu'il ne sera
« pas arrêté, dans ses louables intentions, par des
« migraines de commande, ou par des petits sou-
« pers, ou par des suites de soupers, ou qu'il ne
« voudra pas vous faire tomber dans les règles
« pour arrondir le patrimoine de sa *compagnie*,
« ou pour faire jouer monsieur un tel, l'homme
« du foyer par excellence. Vous ne voyez pas
« les choses en beau, répliquai-je; mais le sort en
« est jeté. Je n'en démordrai pas; je ferai la co-
« médie de caractère, au risque de tout ce qui
« pourra m'en arriver ». Je pris congé de M. Cailleau, et je retournai chez moi en cherchant un
sujet et un titre. Je trouvai Juliette assise en grande
cérémonie vis à vis de monsieur le curé de Saint-
Étienne-du-Mont, qui était venu visiter des pau-

vres qui habitaient le haut de la maison, et qui profitait avec empressement de cette occasion pour faire connaissance avec ses nouveaux paroissiens.

Il était temps que je rentrasse. Juliette était tellement embarrassée, que je m'en aperçus d'abord, et je jugeai que monsieur le curé lui avait fait quelques questions indiscrètes, auxquelles elle n'avait su que répondre. Je me hâtai de parler de choses indifférentes et générales, et j'affectai, envers l'homme d'église, cette politesse froide qui veut dire précisément : J'ai trop d'usage pour vous mettre à la porte; mais faites-moi le plaisir de ne plus revenir. Je crois que le curé m'entendit parfaitement : il se leva, et sortit après quelques complimens, dont je l'aurais très-volontiers dispensé. Je demandai à Juliette s'il n'était entré dans aucun détail sur notre situation. Il avait débuté par des choses honnêtes, mais fortement senties pour un prêtre; puis il s'était informé du lieu de notre naissance. Juliette avait répondu que nous étions de Calais. «—Et c'est-là, madame, que vous vous
« êtes mariés? — Oui, monsieur le curé. — A
« quelle paroisse? — Je l'ai oublié, monsieur le
« curé.—C'est étonnant.—Et en quoi, monsieur
« le curé? — C'est qu'il n'y a qu'une paroisse à
« Calais. » J'étais sur les épines, et il a repris : —
« C'est une jolie ville que Calais? — Charmante,
« monsieur le curé. — Le sexe y est beau, sen-
« sible, sage surtout, les hommes y sont bien
« faits. — Mon mari est le plus bel homme que

« je connaisse. — Et vous l'aimez tendrement?
« — Je l'adore M. le curé. — Il n'y a pas de mal
« à cela. — Je le sais bien, monsieur le curé. —
« Son sort sera envié par tous ceux qui vous ver-
« ront. — Ils n'y gagneront rien, monsieur le curé »,
Et je fus m'asseoir où tu m'as vue, parce que la
chaise de monsieur le curé commençait à être trop
près de la mienne. « Et par quel hasard, repris-je,
« a-t-il su que nous demeurons ici ? — C'est moi,
« répondit la mère Jacquot, qui l'ai prié d'entrer.
« C'est un homme selon Dieu que notre curé,
« et ses visites ne peuvent qu'attirer les bénédic-
« tions du ciel sur un ménage. Vous avez eu
« tort, dis-je à la mère Jacquot : vous savez que
« nous ne voulons voir personne. — Mais notre
« curé... — Moins encore que tout autre. Ces gens-
« là se mêlent de tout, sont toujours importuns,
« quelquefois dangereux, et on ne s'en défait
« pas comme on le voudrait bien. Se défaire de
« notre curé, répliqua la mère Jacquot entre ses
« dents »! Je lui déclarai, d'un ton ferme, qu'elle
me ferait beaucoup de peine si elle m'en parlait
davantage. Je la priai, s'il se présentait une seconde fois, de répondre que nous étions sortis,
et surtout de ne lui rien dire de nos affaires. Elle
le promit, et je rendis compte à Juliette de ma
conversation avec M. Cailleau. « Il a raison, me
« dit-elle. N'écris pas, mon ami, n'écris pas. J'es-
« saierai, lui répondis-je. Tu verras mes scènes,
« et je les jetterai au feu si tu n'en es pas contente ».

Je commençai. Ce genre de travail déplut bientôt à Juliette. Elle ne pouvait plus me parler. J'étais toujours préoccupé, toujours écrivant des vers, ou en cherchant de nouveaux ; mécontent quand je n'en trouvais pas, plus mécontent encore quand je n'en trouvais que de mauvais. Plus d'appétit, plus de gaîté ; je n'étais amoureux que la nuit, et Juliette trouvait les journées longues. « Les Muses sont des rivales dangereuses, me dit« elle enfin. J'espère que tu tomberas : il n'y a « qu'une chute qui puisse te rendre à ta femme ». Je lui représentai la nécessité de me livrer à un travail lucratif ; je la consolais, je la caressais ; mais un maudit hémistiche me poussait dans mon cabinet, que j'avais fait dans un coin de notre chambre, avec une vieille tapisserie, derrière laquelle je me retranchais, pour éviter *les distractions.* Juliette n'y entrait que lorsque je me reposais. Elle en sortait en boudant, quand elle avait lu quelque chose qui annonçait le succès ; elle en sortait en riant, quand elle avait lu quelque chose qui annonçait la chute. Je riais quand elle faisait la mine, je faisais la mine quand elle riait : nous ne nous entendions plus. Je finis enfin ma comédie, et je la lui lus toute entière. Je voulus, à l'exemple de Molière, que la mère Jacquot entendît ma lecture. Elle s'endormit, et cela m'affecta peu : la comédie de caractère ne pouvait pas intéresser la mère Jacquot. Juliette fut très-attentive, elle sourit souvent ; elle applaudit à des scènes d'amour, et je m'y attendais : j'avais peint ce sentiment comme il était dans mon cœur. Elle me félicita sincèrement, et ce fut la plus précieuse récompense de mon travail.

J'avais la tête fatiguée, et je dis à ma tendre Juliette que je faisais divorce avec les muses jusqu'à... « Jusqu'au succès de ton premier essai, « me répondit-elle : il est bon de savoir à quoi « s'en tenir. — Je ne doute pas du succès. — Ni « moi non plus; mais enfin il faut voir. — Tu ver- « ras, petite incrédule », et j'écrivis, pour demander lecture, à monsieur le semainier du théâtre auquel je destinais ma pièce. En attendant sa réponse, nous nous remîmes à la broderie et aux gouaches. Je retrouvai avec un plaisir nouveau ma table, les genoux de Juliette et surtout les *distractions*. Ils ramenèrent l'appétit, la gaîté et l'amour. Je n'étais plus un grand homme ; mais je redevenais heureux, et Juliette ne manquait pas d'observer que l'ivresse du bonheur vaut bien les fumées du Parnasse.

Au bout de quinze jours je m'ennuyai de n'avoir pas de nouvelles de monsieur le semainier, et je crus que le parti le plus court était d'aller moi-même chercher sa réponse. J'arrivai au théâtre, et le concierge me fit monter au foyer. J'y trouvai quelques-unes de ces dames qu'entouraient une vingtaine de jeunes gens fort aimables, à ce qu'ils s'imaginaient. Ces messieurs leur disaient les plus jolies niaiseries du monde, parlaient de leur beauté avec autant d'assurance que s'ils eussent pu en juger à travers le blanc et le rouge qui leur couvraient le visage; préconisaient leur talent comme s'ils y avaient cru; et ces dames, qui se piquent d'avoir beaucoup d'esprit, étaient complètement leurs dupes. Je les priai très-honnêtement de m'indiquer monsieur le semainier. On était trop occupé pour trouver le moment de me répondre; aussi ne me répondit-on pas, et je passai plus loin. Une demoiselle, qui n'avait ni blanc ni rouge, et qui aurait paru extrêmement jolie à quelqu'un qui n'aurait pas connu Juliette, était assise sur une banquette. D'autres jeunes gens étaient groupés autour d'elle, ne parlaient pas, et avaient peut-être raison; écoutaient la demoiselle et faisaient bien, car elle parlait avec facilité et avec grace. Elle ne disait que des riens; mais ces riens, en passant par sa bouche, avaient l'air de quelque chose. J'osai l'interrompre, et lui demander où je trouverais monsieur le semainier. Elle me répondit, fort obligeamment, que le spectacle allait commencer; que le semainier était très-occupé en ce moment; mais qu'il ne tarderait pas à se rendre au foyer. J'entendis en effet le coup de sifflet qui fait monter le rideau. Toute cette jeunesse disparut à l'instant. Je restai seul avec la jolie demoiselle, et elle continua la conversation avec autant d'aisance que si nous nous fussions connus depuis six mois. Elle me demanda ce qui m'amenait au théâtre; je le lui dis. Elle

me pria de ne pas m'offenser du silence du semainier. « Nous ne sommes pas, continua-t-elle,
« dans l'usage de répondre aux auteurs que nous
« ne connaissons pas. Tant de gens se mêlent
« à présent d'écrire, que, si on leur répondait, il
« faudrait un secrétaire uniquement pour la cor-
« respondance. Quand on est fait comme vous,
« on n'écrit pas au semainier : on se montre;
« cela lève toutes les difficultés. Venez demain
« dîner avec moi, nous parlerons de votre affaire ».
Je la remerciai, j'acceptai et je pris son adresse.
Un monsieur tout court, tout rond, tout chamarré
d'or, entra de la manière la plus bruyante, s'avança les bras ouverts vers ma jolie demoiselle,
lui dit cent platitudes, plus lourdes les unes que
les autres, riait tout seul de ses balourdises, et
finit par lui demander à demi-voix si on pouvait
lui proposer un souper et cent louis. « Venez de-
« main chez moi avec cette figure-là, répondit-
« elle en me montrant, et je vous en donnerai
« deux cents. Ce jeune homme vous intéresse,
« poursuivit le gros monsieur, on lui fera avoir
« de l'emploi. A propos, on dit votre nouvelle loge
« charmante; faites-moi donc voir cela. » Et il la
prit par la main, et elle le suivit, et me laissa là.
Je sortis étonné de ce que j'avais vu et entendu.
C'étaient des usages, des mœurs, un jargon, des
gestes qu'on ne trouve que dans un foyer.

M. le curé, qui probablement avait trouvé Juliette de son goût, était encore en tête-à-tête avec elle quand je rentrai. Sa physionomie était très-animée : cela me déplut. Je ne le saluai pas, je ne répondis pas à ce qu'il me dit, il s'en alla, et fit bien, j'allais le mettre dehors par les épaules. Je grondai la mère Jacquot; elle protesta que cette fois-ci le curé s'était introduit lui-même. Juliette me dit la même chose, en ajoutant que ces visites commençaient à lui déplaire autant qu'à moi. J'en conclus que le curé s'était écarté des fonctions de son ministère, et je me promis bien d'éclater, s'il reparaissait encore.

Le lendemain je me disposai à me rendre chez ma jolie demoiselle. Je prenais mon manuscrit, et Juliette me disait adieu avec une tristesse qui ne lui était pas ordinaire. — « Qu'as-tu, ma bonne « amie? — Rien, Happy. — Pourquoi me trom- « per? — Je pense, puisque tu veux que je te le « dise, que ces dames-là sont quelquefois plus « dangereuses que les Muses pour une femme « sensible. — Tu te rends bien peu de justice ! « Quand on a aimé Juliette, on ne peut plus ai- « mer personne ». Je l'embrassai, et je partis.

Je fus reçu comme quelqu'un qu'on attendait avec impatience. On me dit qu'on avait arrangé ma lecture pour le surlendemain. Là-dessus je tirai mon manuscrit. « Il est inutile que je vous « entende, me dit-on. Un joli homme ne peut « faire que de jolies choses. D'ailleurs je serai à « la lecture générale. Asseyons-nous, et parlons « de vous ». Je m'aperçus bientôt que tout son

esprit était en mémoire et en mines, et je la trouvai moins jolie. Elle voulut jouer l'ingénuité et le sentiment, et je ne vis plus que des grimaces, une gorge qui cherchait à se produire, un œil qui voulait être tendre, et qui n'était que libertin. L'illusion se dissipa à l'instant. Ma jolie demoiselle ne fut plus qu'une femme très-ordinaire. Elle avait cessé de m'intéresser, et je parlai peu ; je l'intéressais beaucoup, et elle ne tarissait pas. Elle avait les mains très-remuantes ; elle en était à mon jabot, et ne paraissait pas disposée à s'arrêter en si beau chemin. On me tira d'embarras, en annonçant qu'on avait servi. Nous passâmes dans la salle à manger, et pour me désennuyer je goûtai de tous les plats. « Je suis
« au désespoir de vous traiter aussi mal; mais ma
« cuisinière est en couche; ma femme-de-cham-
« bre, qui me coiffe, ne peut pas se salir les
« mains ; mon cocher, qui cuisine assez bien,
« n'aime pas à se mêler de cela, et mon jokey
« n'y entend rien. J'ai fait venir de chez le res-
« taurateur, et on le voit aisément : tout est mau-
« vais, et nous sommes servis en terre d'Angle-
« terre. Je ne mange avec plaisir que dans de la
« vaisselle plate ». Dix ans après elle allait de théâtre en théâtre quêter des représentations à son bénéfice. Il faut cela pour consoler un peu les femmes honnêtes du luxe impertinent de ces demoiselles, et des petits sacrifices qu'elles font à la vertu.

Après le dîner, elle me fit passer dans son boudoir, qui était d'une élégance, d'une fraîcheur !.. cela lui coûtait si peu ! Elle renouvela l'attaque avec une chaleur qui m'effraya. Je pensai à ma comédie, je ne voulus pas la brusquer; mais je ne savais plus comment me défendre. Je me défendais cependant, et elle s'en aperçut à la fin. Elle me repoussa tout à coup, et s'éloigna elle-même, en s'écriant: « Il faut avouer qu'il y a des « hommes qui ont bien peu d'éducation, des « hommes bien stupides, bien maussades, bien... » L'apostrophe me piqua, et je lui dis en prenant mon chapeau: « J'ai une femme infiniment plus « jolie que vous, infiniment plus sensible que « vous, infiniment plus honnête que vous, et je « ne veux pas de vous ».

Je me repentis, quand je fus dans la rue, de m'être exprimé aussi crument. On pouvait se venger de mes rigueurs sur ma comédie. Mais ce qui était dit était dit; il n'y avait plus de remède.

Je racontai cette scène à Juliette. Elle commença par en rire, et, après un moment de réflexion, elle m'embrassa avec une tendresse inexprimable. Oh! je lui rendis ses caresses !... C'est auprès d'elle que je retrouvai mon cœur.

Je fus au théâtre à l'heure indiquée pour ma lecture. Une partie de mes juges était assemblée. On voulut bien répondre à ma profonde révérence par une légère inclination de tête. On continua à parler de choses indifférentes et, on ne me fit pas *l'honneur* de m'adresser la parole. J'attendis une grande demi-heure, et je demandai, d'une voix timide, si on n'aurait pas la bonté de m'entendre. Un de ces *messieurs* me répondit, en se tournant à moitié, qu'on attendait quelqu'un, et je me tus. Après une autre demi-heure parut un autre *monsieur*, qui venait de déjeûner au bois de Boulogne. Il demanda pardon à ses camarades de les avoir fait attendre, me regarda d'un air de protection, et *messieurs* ses camarades et lui s'assirent autour d'un tapis vert. *Monsieur* le semainier m'invita de la main à m'approcher. Je cherchai des yeux la demoiselle de la veille. Elle avait fait dire qu'elle ne viendrait pas à la lecture. Je sentis que j'avais perdu ses bonnes graces, je m'en moquai, et je lus. On m'écouta avec un imperturbable sang-froid; et quand j'eus fini, on me pria de passer dans la pièce voisine, où *monsieur* le garçon de théâtre en chef eut *l'honnêteté* de causer familièrement avec moi, pendant qu'on prononçait sur mon sort. Je rentrai enfin, et *monsieur* le semainier me lut les bulletins avec la gravité et l'importance d'un premier président, qui prononce un arrêt. Il m'annonça pour résultat que j'étais reçu à *corrections*. *Monsieur* l'amoureux, qui n'aimait que les rôles légers, voulait que je retranchasse du sien tout ce qui était raisonnement. *Mademoiselle* l'amoureuse n'était bien que dans les détails, et son rôle était tout sentiment. *Monsieur* le comique ne se souciait pas des valets honnêtes gens, et le mien était d'une probité fatigante, etc., etc. Chacun demandait des changemens différens ; et pour contenter tout le monde, il aurait fallu refaire ma pièce. Je défendis mon ouvrage, je motivai ma défense, et *monsieur* le semainier m'observa que les jugemens du comité étaient sans appel. Il m'avertit même qu'en me soumettant aux *corrections prescrites*, je ne pouvais pas espérer d'être joué avant deux ou trois ans. Je me fâchai alors, bien que je ne fusse qu'un auteur ; je remis mon manuscrit dans ma poche, et je quittai le *comité* comme il m'avait reçu, d'un air qui frisait l'impertinence. Je ne faisais au moins qu'user de représailles. *Pauvres talens*, *comme on vous humilie !* Et *messieurs* les comédiens se plaignent quand on les siffle ; et *mesdemoiselles* les comédiennes se plaignent quand *messieurs* les journalistes ne les flagornent pas ! Oh ! les drôles de gens que ces gens-là !

J'allai conter ma mésaventure à M. Cailleau. « Je vous l'avais prédit, me répondit-il. Vous ne
« m'avez pas cru, vous en portez la peine. Voyons
« cependant s'il n'y a pas quelques moyens de
« vous produire dans le monde littéraire. » Et il me conduisit chez Monvel.

Monvel venait d'entrer au théâtre du Palais-royal ; et le public, qui n'était pas encore très-bête, savait apprécier Monvel. Il nous reçut parfaitement, et cela ne m'étonna point. Homme de lettres distingué, il n'avait besoin d'humilier personne pour se faire valoir. Il parcourut mon manuscrit, et me dit : « Il y a peut-être quelques « petites choses à retoucher ; mais vous avez du « génie, et en travaillant vous irez loin. Repas- « sez demain, et j'espère vous annoncer quelque « chose de satisfaisant. » Je ne manquai pas au rendez-vous. Monvel m'apprit que ma pièce était reçue, qu'on copiait les rôles, qu'on allait me mettre en répétition, et il me présenta, au nom des entrepreneurs, un mandat de cinquante louis sur le caissier du théâtre. C'était bien peu si je réussissais ; c'était beaucoup si je ne réussissais pas. Je signai l'abandon absolu de mon ouvrage, et je pris le mandat. Je priai Monvel de régler ma distribution, de diriger les répétitions. Il me le promit de la meilleure grace du monde, et fit plus encore qu'il ne m'avait promis.

Déja ma pièce était sur l'affiche ; déja je palpitais d'aise en lisant l'affiche ; je courais de rue en rue, pour le seul plaisir de lire l'affiche ; si quelqu'un s'arrêtait à côté de moi, il me semblait qu'il voyait sur mon front que j'étais l'auteur de la pièce nouvelle, et je courais à un autre coin de rue lire encore une autre affiche.

La veille du grand jour, j'extravaguai tout-à-fait. Juliette, toujours maîtresse d'elle-même, n'éprouvait que de l'inquiétude. Cette nuit-là nous ne dormîmes point. Nous répétions les morceaux qui devaient exciter l'enthousiasme ; nous glissions sur ceux dont nous étions moins sûrs ; et nous nous flattions qu'ils passeraient à la faveur du talent des acteurs. Le jour parut enfin. Nous nous levâmes, parlant comédie; nous déjeûnâmes, parlant comédie; et toute la journée nous ne rêvâmes que comédie. Dès deux heures nous nous habillâmes aussi bien que le permettaient nos moyens: il nous semblait hâter le temps en courant au-devant de lui. Nous arrivâmes au théâtre du Palais-royal. Les portes n'étaient pas encore ouvertes, et nous entrâmes dans un café voisin. Les amateurs, les cabaleurs y étaient réunis. Les uns approuvaient l'émulation des acteurs de ce théâtre; les autres les blâmaient d'oser jouer des pièces en cinq actes (c'était la première). J'entendais tout cela, et j'étais sur les épines. Juliette prit mon bras, et me fit faire quelques tours de Palais-royal. Deux fois je la ramenai à la porte du théâtre; deux fois nous la trouvâmes fermée. Cette malheureuse porte ne s'ouvrait pas; les horloges ne marchaient pas; mon sang bouillonnait. On ouvrit enfin, et nous nous cachâmes aux quatrièmes loges. Tous ceux qui se plaçaient autour de nous ne parlaient que de la pièce nouvelle. « Une « pièce en cinq actes ici ! disait l'un. C'est trop « plaisant, répondait l'autre. Cela sera détes- « table, ajoutait un troisième ». Je sentais des mouvemens de colère; je me levais pour imposer silence à ces messieurs: Juliette me regardait, me souriait, et je me calmais.

Je comptais les minutes. On alluma le lustre;

une heure après, on monta la rampe; une demi-heure après, les musiciens nous déchirèrent les oreilles en s'accordant; enfin on leva le rideau. Le cœur me battit... Il repoussait jusqu'à la main de Juliette. La pièce commença. Au plus léger murmure ma tête se perdait; le plus faible applaudissement me ramenait à l'espérance. Quelle situation! et on peut faire des vers, et on peut se faire jouer! Le premier acte finit. On se moucha beaucoup au commencement du second. Une scène bien tendre, bien délicate, bien filée, fut unanimement applaudie. La figure de Juliette s'épanouit, et mon cœur se dilata. La scène suivante était faible. Quelques mots de mauvais goût furent suivis de *ah! ah!* Juliette pâlit, et je tremblai. Le second acte passa encore. Au milieu du troisième, quelques coups de sifflet honteux partirent de différens côtés du parterre. L'orage se formait, il grossissait, tout annonçait une explosion terrible. Un habitué du théâtre eut la maladresse de crier à bas la cabale. Aussitôt on siffla de tous les coins de la salle, on siffla jusque dans mes oreilles. J'étais furieux; je tempêtais, je jurais, je voulais tomber sur les siffleurs. « Phèdre est tom-
« bée, me dit Juliette, et tu ne sais pas prendre ton
« parti! » Je trouvai quelque consolation à partager les disgraces d'un grand homme, et j'appelai à la postérité du jugement de mes contemporains. Cependant les sifflets allaient leur train, les acteurs ne s'entendaient plus. Monvel voulut bien

dire au public que l'ouvrage était d'un jeune homme, qui n'avait besoin que d'être encouragé. On applaudit Monvel, et on continua de siffler le jeune homme. Michot, qui ne gâte pas le public, lui fit la grimace; et le public, idolâtre de Michot, applaudit sa grimace, et se remit à siffler impitoyablement. Les *paix-là*, les *à bas le rideau*, achevèrent de m'étourdir. Le rideau tomba enfin, et ce fut le coup de la mort. Je ne vis, je n'entendis plus rien que ma bonne, ma sensible Juliette, qui m'entraînait en me disant : « Si tu avais
« réussi, je ne t'aimerais pas davantage. Tu es
« tombé, et tu sais bien que je ne t'aimerai pas
« moins. Viens, mon ami, viens. Le vrai bonheur
« est chez toi; c'est là que tu vas le retrouver. »
L'air me saisit, et je me trouvai mal. Elle me fit porter chez la personne à qui Abell adressait nos lettres, et qui demeurait à l'entrée de la rue de Richelieu. On nous remit un paquet, qui était arrivé depuis trois jours. Il renfermait des lettres de change pour cinquante mille livres, et l'assurance d'une pareille somme dans le courant du mois. « Tu n'auras plus besoin d'écrire, me dit
« Juliette en pleurant de joie. Tu ne craindras
« plus la misère, lui répondis-je, en la serrant
« dans mes bras. » Nous fîmes venir un fiacre et nous retournâmes chez nous. Je jetai au feu mes brouillons, ce qui me restait de papier, et jusqu'à mes plumes. J'arrachai la vieille tapisserie, et je la jetai par la fenêtre. Je soupai, assez gaîment

pour un auteur tombé. Juliette m'avait fait oublier mon rendez-vous au bois de Boulogne ; elle me fit oublier ma chute : j'oubliais tout auprès d'elle, hors Juliette et mon amour.

CHAPITRE XIV.

Je l'ai perdue.

Parfaitement guéri de la manie d'écrire, bien décidé à me livrer à des occupations moins périlleuses, et peut-être plus utiles, je réglai avec Juliette l'emploi des fonds que j'allais toucher, et de ceux que nous attendions. Nous devions acheter une maison et une cinquantaine d'arpens, à dix ou douze lieues de Paris. Nous ne craindrions là ni la police, ni le couvent, ni le parterre, ni les journalistes. A la fin de l'année nous nous confierions au curé du lieu, s'il était vieux, et surtout raisonnable. Nous nous soumettrions à ce qu'il nous prescrirait pour assurer la fortune de Juliette à l'enfant chéri qu'elle allait me donner, et à ceux qui très-probablement suivraient celui-ci. La maison devait être petite, mais d'une extrême propreté. Une cuisine, une salle à manger, et un salon d'été par bas, trois ou quatre chambres en haut, voilà tout ce que nous voulions, voilà tout ce qu'il nous fallait. Des papiers agréables et frais ; des meubles simples, mais d'une forme élégante ; la gaîté, la paix et le bonheur, devaient en décorer jusqu'au moindre réduit. Dans la partie la plus reculée du haut, serait une chambre où personne au monde n'entrerait que Juliette et moi. Des jalousies et des doubles rideaux; un enfoncement, fermé par une draperie qui cacherait un lit de repos; au plafond, des amours, à qui la Constance couperait les ailes; entre les deux croisées, des gradins chargés des fleurs les plus odoriférantes de chaque saison; sur un guéridon, l'Art d'Aimer de Bernard, les Saisons de Saint-Lambert, la Nouvelle Héloïse, les Lettres sur la Mythologie, tel devait être l'ameublement du temple du mystère. C'est moi qui arrangeais tout cela, et Juliette m'écoutait avec un intérêt!... Elle me souriait avec une complaisance!... Non, jamais on n'aima comme Juliette; jamais on ne fut aimé comme elle.

Le jardin devait réunir l'utile à l'agréable, sans arrangement symétrique. Des allées sinueuses, bordées indifféremment de lilas, de pommiers, de chèvrefeuilles, d'acacias roses, de pruniers, de pampres, de peupliers, devaient conduire d'un plant de légumes à un parterre. Du parterre, on arriverait à une salle verte, formée par les branches entrelacées de quelques tilleuls, sous lesquels on trouverait des bancs de gazon. Plus loin des légumes encore. Après les légumes, un boulingrin fermé par une haie de rosiers. Au bout du boulingrin, la balançoire et le jeu de boules; puis une prairie, où l'œil s'arrêterait sur un ruisseau qui tourne, retourne, et s'éloigne à regret du gazon que Juliette a foulé. C'est là qu'une vache et une chèvre paissent tranquillement le lait qui se convertit en fromage sous les doigts délicats de mon amie. C'est là que la mère Jacquot portera notre enfant, qu'il se roulera, que ses petits membres s'étendront; c'est là que nous sourirons au premier pas de l'enfance. D'aimables voisins partageront nos loisirs; d'honnêtes gens dans la médiocrité partageront notre aisance; l'infortuné respirera chez nous l'oubli de ses malheurs.

Quand nous eûmes fini notre petit roman, je sortis pour aller présenter mes lettres-de-change à l'acceptation. J'étais tellement occupé de nos futures possessions, que j'avais oublié nos effets dans le secrétaire, et je ne m'en aperçus que lorsque je fus arrivé à la porte du banquier. Je retournai; et le curé, qui vraisemblablement épiait mes momens d'absence, était déja chez nous. « Monsieur le curé, lui dis-je, d'un ton
« très-ferme, nous n'avons besoin ni d'aumônes,
« ni de consolations, ni de conseils. Vos fré-
« quentes visites sont au moins indiscrètes. J'es-
« père que celle-ci sera la dernière, et que vous
« ne me forcerez pas à vous parler un langage
« qui répugnerait à ma délicatesse, autant que
« vous souffririez à l'entendre. » Il sortit sans me répondre un mot, et il me lança un regard furieux. « Je ne doute pas, dis-je à Juliette, que

« cet homme ne soit venu souvent ici pendant
« que je suivais mes répétitions. Trop souvent,
« me répondit-elle. Je connais votre vivacité, je
« sais combien ces gens-là sont à craindre, et je
« me suis tue. —Et de quoi vous parlait-il?—
« De moi.—Il vous aime!—Je le crains.—Le
« scélérat! il paiera cher son audace. —Modérez-
« vous.—Que je me modère!—Il le faut.—Je
« ne le puis.—Nous avons des ménagemens à
« garder.—Avec le vice!—Avec l'homme vicieux.
« —Il n'est que méprisable.—Le clergé est puis-
« sant. — Je retourne chez notre banquier. Je
« paierai l'escompte qu'il voudra, pour toucher
« sur-le-champ le montant de tes effets. Nous
« sortirons de Paris demain, ce soir, à l'instant
« même. Nous nous enterrerons dans un désert,
« et nous éviterons les hommes. Ils te voient
« tous avec mes yeux. Ta beauté les séduit, ta
« douceur les attire, ta vertu les irrite. Fuis, fuis
« avec moi, ou je ne réponds pas des excès où
« je pourrais me porter. —Ordonne, me répon-
« dit-elle avec ce ton pénétrant qui ne la quit-
« tait jamais. Juliette est toute à toi : elle se plaira
« partout où tu seras avec elle. »

L'honnête banquier, à qui je laissai entrevoir
des besoins, m'escompta ma somme à un demi
pour cent. Je fis porter notre argent chez le
correspondant dont Abell m'avait garanti la probité. Ce fut une inspiration.

Je revenais. J'étais au haut de la rue de la

Harpe, lorsque j'aperçus le curé et la mère Jacquot qui causaient avec beaucoup d'action. Ils étaient à demi cachés par les voitures de louage qui couvrent en partie la place Saint-Michel. Je me glissai moi-même entre ces voitures, pour entendre une conversation à laquelle était peut-être attaché le sort de ma vie entière. Je ne pus approcher sans être découvert. Un cocher voulait me conduire au Bourg-la-Reine, un autre à Villejuif. Le curé tourna la tête, me reconnut, et s'éloigna. J'interrogeai la mère Jacquot. Elle était allée au marché, et le curé l'avait suivie. Il lui avait fait cent questions différentes. A la vérité elle n'avait pas osé précisément mentir; mais elle croyait aussi n'avoir pas répondu un mot qui pût nous compromettre. D'ailleurs je devais être tranquille : le curé était un excellent homme, qui ne voulait que notre bien, car il l'avait dit. Je conclus de cet exposé, que la mère Jacquot avait parlé sans s'en douter, que le curé savait tout, et que je n'avais pas de temps à perdre. Je courus aux diligences. Je lus : *Bureau pour les villes de Lyon,* etc. et j'arrêtai deux places à la voiture qui partait pour Lyon le surlendemain. Je résolus de laisser la mère Jacquot à Paris, pour n'être plus exposé aux effets de son indiscrétion, et je retournai près de Juliette, bien décidé à ne pas la quitter d'un moment.

Dans le courant de l'après-midi je reçus une lettre, dont l'écriture m'était inconnue, et qui me parut même contrefaite. Elle était signée d'un autre banquier, qui demeurait, disait-il, à la Chaussée-d'Antin. Il était en correspondance avec M. Abell. Il avait su par lui que la fille de milord Tillmouth était mariée à Paris ; il s'était empressé de demander son adresse à Londres pour lui remettre deux cent mille livres, que Milord n'avait pas touchées encore lors de sa catastrophe, et qui par conséquent n'avaient pu être saisies par le Gouvernement. On ajoutait que, de peur de se compromettre, on ne remettrait cette somme qu'à Juliette ou à moi en personne ; qu'il suffirait pour nous faire connaître de présenter une des lettres de M. Abell, et qu'on nous attendait l'un ou l'autre le lendemain à dix heures du matin. Nous trouvâmes extraordinaire, et même invraisemblable, qu'Abell eût commencé par faire mention de nous dans des lettres d'affaires ; qu'il eût ensuite donné notre adresse aussi légèrement. Il nous parut étonnant que sa dernière lettre ne dît rien d'un objet aussi intéressant. Nous pensâmes que si cette somme était effectivement demeurée entre les mains du banquier, la lettre-de-change avait dû être trouvée dans les papiers de Milord à la levée des scellés. Nous ne concevions pas que ce banquier ne parlât point de cet effet, qui pouvait seul lui servir de décharge. D'ailleurs, il ne paraissait pas probable qu'un homme qui agissait contre les intérêts du Gouvernement entrât dans ces détails dans une première lettre, qui pouvait, à la rigueur, tomber dans des mains étrangères. Il eût été plus naturel et plus simple de se borner à m'inviter de me rendre chez lui, pour y prendre communication d'un objet important. Nous soupçonnâmes qu'on nous tendait un piège, et nous résolûmes de ne sortir de chez nous que pour monter dans la diligence.

Dans le courant de la journée nous fîmes de nouvelles réflexions. Il n'était pas impossible que l'homme chargé d'aller recevoir les fonds de Milord, fût, au moment de sa mort, porteur de cette lettre-de-change, et que ne sachant à qui la remettre à Paris, ni à qui la renvoyer à Londres, il l'eût déposée chez le banquier lui-même, que des correspondances étendues mettaient à portée de prendre les informations nécessaires. Il n'était pas impossible que ce banquier, en m'écrivant, eût oublié de parler de cette lettre-de-change. La somme était trop considérable pour être sacrifiée à un premier mouvement de défiance, qui pouvait n'être pas fondé. Enfin, nous arrêtâmes que nous prendrions au moins quelques éclaircissemens préliminaires. J'envoyai acheter un Almanach royal, et j'y trouvai en effet le nom et l'adresse portés sur la lettre que j'avais reçue. Cela me rassura un peu. Cependant comme on pouvait avoir pris dans ce même almanach cette adresse et ce nom, j'écrivis sur-le-champ au banquier, pour m'assurer que la lettre fût de lui, et lui annoncer qu'alors je me rendrais le lendemain à son invitation. Juliette m'observa que le banquier avait des craintes, et que, ne connaissant pas mon écriture, peut-être il ne répondrait pas. Elle ajouta que, pour le convaincre, il serait bien de mettre une des lettres d'Abell dans la mienne. Je suivis ce conseil, j'envoyai chercher un commissionnaire, et je lui recommandai de ne remettre mon paquet qu'au banquier lui-même. Je ne voulus pas me servir de la mère Jacquot. Je connaissais son bon cœur; mais on pouvait la suivre encore, la faire parler, et j'avais tout à craindre de sa simplicité et des desseins de son curé.

Une heure et demie après, le commissionnaire revint, et me rapporta mon paquet. Le banquier était sorti, et on lui avait dit que le cabinet fermait tous les jours à quatre heures. Le lendemain à huit heures du matin je reçus une seconde lettre, dans laquelle on m'engageait à ne pas manquer l'heure indiquée, parce qu'on avait reçu la veille la nouvelle d'une faillite considérable à Bordeaux, qu'on montait en chaise à midi, et qu'on ne reviendrait à Paris qu'après l'arrangement de cette affaire, qui pouvait traîner en longueur. Pendant que je lisais, une bonne femme, qui demeurait dans notre ancienne maison de la rue Saint-Victor, vint prier la mère Jacquot à déjeûner avec elle. Je la pressai moi-même d'accepter : j'étais sûr qu'elle y passerait la

16.

matinée, et que le curé ne profiterait pas de mon absence pour tirer d'elle de nouveaux éclaircissemens, dans le cas où il lui serait resté quelque chose à apprendre. Je priai Juliette de fermer la porte à double tour, et de n'ouvrir à personne avant mon retour.

Je courus à la Chaussée-d'Antin. Je me présentai chez le banquier, je lui fis part de l'objet qui m'amenait chez lui; je me nommai, je lui mis sous les yeux toutes les lettres d'Abell : il m'écoutait d'un air étonné. Il me répondit que jamais il n'avait eu de fonds à Milord, qu'il ne connaissait pas M. Abell, et qu'il ne m'avait point écrit.

Je sortis précipitamment, je me jetai dans un fiacre; je donnai six francs au cocher, et je le conjurai d'aller à toutes jambes. En moins d'un quart-d'heure je fus rendu chez moi. Tout était parfaitement tranquille dans le quartier. Je demandai à un boulanger, qui demeurait au rez-de-chaussée, s'il n'y avait rien de nouveau. « Pas la moindre « chose, me dit-il, et je montai ». J'entendis la voix de Juliette : je m'arrêtai, je prêtai l'oreille. « Il est affreux, disait-elle, qu'un homme de « votre ministère abuse de son crédit pour per- « sécuter des malheureux qui ne l'ont point of- « fensé. Finissons, reprit le lâche curé. Je ne « suis pas venu ici pour discuter. Je vous ai dé- « claré mes vues, prêtez-vous-y. Je suis maître « de votre secret, et je vous punirais d'oser me

« résister ». Ma fureur n'eut plus de bornes; je cherchai la clef, elle était en dedans. D'un violent coup de pied j'enfonçai la porte; je saisis une bûche, je tombai sur le traître, et je le conduisis à grands coups jusqu'au bas de l'escalier. Je remontai, je mis la tête à la fenêtre, et je vis ce malheureux marchant difficilement, mais d'un air parfaitement calme. Son regard composé se portait partout. Il avait ces manières affectueuses et douces, que ces gens-là affectent avec tant de vérité, et qui ont fait tant de victimes! « Sor-
« tons d'ici à l'instant, dis-je à Juliette, sortons.
« Peut-être dans une heure il ne sera plus temps...
« C'est moi qui t'ai perdue, Sans mon coupable
« amour, tu te serais rendue aux vœux de ton
« père; il ne serait pas entré dans ce fatal café.
« Il vivrait riche, considéré, heureux; tu parta-
« gerais sa félicité; tu ferais celle de l'homme es-
« timable dont j'ai peut-être empoisonné la vie.
« Tu ne serais pas en butte aux persécutions d'un
« infame; tu ne serais pas réduite à chercher un
« asyle, que tu ne trouveras peut-être pas. Je suis
« un malheureux... J'ai manqué à ton père: le ciel
« est juste, il me punit. — Et toi aussi tu me tour-
« mentes! Que deviendrai-je, si tu te joins à nos
« persécuteurs »? Et cent baisers, mille baisers me fermèrent la bouche, et me rafraîchirent le sang. Je l'avais affligée; je demandai pardon. Mes larmes coulèrent; elle ne pensait qu'à les essuyer.
« Sortons, répétai-je, sortons. Sortons, répon-

« dit Juliette ». Je pris un papier. Nous signâmes une donation de nos effets à notre gouvernante, en reconnaissance des services qu'elle nous avait rendus. Nous prîmes un peu de linge, et nous descendîmes. Je remis la clef de la porte au boulanger; je le priai de la rendre à la mère Jacquot, et de lui dire qu'elle trouverait sur la table un papier qui la concernait.

Nous marchâmes par des rues détournées jusqu'au bord de l'eau. Nous là passâmes vis à vis le jardin du roi, nous traversâmes l'arsenal, nous prîmes le boulevard, et nous allâmes sans nous arrêter jusqu'à la porte Saint-Martin. Juliette était fatiguée. Nous entrâmes dans un café; nous nous mîmes à une table écartée, et nous parlâmes à voix basse du péril nouveau auquel nous étions exposés. Je lui reprochai doucement d'avoir ouvert sa porte. Elle avait balancé; mais le curé avait, disait-il, un avis important à lui donner. Il venait lui prouver que son affection était pure et vraie, et elle l'avait reçu. L'innocence a tant de peine à soupçonner le crime! Juliette voulait que nous allassions passer dix ou douze heures, qui devaient s'écouler encore avant notre départ pour Lyon, chez le correspondant d'Abell. Je lui observai qu'il ne savait absolument rien de nos affaires, que nous ne pourrions pas nous dispenser de lui tout avouer, et nous venions d'éprouver le danger des confidences. « Ne nous en fions qu'à nous de notre sû-
« reté, ajoutai-je; cherchons une chambre garnie;

« arrêtons-là, et restons-y jusqu'au moment où
« nous monterons en voiture. Notre correspon-
« dant nous fera tenir nos fonds à Lyon, à l'a-
« dresse que nous lui indiquerons. Si nous jugeons
« nécessaire de quitter enfin la France, nous nous
« retirerons en Hollande ou en Suisse, et nous y
« exécuterons le projet d'établissement que nous
« avions formé pour les environs de Paris. Oui,
« me disait Juliette, nous passerons en Suisse.
« Nous achèterons un petit bien près du lac de
« Genève, vers Lausanne ou Vevai. Nous verrons
« les rochers de Meillerie : cela doit être doux à
« voir ».

Nous sortîmes du café. À l'entrée du faubourg Saint-Honoré, je vis un écriteau. Nous demandâmes le propriétaire de la maison. Je lui dis que nous arrivions de Calais par la voiture publique, que nous allions nous fixer à Versailles; mais que nous voulions avoir un pied-à-terre à Paris, où nos affaires et la curiosité nous amèneraient quelquefois. Il nous fit voir ses chambres. Nous eûmes l'air de les examiner. Nous en trouvâmes une charmante, et nous payâmes la quinzaine. Notre hôte nous demanda notre nom, pour l'inscrire sur son livre; je lui donnai le premier qui me passa par la tête. Il me demanda où nous avions laissé notre sac de nuit; je répondis qu'il était chez un ami qui nous donnait à souper ce même soir; que je le rapporterais avec moi, et que le lendemain j'irais retirer mes malles. Il nous crut, nous salua, et sortit.

Mon premier soin, quand nous fûmes seuls, fut de déchirer les lettres d'Abell. Elles désignaient le lieu où j'avais déposé notre petite fortune. Si par un malheur, que cependant je ne prévoyais pas, nous étions arrêtés, on ne manquerait pas de nous dépouiller de cette dernière ressource : il était bon de penser à tout.

J'envoyai chercher quelque chose chez le traiteur. Nous dînâmes très-tranquillement. Dans six heures nous devions quitter Paris; nous étions dans une sécurité parfaite.

Sept heures sonnèrent. « Bientôt, dis-je à Ju-
« liette, la nuit sera close, et nous sortirons. C'est
« une voiture désagréable qu'une diligence. On y
« entend souvent ce qu'on ne voudrait pas écou-
« ter; on ne peut pas s'y dire ce qu'on aurait tant
« de plaisir à entendre. Ajoutons à cela le désa-
« grément de quatre jours de route, sans un
« moment de tête-à-tête... Oh! c'est bien long!
« c'est bien dur!... Ce temple du mystère, que je
« dois arranger un jour, n'est-il pas partout où
« nous sommes? Est-il un coin de l'univers où le
« Dieu que nous servons ne sourie à notre hom-
« mage ? Est-il un coin de l'univers où on ne
« puisse trouver le bonheur ? » Nous le trouvâmes dans cette chambre, où nous ne faisions que passer. Hélas! c'était la dernière fois : nous étions loin de le prévoir.

Nous arrivâmes aux diligences. Déjà les voyageurs qui devaient partir avec nous étaient rassemblés; déja chacun présentait le reçu de sa place; déja les chevaux étaient dans la cour : on allait les mettre à la voiture. Un jeune commis passa près de moi, et me donna un coup de coude, en me jetant un coup-d'œil expressif. Je le suivis dans le magasin. « N'est-ce pas vous, « me dit-il, qui vous nommez Happy? — C'est « moi-même. — Sauvez-vous; vous allez être « arrêté. Un inspecteur de police, accompagné « d'un prêtre, est venu cet après-midi demander « communication des feuilles d'enregistrement : « il s'est arrêté à votre nom avec un rire malin « qui ne m'est point échappé. » Je rentrai dans le bureau; je tirai Juliette par sa robe. « Vite, « lui dis-je à l'oreille, vîte, éloignons-nous. » A l'instant le curé, suivi d'une vingtaine de misérables, aussi vils que lui, entra et s'écria en montrant Juliette : « La voilà celle qui veut se sou- « straire aux ordres respectables du Gouver- « nement. Le voilà celui qui l'a plongée dans le « libertinage, et qui maltraite les ecclésiastiques « qui veulent la remettre dans la bonne voie. » Je le pris à la gorge; je l'étouffais : on se jeta sur moi, et on me saisit. J'étais extrêmement vigoureux. Je renversai deux ou trois de ces drôles, et je gagnai la cour : on mettait Juliette dans un fiacre. Je précipitai le cocher de dessus son siége, et je sautai à la portière. Je tenais la main de Juliette, ses cris multipliaient mes forces, et, malgré la supériorité du nombre, je croyais la sauver une seconde fois. On me prit par les cheveux, et on me renversa sur le pavé. Deux hommes serraient chacun de mes membres, et pouvaient à peine me contenir. Le fiacre, qui recélait tout ce qui me faisait aimer la vie, tout ce qui m'y avait jusqu'alors attaché, ce fiacre s'éloigna. Je tombai dans un accès de fureur, qui m'ôta enfin la connaissance, et je me trouvai, en revenant à moi, à la merci de mes oppresseurs. J'étais dans un corps-de-garde, observé de très-près, parce qu'on avait ouvert la croisée pour me donner de l'air.

Je fis aussitôt une réflexion qui me décida à paraître résigné. Juliette n'a plus d'espoir qu'en moi, me dis-je à moi-même. On ne peut l'avoir conduite qu'aux Dames anglaises, et je la délivrerai. Mais il faut me posséder, et ne pas prolonger ma détention par des violences inutiles. J'affectai une modération bien éloignée de mon caractère ; je parlai à mes gardes avec une douceur qui ne diminua rien de leur vigilance, mais qui les détermina à quelques égards. Je cherchai dans ma poche une tabatière que je n'avais jamais eue. Je me plaignis de l'avoir perdue, et je priai un soldat de m'aller chercher du tabac et une autre boîte.

L'inspecteur n'avait pas d'ordres contre moi. Il ne voulait pas me remettre en liberté ; il craignait de se compromettre en m'envoyant en prison, et il était allé prendre des instructions dans les bureaux de la police, lorsque le soldat revint avec une tabatière et du tabac. J'étais en face de la croisée, assis entre deux hommes du guet, qui observaient jusqu'à mes moindres mouvemens. Je prenais quelques prises, en déroulant le cornet. Tout en causant, j'avais l'air de vider le tabac dans la tabatière, et je le versais dans mes mains. Tout-à-coup je me levai, et j'aveuglai à la fois mes deux gardes. Ils crièrent, trépignèrent; on accourut du fond du corps-de-garde : j'étais déja sauté par la fenêtre. Le factionnaire voulut m'arrêter. Je lui arrachai son fusil, je le jetai à terre d'un coup de crosse, je jetai le fusil après lui, et en deux sauts, je fus à la place Victoire. Je courus toute la rue Neuve-des-Petits-Champs; je m'arrêtai près la barrière des Sergens, et je suivis la rue Saint-Honoré au petit pas. J'arrivai à la chambre garnie que j'avais arrêtée, et je m'y renfermai. C'est là que je pensai à mon malheur; c'est là que je le sentis dans toute son étendue. Je regardai autour de moi... j'étais seul. Ce lit, où quelques heures auparavant... j'étendais les bras, l'œil fixe, la poitrine gonflée; j'appelais Juliette; elle ne répondait plus au cri de ma douleur. Je la voyais au milieu d'une troupe de femmes, prévenues par la calomnie, qui allaient haïr, condamner, persécuter la vertu. J'entendais crier les verroux, les gonds rouillés des portes, je les entendais se fermer sur Juliette; j'entendais ses sanglots; je la voyais invoquer le ciel, la nature, son amant. Des murs glacés, des cœurs de bronze repoussaient ses accens : les portes ne devaient plus s'ouvrir. C'est là qu'on allait la punir d'avoir aimé; c'est là qu'elle cesserait d'être mère avant d'avoir embrassé son enfant; c'est là qu'un prêtre sacrilége mentirait à la probité, à lui-même, à son Dieu; qu'il emploierait la ruse, la séduction, peut-être la violence... « O mon « Dieu ! comme on te blasphême, comme on « t'avilit ! Et tu peux le permettre ! Ah ! tu « n'existes pas, ou tu n'es que le Dieu du crime. » Je ne pus rester plus long-temps en proie aux idées qui me torturaient. Je ressortis, armé d'un bâton, et je marchai droit au couvent des Anglaises. Je voulais sauter les murailles du jardin, chercher, appeler, trouver Juliette, la saisir, l'entraîner, l'arracher à sa prison. Je dévouais à la vengeance et à la mort quiconque s'opposerait à moi. Je marchais à grands pas ; j'approchais du couvent; mes dents se serraient, mes bras se raidissaient ; mes veines, tendues comme des cordes, étaient prêtes à se rompre; j'étais furieux de haine, d'amour, de désespoir. Le mur avait à-peu-près douze pieds de haut. Je le franchis à l'aide de mon bâton, et je sautai dans le clos. Un chien terrible s'élança sur moi. J'enfonçai mon bras dans son corps, et je lui arrachai les entrailles. Je parcourus le jardin ; je fis le tour de la maison; je ne vis, je n'entendis rien. Je m'assis sur un banc de pierre pour reprendre mes sens, et penser à ce que j'allais faire. Je n'étais pas certain que Juliette fût dans ce couvent. Si elle y était, j'ignorais l'endroit où on l'avait renfermée. Si je pénétrais jusqu'à elle, pourrait-elle me suivre, et passer par-dessus des murailles élevées, dans l'état où elle était ? Sa grossesse était très-avancée : j'allais tuer mon enfant, et peut-être sa mère. Je frémis, et je me levai. Je marchai tristement vers l'endroit par où j'étais entré. Je montai le long des espaliers, je me laissai aller suspendu par un bras, et je me retrouvai dans la rue. Deux hommes qui passaient, et qui me virent, crièrent à la garde. Je leur ordonnai de se taire d'un ton...! ils se turent. Ils paraissaient vouloir me suivre, je leur ordonnai de prendre une rue qui était à main droite. Ils balançaient; je levai mon bâton, et ils obéirent. Je retournai au faubourg Saint-Honoré, sans rencontrer personne, que quelques misérables patrouilles du guet. Il était quatre heures du matin. Je rentrai dans ma chambre, je me jetai sur le carreau, et j'attendis le jour.

CHAPITRE XV.

Peines et consolations.

Il est peu d'hommes qui n'aient éprouvé les alternatives de la fortune. Les uns, accablés des moindres revers, tombent dans le découragement, souffrent et gémissent. Les autres, se raidissant contre les coups les plus terribles, leur opposent un courage inaltérable, une constance à toute épreuve. Courbés sous la verge du malheur, ils osent braver le sort qui les poursuit ; ils le combattent, ils le subjuguent, et font rougir la fortune elle-même d'avoir osé les méconnaître : j'étais du petit nombre de ces derniers.

« Laissons, m'écriai-je, laissons aux femmes,
« aux enfans, ces soupirs, ces plaintes, qui ne
« remédient à rien. L'homme est fait pour agir,
« et non pas pour pleurer. Juliette captive compte
« sur mon secours. Elle me connaît, elle m'attend ;
« elle ne sera pas trompée. »

J'étais ardent, impétueux, brave, opiniâtre dans mes projets, incapable de céder aux obstacles, disposé à tout entreprendre, quand tout paraissait désespéré, et cependant je sentis que je pouvais tout perdre en précipitant quelque chose. J'imposai silence à mon cœur, et je n'écoutai que la prudence. Il n'était pas possible de tirer Juliette de sa prison avant ses couches et son parfait rétablissement. Mais il était essentiel de soutenir son courage, en lui faisant savoir que j'étais libre, et que je ne m'occupais que d'elle. Il était indispensable de connaître le moment où elle deviendrait mère, pour empêcher qu'un enfant, sur lequel s'étendait déja ma tendre sollicitude, ne fût confondu, avec les fruits de la misère et du libertinage, dans un hospice où je ne pourrais ni le reconnaître, ni le réclamer. Il fallait établir des intelligences dans la maison. Cela était difficile ; mais je ne désespérai pas d'y réussir.

Je commençai à pourvoir à ma propre sûreté. Je louai à Courbevoie une petite maison meublée, et je me donnai pour un Anglais d'une faible santé, à qui on avait ordonné le grand air. Ma figure pâle et tirée, après la nuit que je venais de passer, donnait à cette fable l'air de la vérité. On pense bien que je renonçai au service de la mère Jacquot : elle tenait trop à son curé, pour que je tinsse plus long-temps à elle. J'arrêtai une femme du village, curieuse et babillarde ; et, le lendemain, jeunes et vieux savaient qu'il y avait à Courbevoie un Anglais malade, qui ne pouvait manger que telle ou telle chose, et qui devait prendre beaucoup d'exercice : c'est ce que je voulais.

J'étais assez près de Paris pour m'y porter en peu de temps ; j'en étais assez loin pour ne pas craindre l'espionnage, et je commençai à rêver aux moyens de faire parvenir de mes nouvelles à Juliette. Ceux qui se présentèrent à moi me parurent également dangereux. Si la supérieure soupçonnait seulement mes démarches, Juliette serait plus resserrée ; peut-être la transférerait-on dans une autre communauté, et mes recherches et mes efforts deviendraient inutiles. Je sentis l'impossibilité d'agir moi-même. Une femme pouvait seule pénétrer dans le couvent, sous un prétexte quelconque, y retourner, y former des liaisons, découvrir enfin Juliette, lui porter mes lettres, et me rapporter les siennes. Il fallait que cette femme me fût dévouée par affection ou par intérêt; qu'elle fût insinuante, qu'elle eût de l'esprit naturel, de la discrétion : où la trouver? Comment oser me confier successivement à plusieurs personnes, dont aucune peut-être n'aurait les qualités que je désirais, et qui seraient, à peu près, toutes incapables de garder un secret?

Il y avait un demi-jour que je pensais à tout cela, sans être plus avancé. Le présent m'effrayait, l'avenir n'était pas rassurant. Je cherchais à échapper à ces idées pénibles, en me reportant sur le passé, où mon cœur et mon esprit se reposaient avec complaisance. « L'amour, disais-
« je, qui nous frappa du même trait, long-temps
« avant que nous sussions ce que c'est que l'a-
« mour; ces marques du plus tendre intérêt don-
« nées sans intention, et si profondément senties;
« ces premiers mouvemens d'une jalousie invo-
« lontaire, lorsqu'elle m'aperçut lisant à côté de
« Fanchon... Fanchon! Fanchon!... Elle est jeune
« et jolie; elle ne doit pas être cagote. Elle est
« vive, elle est femme; elle ne doit pas manquer
« d'adresse. Elle me marquait de l'affection : quel-
« ques cadeaux la ramèneront à ses premiers sen-
« timens. Allons trouver Fanchon ».

Pendant ce monologue, ma gouvernante montait mon lait de chèvre, que je devais prendre tous les matins, et qui ne pouvait passer qu'à l'aide d'une longue promenade. Je pris mon lait, et je partis. Je crus qu'il serait imprudent de m'avancer jusqu'à l'hôtel des Milords. Je m'arrêtai en face du passage des Petits-Pères. Je regardai, et je ne vis pas Fanchon. J'aperçus deux ou trois décrotteurs; je mis mon pied sur la sellette; et pendant que mon homme frottait, je lui parlai indifféremment de la place Victoire, du Palais-royal, et enfin d'une petite ravaudeuse que j'avais vue autrefois dans le passage, et qui n'y était plus. « Ah! monsieur, me dit-il, elle était trop « jolie pour ne pas faire sa fortune. On a troqué « son tonneau contre une boutique de mercerie, « où elle fait fort bien ses affaires. — Et où est-« elle cette boutique? — Dans la rue du Mail », et je m'en fus dans la rue du Mail. J'entrai chez tous les merciers. J'achetai un ruban chez l'un, une paire de gants chez l'autre; enfin je trouvai la boutique de Fanchon, qui me reconnut au premier coup-d'œil, et qui parut fort aise de me revoir. Elle me reprocha de l'avoir négligée; elle s'attendrit sur la fin déplorable de Milord, et elle me fit, sur sa fille, des questions auxquelles je répondis ce que je voulus : j'étais bien aise de la pressentir avant de m'ouvrir à elle. Je la questionnai à mon tour. Je la félicitai sur son bien-être, et je lui demandai si elle était mariée. Elle me répondit que non, en baissant les yeux. Je conclus qu'elle avait fait comme tant d'autres. Ce sont deux terribles écueils que la pauvreté et une jolie figure.

Après avoir parlé quelque temps de choses indifférentes, je fis prendre à la conversation une tournure un peu sentimentale. J'examinai Fanchon; elle était sensible, et j'en augurai bien. Je hasardai quelques mots, qui annonçaient les sensations douloureuses dont j'étais affecté. Elle me fixa, une larme mouilla sa paupière, et elle me dit : « Vous m'avez oubliée dans la prospérité ; « vous revenez à moi dans le malheur ; vous ne « me trouverez pas changée. Dites-moi sans dé- « tour pourquoi vous m'avez cherchée, et à quoi « je peux vous être utile ». Je ne lui avais pas dit que je l'eusse cherchée; je ne lui avais pas encore demandé ses bons offices : sa pénétration me charma. Fanchon était justement la femme qu'il me fallait.

Je lui contai, dans le plus grand détail, mon amour, mon bonheur, et le coup qui m'avait frappé. Elle souriait aux tableaux doux et frais; elle levait les épaules aux inepties de la mère Jacquot; son œil s'enflammait quand je peignais la lubricité, l'hypocrisie, la trahison du curé. Je suivais ses mouvemens; son ame passait successivement par les différentes affections que je voulais lui faire éprouver. Je ne balançai plus à m'ouvrir entièrement à elle. Je lui dis que je ne pouvais vivre sans Juliette, que je voulais la ravoir, et que j'y réussirais ; mais que je n'aurais pas un moment de repos que Juliette ne fût instruite de ce que je méditais, et que l'espérance de sa liberté prochaine ne l'aidât à supporter son sort. « Je vais au cou- « vent, dit Fanchon, et j'y entrerai. — Et com- « ment ferez-vous? — Ne vous inquiétez de rien. « Les hommes ne connaissent que la force, et nous « savons ruser. » Elle prit un carton, elle y mit des gants, des éventails, des rubans. « Restez ici; « me dit-elle, et attendez-moi. Dans votre état « on trouve le temps long : je reviendrai le plus tôt « qu'il me sera possible. » Elle ferma la porte de sa boutique, mit la clef dans sa poche, et prit le chemin du couvent.

Pendant son absence, je me rappelai les anciens amis de Milord. Je m'étais éloigné d'eux, de peur de perdre Juliette; je résolus de m'en rapprocher, parce qu'ils pourraient me la rendre. Madame d'Alleville avait des principes sévères; mais l'indulgence et la bonté formaient le fond de son caractère. Je ne doutai pas que tous les bons cœurs ne prissent à moi le vif intérêt que je venais d'inspirer à Fanchon : je me flattai qu'elle ne me refuserait pas ses bons offices auprès du ministre; et, si elle réussissait, toutes nos peines étaient finies. Ce parti me sembla préférable à un enlèvement, qui ne supprimerait pas la lettre de cachet, et qui nous laisserait exposés à des craintes continuelles. Je résolus donc de voir madame d'Alleville dans la journée.

Il y avait trois heures au moins que Fanchon était sortie. J'avais pensé, j'avais marché, j'avais

regardé à la croisée, j'avais lu les étiquettes de tous les cartons. Je bouillais d'impatience, lorsque j'entendis ouvrir la porte. «,Hé bien, lui
« dis-je? — Vos affaires vont à merveilles. — Vous
« lui avez parlé! — Non. — Vous l'avez vue? —
« Non. — Qu'avez-vous donc fait? Répondez, de
« grace, répondez. — Je vais vous le dire. J'ai
« sonné, et la tourière m'a ouvert. Cette tou-
« rière n'est pas une sœur converse; c'est, selon
« l'usage de plusieurs couvens, une femme de
« confiance, qui va et vient pour les affaires de
« la communauté. Je lui ai conté une histoire
« que j'avais composée en route. La marchan-
« dise que je portais dans mon carton venait
« de chez un marchand, pressé de faire des
« fonds, et qui voulait vendre à tout prix. Il
« m'avait recommandé d'aller de préférence dans
« les couvens, qui, rassemblant un certain nom-
« bre de jeunes demoiselles, offrent des moyens
« de débit plus rapides; et sur la grande réputa-
« tion de la maison des Dames anglaises, je com-
« mençais par-là ma tournée. La tourière exa-
« minait très-attentivement mes gants, mes éven-
« tails et mes rubans. Je l'ai priée de choisir, et
« de recevoir d'avance cette faible marque de ma
« reconnaissance. Elle ne s'est pas fait prier; elle
« a pris un peu de tout, et elle est allée m'an-
« noncer à madame la supérieure. On m'a fait en-
« trer dans un jardin, où j'ai été à l'instant en-
« tourée de trente à quarante pensionnaires. Je

« leur ai fait les choses moitié de leur valeur, et
« en cinq minutes mon carton s'est vidé. La su-
« périeure, grande, vieille, maigre et revêche,
« m'a demandé si je n'avais plus rien à vendre.
« J'ai répondu qu'il me restait beaucoup d'articles
« chez moi, et que je reviendrais si on voulait.
« Quelques jeunes personnes, qui n'avaient rien
« pu avoir, et qui n'en étaient pas plus gaies,
« m'ont priée instamment de repasser entre trois
« et quatre heures, parce que c'est le moment
« de la récréation. J'ai promis; et en répondant
« aux unes et aux autres, je me tournais de tous
« les côtés; mon œil se portait à la dérobée sur
« les différentes parties des bâtimens, sur les por-
« tes, sur les croisées, et je n'ai pas vu Madame,
« que j'aurais infailliblement reconnue. Je suis
« sortie. La tourière m'a fait beaucoup de poli-
« tesses, et je me suis aperçue qu'elle aime beau-
« coup à causer. Au nom de Dieu, finissez
« donc, lui dis-je en l'interrompant; je ne vois
« pas jusqu'ici que j'aie tant à me féliciter.
« M'y voilà, reprit-elle. Au lieu de me rendre au
« couvent à trois heures, j'y arriverai à deux.
« Ces demoiselles seront en classe. Je serai venue
« de trop loin pour m'en retourner, et on m'in-
« vitera à m'asseoir en attendant la récréation.
« Deux femmes ne passent pas une heure, assises
« l'une vis-à-vis de l'autre, sans jaser : c'est-là que
« j'attends ma tourière, et que je lui tirerai les
« vers du nez. » J'embrassai Fanchon de toute

mon ame ; je lui donnai dix louis pour la dédommager des pertes qu'elle venait de faire, et de celles que je lui occasionnerais encore. Elle les reçut d'une manière franche et gaie, et les serra dans sa bourse.

Je lui parlai de la visite que je me proposais de faire à madame d'Alleville. Elle m'approuva beaucoup, et m'engagea à ne pas différer. Je n'avais pas besoin qu'on me poussât.

« Ah çà, dit-elle, il est midi. A une heure un
« quart il faut que je me mette en route. Vous
« voudrez savoir le résultat de cette nouvelle dé-
« marche; ainsi vous ne retournerez à Courbevoie
« que ce soir. Dînez sans façon avec moi, et pen-
« dant que je serai au couvent, vous irez chez ma-
« dame d'Alleville. » J'acceptai son dîner d'aussi bonne grace qu'elle avait pris mon argent, et nous nous mîmes à table.

« Mon changement de condition, me dit-elle,
« doit vous paraître étrange: je vais vous mettre
« au fait en deux mots. Je déteste le libertinage;
« mais j'avoue que j'aime mes aises. Quelques
« jeunes-gens, qui me plaisaient assez, ne pou-
« vaient m'offrir que le partage de leur cœur et
« d'une honnête misère : cela ne me tenta point.
« Un vieux garçon, dont j'avais long-temps garni
« les bas, s'avisa enfin de me trouver jolie, et me
« fit des propositions ; je les rejetai d'abord de la
« meilleure foi du monde. Ma résistance l'en-
« flamma. Il me parla linons, dentelles, meubles,

« boutique, et j'écoutai : il pressa, et je me ren-
« dis. Ce n'est pas l'homme que j'aurais choisi ;
« mais il est rare qu'une femme jouisse de son
« cœur : ce sont presque toujours les circonstan-
« ces qui en disposent. Cependant je ne me re-
« pens pas du parti que j'ai pris : cet homme est
« honnête, doux, libéral, et je lui suis fidèle
« par raison et par reconnaissance. Il est main-
« tenant en province, et je n'en suis pas fâchée,
« car il est un peu jaloux, et c'est le seul défaut
« que je lui connaisse. Mais il ne reviendra que
« dans deux mois, et alors vous n'aurez plus be-
« soin de mes services. »

Ces détails n'étaient pas trop de mon goût. L'a-
mour honnête élève l'ame; l'amour de *calcul* la
dégrade. Une femme peut être faible, sans cesser
d'être estimable : celle qui se vend est toujours
vile. Je ne dis pas cela à Fanchon : j'étais forcé de
la ménager. Je n'approuvai ni ne blâmai sa conduite. Après le dîner nous arrangeâmes un second
carton ; nous l'emplîmes des objets les plus piquans et les plus frais de la boutique. Fanchon
reprit la route du couvent, et j'allai chez madame
d'Alleville.

Je fus reçu très-froidement. Madame d'Alleville
était prévenue contre moi, et je jugeai que monsieur Abell père m'avait perdu dans l'esprit de
toutes les personnes sur lesquelles il avait quelque ascendant. En effet, je lui avais promis de
le revoir et je n'avais pas reparu. Miss Tillmouth

ne s'était pas retrouvée, et tous les rapports s'étaient accordés sur sa fuite et sur la manière dont je l'avais favorisée : le reste n'était pas difficile à deviner. Abell le fils avait gardé sur nos affaires le secret le plus inviolable, et madame d'Alleville n'était pas détrompée. Elle me reprocha ma conduite avec une sorte d'amertume. Je lui racontai ce qui s'était passé, avec ce ton de vérité et de candeur qu'on n'imite jamais qu'imparfaitement. Elle revint un peu sur mon compte; mais elle était tout-à-fait changée à l'égard de Juliette. Elle avait projeté le mariage le plus avantageux, elle avait levé toutes les difficultés, et miss Tillmouth lui avait fait perdre le fruit de ses soins et l'avait compromise envers MM. Abell. Madame d'Alleville était piquée. Son amour-propre blessé ne lui permettait plus d'écouter son cœur. Elle prétexta des visites : je l'entendis, et je sortis.

Cet accueil, si opposé à celui que j'attendais, ne me découragea point. J'aurais bravé mille morts pour accélérer d'un quart-d'heure la délivrance de Juliette; et j'allai chez M. de Cervières, ce conseiller au parlement que j'avais vu chez madame d'Alleville. Il pensait fortement, et des petitesses d'esprit ne pouvaient pas balancer en lui les droits de la nature. Malheureusement il était malade ; il ne put pas me recevoir. Son secrétaire m'apprit qu'il aimait mademoiselle d'Hérouville, fille d'un mérite distingué. « Elle n'a qu'un frère, ajouta-t-il, colo-

« nel de dragons, beau, bien fait, couru des
« femmes de la cour, et sa sœur ne devait pas
« être un obstacle à son avancement ni à sa for-
« tune. Un couvent et des vœux forcés, tel était
« le sort qui l'attendait. Indifférente, elle se
« résigna; amante de M. de Cervières, elle osa
« résister à son père. Elle lui parla avec respect,
« mais avec fermeté, et elle se perdit. M. d'Hé-
« rouville se hâta de prévenir les suites d'une
« inclination qui pouvait nuire à ses projets; et
« comme il sait tout prévoir, il garde un silence
« absolu sur le couvent où il a renfermé sa fille.
« Un homme du caractère de M. de Cervières
« ne pouvait pas aimer faiblement, et la perte
« qu'il a faite l'a touché au-delà de toute expres-
« sion. Sa santé s'est sensiblement altérée; quel-
« que chagrin cuisant et secret paraît aggraver
« encore les peines de l'amour malheureux. De-
« puis quelques jours son état est inquiétant; et
« s'il ne prend pas une ferme résolution de com-
« battre et de vaincre son cœur, nous perdrons
« cet homme estimable. » Je fus touché de son
état; mais j'étais trop vivement affecté moi-même
pour penser long-temps à ce qui n'était pas Juliette. J'oubliai bientôt M. de Cervières et mademoiselle d'Hérouville, et je rentrai chez Fanchon,
réduit à mes propres forces aidées de ma seule
industrie.

Fanchon venait de rentrer elle-même. Elle
accourut vers moi d'un air empressé et riant.

« Soyez heureux, me dit-elle, j'apporte des
« nouvelles positives. Fermons la porte, asseyons-
« nous, et écoutez-moi. — J'écoute, j'écoute...
« Vîte, vîte, ma chère Fanchon... Parlez, parlez
« donc. — La tourière a parfaitement répondu à
« mon attente. — Bon. — J'ai eu l'air d'ignorer les
« usages les plus ordinaires de la vie monas-
« tique, et elle s'est empressée de m'apprendre
« ce que je savais à-peu-près aussi bien qu'elle.
« Les nones, les pensionnaires, le directeur, les
« offices, les syrops, les bonbons, elle a tout
« passé en revue, et elle a mis à tout cela un air
« d'importance, qui m'aurait fait rire, si je n'avais
« craint de perdre un mot de ce qu'elle me disait.
« — Après, après? — Elle ne me parlait encore
« que de choses qui ne m'intéressaient guère,
« et elle se taisait précisément sur ce que je vou-
« lais savoir. Elle m'avait fait la description inté-
« rieure et extérieure de l'église, du corps de
« logis et des ailes; elle ne m'avait fait grace ni
« d'un cierge, ni d'un fauteuil, ni d'un prie-
« dieu. Elle en était à un pavillon isolé que j'avais
« remarqué le matin dans le fond du jardin, et
« elle en parlait avec une réserve qui piquait ma
« curiosité. — Au fait, par grace. Eh bien! le
« pavillon? — Elle grillait de m'en dire davan-
« tage, moi je grillais de l'entendre; mais je me
« suis bien gardée de l'interroger: un mot hasardé
« pouvait me rendre suspecte. — Enfin? — Enfin
« quand elle a vu que je gardais le silence, elle

« a pris son parti. Vous ne devineriez jamais, me
« dit-elle, ce que c'est que ce pavillon. — Moi?
« cela m'est indifférent, je vous assure. Peut-être
« une prison... — Oui, une prison. — Où on en-
« ferme certaines religieuses... — Pas du tout.
« Ce ne sont pas des religieuses qu'on y enferme.
« Nos dames remplissent exactement leurs de-
« voirs. Mais croiriez-vous que des filles de bonne
« maison, qui prennent le voile pour faire leur
« salut, et jouir des douceurs de la vie, sont
« transformées en geolières? — Cela ne se peut
« pas. — Cela est. Il n'y a pas deux jours qu'on
« nous a encore amené une jeune dame, que le
« curé de Saint-Étienne-du-Mont va diriger, et
« dont, par parenthèse, on dit beaucoup de
« mal. — Qu'importe sa conduite? — Oh! cela est
« fort égal à nos dames; mais ce qui ne leur est
« pas égal du tout, c'est d'être obligées de la
« garder. Savez-vous qu'elles répondent, corps
« pour corps, de leurs prisonnières? — Qu'importe
« encore? Ces dames prennent sans doute des
« précautions; ce pavillon est sûr. — Oh! très-
« sûr. Les fenêtres sont grillées, les portes sont
« doubles, et cependant on craint toujours; et
« ce n'est pas sans raison. Hier, entre deux et
« trois heures du matin, quelqu'un est descendu
« dans le clos. — En vérité! — A telles enseignes
« qu'on nous a tué un chien, qui était de force
« à étrangler un taureau. Aussi deux sœurs con-
« verses veilleront toutes les nuits; et le jardi-

« nier, armé d'un bon fusil à deux coups, cou-
« chera dans la serre adossée au grand mur qui
« donne sur la rue.—Et que voudriez-vous que
« des étrangers vinssent faire dans votre clos?
« Voler des fruits, des légumes?—Des femmes,
« ma bonne amie, des femmes. Monsieur le curé
« de Saint-Étienne-du-Mont a dit à madame la
« supérieure qu'il soupçonnait celui qui a tué le
« chien d'être un mauvais sujet, qui a perdu
« cette jeune dame qui est dans le pavillon.
« Mais la police est à ses trousses, et on le mettra
« dans un cul de basse-fosses.—Et on fera bien,
« ma bonne amie.

« Elle est donc encore exposée aux persécutions
« de cet infame prêtre ! m'écriai-je en interrom-
« pant Fanchon. Ah ! je l'avais prévu. Mort au
« perfide, mort aux agens de la police, mort à
« moi-même, si je n'arrache pas Juliette à cette
« prison infernale.

« Je n'ai pas cru, reprit Fanchon, devoir vous
« cacher ces détails, affligeans sans doute, mais
« d'après lesquels vous réglerez votre conduite.
« Je vais maintenant vous dire des choses plus
« consolantes. Je suis entrée dans le jardin, et
« j'ai vendu, un œil à mon carton, et l'autre aux
« croisées du pavillon, où je n'ai vu paraître
« personne. Parmi celles qui m'ont acheté, j'ai
« remarqué une grande blonde, au teint pâle, à
« l'œil langoureux, à la démarche nonchalante,
« et sans doute au cœur sensible : tout cela va

« ordinairement ensemble. J'ai demandé à la
« maîtresse de classe, qui ne nous quittait pas,
« si ces dames ne vendaient aucuns de leurs petits
« ouvrages, et je me suis proposée pour leur en
« procurer un débit avantageux. Je vais parler
« de cela à madame la supérieure, m'a-t-elle ré-
« pondu, et elle nous a laissées. Je me suis appro-
« chée de la grande blonde; et en lui faisant
« examiner les coins brodés d'une paire de bas
« de soie, je l'ai emmenée à quatre pas du
« groupe. Là, je lui ai dit : Vous aimez, j'en
« suis sûre, et il y a dans ce pavillon une vic-
« time de l'amour, à qui vous rendrez un service
« essentiel. Faites-lui savoir que son amant est
« libre, et qu'elle le sera bientôt.—Son nom?—
« Happy. Elle s'est éloignée en chantonnant, et
« j'ai été me rasseoir auprès de mon carton. Ma
« belle, ma bonne, ma sensible blonde chantait
« plus haut à mesure qu'elle approchait du pavil-
« lon; et plus elle chantait haut, et plus je dimi-
« nuais le prix de ma marchandise, plus on ache-
« tait, et moins on prenait garde à ce que faisait
« la belle blonde.

« La religieuse est revenue avec quelques pai-
« res de manchettes, et quelques mouchoirs assez
« mal brodés, et que j'ai trouvés admirables.
« Comme je ne suis pas connue dans la maison,
« j'en ai consigné la valeur, et je me suis disposée
« à sortir. Ma grande blonde est venue tourner
« autour de moi, et m'a dit : Je suis fâchée que

« vous ne me laissiez pas vos bas de soie, ils me
« plaisent beaucoup; et elle les a repris dans
« mon carton, les a déroulés, et les a examinés
« de nouveau. —Vous ne voulez donc pas me les
« laisser?—Je ne le peux pas, mademoiselle.
« Elle les a reployés, me les a rendus, et m'a
« serré la main. Cela n'était pas nécessaire; je
« l'avais devinée. Sans faire semblant de rien, j'ai
« mis les bas dans ma poche, j'ai pris congé de ces
« dames, et me voilà.

« Vous m'apprendrez enfin, dis-je à Fanchon,
« ce que signifient ces bas et ce serrement de
« main.—Que les hommes sont bons, reprit-elle,
« et qu'il est aisé de leur en faire accroire! Vous
« ne devinez pas?—Eh non; expliquez-vous.—
« Il y a dans les bas un billet de la belle blonde,
« ou peut-être de Juliette elle-même. — Vous
« l'avez lu!—Je n'y ai pas même regardé; mais
« cela doit être ainsi.—Les bas, les bas!... Don-
« nez-moi donc les bas! C'est par là qu'il fallait
« commencer votre récit.» Et ma main cherchait
sa poche, et je la trouvai, et j'y fouillai, et Fanchon me regardait faire. Je tirai ces bas précieux,
je les déroulai, un papier chiffonné tomba, je le
ramassai, je l'ouvris... «C'est son écriture, m'écriai-
« je... c'est de Juliette.» Et je baisais le papier, et
j'embrassais Fanchon; j'aurais embrassé la belle
blonde, la tourière, tout l'univers. «Lisez donc,
« me dit enfin Fanchon»; je lus: *Amour pour
la vie. Du courage, et surtout de la prudence.*

« Voilà tout ce que je désirais, m'écriai-je, ivre
« de joie. Elle sait que c'est à moi qu'elle a
« écrit, que son billet m'est parvenu ; elle est
« tranquille, et je vais l'être. » Et à propos de
tranquillité, je sautais, je prenais les mains de
Fanchon, je les quittais, je relisais le billet, et
je revenais à Fanchon, qui riait de tout son
cœur. Ce manège dura quelque temps. Je me
calmai enfin, et Fanchon cessa de rire.

« Demain, lui dis-je, il faut retourner au cou-
« vent. Je vous donnerai une lettre pour Juliette,
« vous la remettrez à la belle blonde, et après-
« demain vous irez chercher la réponse. —Non,
« M. Happy, je ne retournerai pas demain au
« couvent. Je suivrai les instructions de Madame.
« Elle recommande la prudence, et vous n'êtes
« pas prudent du tout, mais pas du tout. Il faut
« que je puisse avoir vendu les chiffons de ces
« bonnes sœurs, avant de me présenter devant
« elles. J'ai épuisé les bourses des pensionnaires ;
« il faut au moins leur laisser le temps de les
« remplir. D'ailleurs, je ne veux pas qu'on me
« voie trop souvent. Le soupçon dort ; gardons-
« nous de l'éveiller.

« Parlons un peu raison, continua-t-elle, et
« récapitulons ce que je vous ai dit, et ce que
« vous avez déja oublié. Le curé vous poursuit.
« —Je le tuerai.—Le jardinier a un fusil à deux
« coups.—Je le désarmerai.—Les sœurs con-
« verses veillent.—Je leur ferai peur.—Il y a

« des doubles portes.—Je les enfoncerai.—On
« vous entendra.—Je m'en moque.—On vous
« attaquera.—Je me battrai.—On vous empri-
« sonnera.—Je me sauverai.—Vous êtes fou.—
« Je suis amoureux.—C'est ce que je voulais
« dire. »

Elle me présenta les difficultés qui s'opposaient à l'exécution de mon projet, d'une manière si vraie, que j'en fus effrayé un moment; mais plein de mes idées, ramené par une imagination de feu à ces grilles, à ces verroux, qui me séparaient de Juliette, je jurai de les briser, à quelque prix que ce fût. J'avais déja une certaine connaissance du local; je savais où était le pavillon : c'était beaucoup. Fanchon avait toute sa tête. Elle devait m'aider de ses conseils, et j'étais bien sûr que nous trouverions à nous deux des moyens plus forts que les obstacles. Il était tard, et je pensai enfin à retourner à Courbevoie.

Fanchon m'arrêta. « Quel homme vous êtes!
« me dit elle. Ne vous ai-je pas dit qu'on vous
« cherche de tous les côtés? Croyez-vous que le
« curé ne connaisse pas votre caractère entre-
« prenant, et ne mettra-t-il pas à vous éloigner
« de Madame le même empressement que vous
« à vous en rapprocher? N'a-t-il pas à se venger
« des coups de bâton que vous lui avez donnés,
« et voulez-vous qu'un prêtre dorme, tourmenté
« par la vengeance et par l'amour? c'est tout ce
« que pourrait faire un homme du monde.—Je

« suis en sûreté à Courbevoie.—Oui, mais je
« n'irai pas vous y chercher, pour arranger avec
« vous votre plan de campagne. Vous ne pourrez
« pas être un jour sans venir à Paris, et ces allées
« et ces venues vous seront tôt ou tard funestes.
« —Et que faire?—Rester ici : on ne viendra
« pas vous prendre chez moi.— Vous n'avez
« qu'un lit. —Belle difficulté ! N'avez-vous pas de
« l'argent? on en achètera un second. D'ailleurs,
« que ferez-vous provisoirement de Madame, si
« vous êtes assez heureux pour la délivrer ? La
« conduirez-vous à Courbevoie, à pied, en rele-
« vant de couches? Cela n'aurait pas le sens com-
« mun. Et puis, je suis seule et je m'ennuie; la
« solitude fera fermenter votre tête, et cela ne
« vaut rien. Vous me parlerez de vos amours; je
« vous écouterai, et cela nous dissipera l'un et
« l'autre. Restez ici, Monsieur, restez-ici : c'est
« ce que vous pouvez faire de mieux. »

Il n'y avait pas à balancer sur la proposition obligeante de Fanchon, et je me gardai bien de la refuser. Elle arrêta que je passerais la nuit sur un fauteuil, que le lendemain on aurait un lit, et que je partagerais la dépense du ménage. J'avais quelque regret de perdre six mois de loyer, que j'avais payés d'avance; mais Fanchon avait réponse à tout : elle m'observa que l'argent est fait pour rouler, et je n'y pensai plus.

CHAPITRE XVI.

Fautes, repentir.

Fanchon me réveilla en riant aux éclats. J'étendis les bras, je me frottai les yeux, et je lui demandai en bâillant ce qu'elle avait à rire. « Je
« ris, me répondit-elle, d'un jeune homme et
« d'une jeune fille, qui dorment sagement à deux
« pas de distance, l'une dans son lit, l'autre dans
« son fauteuil. Quel exemple pour la jeunesse!
« Eh bien! si on publiait cela, on ne le croirait
« point. » Et elle s'habillait derrière ses rideaux, en me faisant mille contes, plus plaisans les uns que les autres. Je finis par en rire, il n'y avait pas moyen de faire autrement. Quand elle eut épuisé ses folies, elle me demanda si j'avais du linge. « O mon Dieu! lui répondis-je, ma garde-
« robe se borne à ce que j'ai sur le corps. —
« Pauvre garçon! pas de linge! Je vais vous en
« donner. » Je me doutai à qui appartenait ce linge, qu'elle m'offrait si complaisamment. Cela me répugna, et je le refusai. « Je n'aime pas les
« choses d'emprunt, ajoutai-je. Vous me ferez le
« plaisir de m'en aller acheter. — Oui, quand
« nous aurons déjeuné. Monsieur aime-t-il le café
« à la crème? — Beaucoup. — Monsieur en aura. »
Et elle sortit, en pantoufles et en jupon court, pour aller chercher de la crème.

Fanchon avait alors vingt-quatre ans. Elle était grande, bien faite, jolie, et une extrême coquetterie perçait à travers l'élégante simplicité de sa mise. Elle parlait beaucoup, et son étourderie, son inconséquence, donnaient à ce qu'elle disait une tournure originale. Elle riait souvent, et montrait alors les plus belles dents du monde. Elle dédaignait les bienséances, détestait la contrainte, idolâtrait le plaisir, jouissait du moment, et se moquait de l'avenir. Du reste, elle était bonne, sensible et généreuse, comme presque toutes les femmes à faiblesses.

Je me crus heureux de l'avoir rencontrée. Son amitié active et prévenante suppléait à l'oubli de moi-même. Sa gaîté inépuisable dissipait insensiblement les nuages dont j'étais enveloppé. Le déjeuner ne fut pas plus triste que les momens qui l'avaient précédé; et à peine Fanchon eut-elle pris son café et croqué sa rôtie, qu'elle s'approcha de moi, glissa sa main blanchette dans la poche de mon gilet, et en tira ma bourse. —
« Voyons un peu, monsieur, l'état de vos finan-
« ces. — Voyez, mademoiselle. — Trente louis ?
« Calculons. Dix louis, en linge et autres effets;
« quinze louis pour un petit lit de garçon, où
« vous pourrez cependant coucher avec madame,
« en vous serrant un peu, ce qui ne vous dé-
« plaira pas; restent cinq louis, pour les dé-
« penses journalières et extraordinaires. Une
« place à assiéger, et probablement des machines

« à construire... On ne va pas loin, avec cinq
« louis, en guerre ni en amour. Vous ferez fort
« bien d'aller ce soir rendre une visite à votre
« correspondant. » Et elle partit pour m'aller
acheter du linge.

Je commençai à penser sérieusement aux dispositions qui pouvaient assurer le succès de mon entreprise. Je pris du papier et une plume, pour classer et conserver mes idées. Les tasses, la cafetière, le sucrier, embarrassaient encore la table, et je m'assis sur le lit de Fanchon.

Je n'étais pas inquiet du tout sur la manière dont j'entrerais dans le clos : il ne me fallait, comme à la première fois, qu'un bâton de six pieds et mon couteau. Je posais ce bâton contre le mur, j'enfonçais mon couteau entre deux pierres, je mettais un pied sur le manche du couteau, je m'enlevais, appuyé sur le bâton. Mes doigts se cramponnaient aux pierres inégales, ou rongées par le temps. Je portais mon autre pied sur le haut du bâton; je cherchais l'équilibre; je m'élançais, mes mains atteignaient le couronnement du mur, elles enlevaient le reste du corps, et je sautais dans le jardin. Juliette, aidée par moi, monterait facilement aux espaliers; mais comment descendrait-elle dans la rue? L'expédient du bâton pouvait être dangereux pour une femme faible encore, et sans habitude des exercices violens. Je cherchai, je trouvai, et j'écrivis :

Un crochet de fer, assez ouvert pour embrasser l'épaisseur du mur.
Une échelle de corde.
Le bâton de six pieds.

Je mettrai, me dis-je, l'échelle dans une poche, le crochet dans l'autre, et le bâton sur mon épaule. Arrivé au pied du mur, j'attache mon échelle à l'anneau qui est au bas du crochet. Avec une bonne ficelle, je lie un bout de mon bâton sur la partie droite du crochet. Je prends alors le bâton par l'autre bout; je lève le bras, et je pose aisément le crochet sur le haut de la muraille : voilà mon échelle fixée. Je monte, je regarde, je vois la serre où couche le jardinier. Je descends dans la rue, j'enlève mon échelle, en prenant le bâton par le bas, et je la place aussi loin de la serre que me le permet l'étendue du jardin. Je remonte, j'enfourche le mur, je passe mon échelle en dedans du clos, je descends; j'enlève de nouveau mon échelle, et je l'étends dans un carré de légumes, de peur que le jardinier ou quelque nonne ne l'aperçoivent en faisant leur ronde, et ne me coupent la retraite. J'écoute, je n'entends rien, et je m'avance vers le pavillon. Jusqu'à présent cela va à merveille.

Me voilà à la porte du pavillon; elle est fermée. Employons d'abord les moyens doux, et j'écrivis sur mon agenda :

Une lanterne sourde.

Des crochets à ouvrir des serrures.

Des tenailles, pour arracher les clous des serrures que les crochets n'ouvriront pas.

Une lime sourde, pour me servir dans le cas où je ne pourrais absolument pas entrer dans le pavillon.

Je me proposais alors de monter à l'une des croisées, à l'aide de mon échelle, de scier un ou deux barreaux, de pénétrer dans le bâtiment, de faire du bruit, d'attirer les sœurs de veille, de leur prendre les clés, de les enfermer elles-mêmes dans une chambre, de chercher celle de Juliette, de lui ouvrir et de l'emmener.

Si les moyens doux ne réussissaient pas, si j'étais entendu par le jardinier ou les sœurs de veille, et que j'eusse à craindre qu'ils répandissent l'alarme dans la maison, j'emploierais des moyens plus forts, et j'écrivis :

Une paire de pistolets à deux coups.

Des cordes neuves.

Deux bâillons.

Un briquet, une pierre, de l'amadou et des allumettes.

Les pistolets et les cordes étaient pour le jardinier, les bâillons pour les sœurs, le briquet et les allumettes pour mettre le feu au corps de logis, et enlever Juliette dans le tumulte, si je ne pouvais pas l'enlever autrement. Enfin j'écrivis en note :

Dans tous les cas, le parti le plus sûr est de marcher d'abord à la serre. Si elle est fermée, je casserai brusquement un carreau de vitre, je présenterai au jardinier ma lanterne sourde et le bout de mon pistolet, je le menacerai de lui brûler la cervelle s'il porte la main à son fusil et s'il ne m'ouvre pas à l'instant : il m'ouvrira. Je lui ordonnerai de se recoucher; il se recouchera. Je l'attacherai fortement dans son lit avec mes cordes, je lui défendrai de crier sous peine de mort. Je prendrai son fusil, et je le jetterai dans un coin du jardin.

J'étais très-satisfait de ces dispositions générales, lorsqu'une réflexion subite me rejeta dans un nouvel embarras. Si je me présentais chez un serrurier pour acheter des crochets et une lime sourde, je m'exposais à me faire arrêter sur-le-champ. Il était possible, à la rigueur, d'en trouver chez les marchands de vieille ferraille; mais ils seraient hors d'état de servir, ou le marchand ne les étalerait pas : je tranchai la difficulté. J'aurai, me dis-je, du fer, un marteau, du charbon, et, tant bien que mal, je fabriquerai des crochets. Je remplacerai la lime par une pince de fer; et au lieu de scier les barreaux, je détacherai les pierres dans lesquelles ils seront enclavés.

Je me transportais à ce jour si désiré, le succès couronnait mes efforts, je voyais tomber ces grilles détestées, j'entrais dans la chambre de Juliette : C'est ton époux, c'est ton libérateur, lui criais-je, et son œil noir se tournait vers moi, son sein palpitait de plaisir, ses bras s'ouvraient, et j'y retrouvais le bonheur.

Fanchon rentra avec un paquet. « Plus d'ob-
« stacles, continuai-je, plein de ma délicieuse
« erreur, je les lèverai tous, et Juliette est à moi.
« Venez, venez vous asseoir ici ; écoutez, lisez,
« admirez. » Fanchon ne se le fait pas répéter. Elle accourt, elle s'élance, elle est sur son lit, elle est à mes côtés. La tête déja exaltée, tout à mes idées séduisantes, je parle, je m'échauffe davantage, mon imagination électrise mes sens, le délire augmente, l'illusion est au comble. Je crois tenir cette Juliette tant aimée, et c'est Fanchon que je presse dans mes bras; ce sont les charmes de Fanchon que je parcours, que je dévore. Elle-même s'anime, s'enflamme, elle s'oublie avec moi... Hélas ! j'étais infidèle, et mon infidélité même était un hommage à l'amour.

Si Fanchon m'avait séduit, je l'aurais détestée en ce moment. La nature, la nature seule nous avait égarés. La mère du plaisir est donc aussi la mère des remords ! Les miens étaient cruels. « Je
« lui ai juré de vivre pour elle, m'écriai-je, et
« j'ai oublié mes sermens. Elle me garde sa foi;
« qu'ai je fait de la mienne ? On peut donc ado-

« rer sa maîtresse, oui, l'adorer, et la trahir!
« Je ne l'aurais pas cru, dit Fanchon d'une voix
« timide. » Mes yeux se reportèrent sur elle ; les
siens lançaient les traits acérés du desir. Le désordre où je l'avais mise et qu'elle ne pensait
pas à réparer, l'abandon d'une femme vaincue,
qui attend, qui implore une seconde défaite...
Ma faiblesse, l'occasion... Pour la première fois,
j'oubliai Juliette, et je retombai dans les bras de
Fanchon.

Je sentis bientôt la prodigieuse différence de
la jouissance à l'amour. Je respirais le sentiment
sur la bouche de Juliette ; je demeurai froid auprès de Fanchon. Elle s'en aperçut, et ne s'en
offensa point : rien ne pouvait altérer sa gaîté,
ni troubler son repos. J'étais gauche, embarrassé : elle me parlait avec autant de liberté et
d'aisance que s'il ne se fût rien passé de particulier entre nous. « Ce pauvre enfant, disait-elle,
« dans quel état le voilà! ne dirait-on pas à son
« air contrit qu'il vient de commettre un grand
« crime! et cependant nous n'avons fait tort à
« personne. Séparés, vous de ce que vous aimez
« passionnément, moi de ce que j'aime raisonna-
« blement, il était tout simple de nous laisser
« aller à la circonstance. Ces petits momens
« d'oubli sont plus fréquens qu'on ne pense.
« Oublions celui-ci nous-mêmes ; qui diantre s'en
« souviendra? — Oui, Fanchon, oui, il faut
« l'oublier. — Eh bien! monsieur, n'en parlons

« plus. A table, et vive la joie. » Que répondre à une femme de ce caractère ? Elle avait une manière d'envisager les choses... Je mangeai pour être dispensé de parler. Fanchon ne tarissait pas. Tantôt elle me faisait des contes ; tantôt elle me parlait de Juliette, avec autant d'intérêt et de chaleur que si elle ne fût pas sortie du rôle modeste de confidente. Elle faisait, pour notre réunion, des vœux aussi sincères que si son propre bonheur y eût été attaché. Elle quittait ensuite le ton sentimental, et déraisonnait avec cette amabilité qui lui était familière. Si je souriais à ses saillies, elle prenait mon visage à deux mains, et me baisait de tout son cœur ; si je devenais sombre et pensif, elle me relevait le menton, me regardait d'un air moitié tendre, moitié comique, me faisait de petites mines et me baisait encore. Le moyen de tenir à tout cela ? Je me laissais faire, tout platement, tout bêtement, et Fanchon se moquait de moi.

Lorsqu'elle eut fini de dîner, elle se leva, et me demanda, avec une profonde révérence, si je n'avais rien à lui ordonner. « Eh ! que vou-
« lez-vous que je vous ordonne ? — Monsieur
« serait-il assez aimable pour avoir oublié que
« je n'ai qu'un lit ? — Non, mademoiselle, non,
« je ne l'ai pas oublié. — Je vais donc en acheter
« un autre. — Eh ! parbleu, comme il vous plaira.
« — Il ne me plaît pas du tout. Cette emplette
« peut fort bien se remettre à un autre jour. —

« Pourquoi donc m'en parlez-vous? — Je n'ai pas
« voulu que vous me fissiez de reproches... —
« Vous aimez mieux que je m'en fasse à moi-
« même. — Oh! ce sont vos affaires. » Elle rit,
elle chanta, elle dansa, elle ferma sa boutique,
elle me lutina, et ma foi...

Le troisième jour au matin, Fanchon attendait mon réveil. Dès que j'eus les yeux ouverts, cette fille, originale en tout, m'embrassa et me dit : « Que ce baiser soit le dernier. Je ne veux
« plus rien de vous; vous n'obtiendrez plus rien
« de moi. Frivole, inconsidérée, facile, mais
« honnête au fond, je me souviens qu'il y a là-
« bas quelqu'un qui souffre de votre absence.
« Revenez à votre premier amour. Je ne l'ai pas
« balancé; j'en ai seulement suspendu l'influence.
« Un homme aimable se permet une *distraction*;
« un homme honnête ne contracte pas d'*habi-*
« *tudes*. De l'amitié bien vraie, bien solide, bien
« constante, voilà ce que j'attends, ce que je
« vous offre, ce que vous me devez, ce qui
« nous suffira. Je vais aujourd'hui au couvent.
« Qu'à mon retour Juliette soit rentrée dans ses
« droits. Vous voyez que Fanchon s'est déjà re-
« mise à sa place. »

Nous nous levâmes. Dans le courant de la matinée, il y eut un lit monté dans l'arrière-boutique, un loquet en dehors de ma porte, un verrou en dedans de la sienne. Je la regardais aller, venir, arranger; elle m'étonnait, elle m'humiliait. Tels étaient ma démence et mon aveuglement, qu'il fallut qu'une fille me rendît à moi-même. O jeunesse! jeunesse! don précieux et fatal! l'homme te prodigue, te prostitue, et te survit pour te regretter.

La présence, les agrémens, les discours de Fanchon m'avaient éloigné jusqu'alors de ces réflexions amères. Elle me quitta pour retourner aux Dames anglaises, et je me trouvai seul avec ma conscience. J'entendis le cri de mon cœur; la raison, armée de son cruel flambeau, m'éclaira sur des fautes volontaires, que rien ne pouvait excuser. Le prestige était dissipé; je me voyais à nu, j'étais effrayé de moi-même. J'errais dans cette chambre, j'en parcourais les recoins, j'y cherchais le repos, je me retrouvais partout. Juliette se montrait à moi. Je la voyais indignée et menaçante; elle repoussait mes caresses; elle rachetait sa liberté par les faiblesses mêmes dont je lui avais donné l'exemple. J'avais perdu le droit de me plaindre; je n'osais plus même être jaloux. Fanchon rentra, hors d'haleine, excédée, toute en eau. « Vous êtes dans un état affreux,
« me dit-elle. Le temps des regrets est passé;
« celui d'agir est venu. — Que voulez-vous dire ?
« — Vous allez être père. — Et c'est vous qui me
« l'annoncez! — Oui, c'est moi qui recevrai votre
« enfant, qui vous le conserverai, qui le rendrai

« à sa mère. » Quelle fille que cette Fanchon ! Quelle réunion de qualités opposées ! Il fallait tout à la fois l'estimer et la plaindre.

Elle me conta qu'elle était entrée dans le couvent. Elle réglait avec la maîtresse de classe le compte des articles qu'elle supposait avoir vendus. Elle attendait la grande blonde, et elle calculait, se trompait, et recommençait pour se tromper encore et gagner du temps. La grande blonde ne parut point, et il fallut finir. Elle se retira et s'arrêta chez la tourière. Elle était à peine avec cette femme, qu'on la sonna dans l'intérieur du couvent. Fanchon, restée seule, examina les portes, les grilles, et ne remarqua rien qui pût me donner des facilités. Il y avait quelques clefs dans une armoire; mais ce ne pouvait pas être celles du pavillon. La tourière revint. « Je suis
« fâchée, dit-elle à Fanchon, de ne pouvoir pas
« causer un peu avec vous; mais il faut que je
« sorte.—Et où allez-vous?—Chercher une sage-
« femme. — Quelle plaisanterie ! — Eh ! venez
« donc. On dit qu'il n'y a pas de temps à perdre. »
Elles sortirent ensemble. Fanchon ne la quittait pas, et ne cessait de la faire parler. « Une
« sage-femme dans un couvent ! Que voulez-
« vous, répondait la tourière, c'est un malheur.
« — Serait-ce pour une de vos dames? —Jésus,
« Maria ! vous avez toujours des pensées...—Ah!
« j'entends : c'est encore ce malheureux pavillon.
« —Ah ! mon Dieu, oui. Tout cela nous donne

« bien du tintoin. — Et que ferez-vous de cet
« enfant?—Le pauvre petit, il faudra bien le
« mettre aux enfans-trouvés. — Mais quel scan-
« dale! Que diront les voisins, quand ils verront
« emporter... — Oh! on ne l'emportera que la
« nuit. Voilà, continua Fanchon, ce que j'ai
« appris de la tourière. Je l'ai laissée au coin de
« la rue Saint-Hyacinthe, et je suis revenue en
« courant. Je n'ai pas trop de la journée pour
« faire mes petits préparatifs. » Et la voilà qui
repart et qui rentre avec une barcelonnette. Elle
ressort, et revient avec de petits bonnets, du
molleton de coton, de la dentelle, de la mousseline, que sais-je? Elle ouvre son armoire,
prend ses ciseaux, met en pièces cinq à six
chemises, enfile son aiguille, et commence la
layette.

Je la regardais travailler avec un plaisir, une
émotion, qui me faisaient oublier mes chagrins.
La seule idée de voir, d'embrasser mon enfant,
me pénétrait d'une joie douce. J'avais délié les
nœuds qui m'attachaient à sa mère; je sentais
qu'il allait les resserrer, et cette pensée me consolait. Je me portais ensuite dans l'intérieur du
pavillon. Je voyais Juliette, tourmentée par des
douleurs aiguës, sans soins, sans support. Elle
m'appelait, et je n'étais pas là pour compatir à
ses souffrances, pour les partager, pour recevoir
le premier présent de l'amour. Des mains cruelles
éloignaient son enfant, le dérobaient à ses ca-

resses. Des cœurs de glace étaient insensibles à ses prières, à ses pleurs. Elle avait un fils, un époux, et cependant elle était seule au monde... « O mon dieu ! m'écriai-je, supportera-t-elle ce « dernier coup ? c'est par moi, c'est pour moi « qu'elle souffre ; est-ce de moi qu'enfin elle « recevra la mort ? »

Ces réflexions me déchiraient; mais elles me ramenaient à Juliette avec une force nouvelle. Mes premiers feux se rallumaient avec rapidité. Bientôt j'osai descendre dans mon cœur ; je n'y trouvai que Juliette, gravée en traits ineffaçables. L'image de Juliette le remplissait tout entier. Je fus content de moi. Je présentai la main à Fanchon. « Oui, lui dis-je, de l'amitié, rien que de « l'amitié. Que ces momens d'erreur s'effacent « de notre mémoire. Si nous nous en souvenons, « que ce soit pour en rougir. — Eh ! de quoi « venez-vous me parler là ? répondit Fanchon ; je « n'y pensais déja plus. Allons, mettez-vous ici, « et regardez-moi travailler, cela vous dissipera. « Surtout laissez-là vos grands mots : ils ne « m'amusent pas du tout. »

Une chose m'avait frappé en écoutant son récit. « Il me semble, lui dis-je, que Juliette ne « devait pas accoucher avant un mois ou cinq « semaines. — Que voulez-vous que je réponde à « cela ? ça avance, ça recule; ça se prend quand « ça vient. » Et elle me montrait ce qu'elle faisait; elle m'indiquait l'usage de chaque chose;

elle roulait une serviette, elle l'emmaillottait, elle la coiffait, elle me la faisait baiser, elle la jetait dans un coin, et se remettait à l'ouvrage. « Nous verrons, disait-elle, nous verrons com-
« ment vous vous y prendrez ce soir. A propos
« de cela, comment comptez-vous vous arranger
« avec la sage-femme? — Eh, parbleu! rien de
« si simple : j'irai l'attendre à la porte du couvent.
« — Après? — Je lui demanderai l'enfant. — Si
« elle ne veut pas vous le donner? — Je le pren-
« drai. — Si elle crie? — Je lui offrirai de l'argent.
« — Si elle le refuse? — Je le remettrai dans ma
« poche et je l'enverrai promener. — Si... — Oh,
« si, si!... Je ne sais pas prévoir les choses de
« si loin. J'agirai comme on agira. »

Nous prîmes à peine le temps de dîner : Fan-chon se remit à son ouvrage. La layette avançait, il était cinq heures, et je la priai d'aller chercher une voiture. « Êtes-vous fou? me dit Fanchon. Il
« fait jour jusqu'à huit heures. — Et si on empor-
« tait l'enfant plutôt qu'on ne se l'est proposé?
« il vaut mieux attendre. — Où? dans la rue?
« vous exposer... Ah! il y a un cabaret en face.
« Nous demanderons un cabinet. — Vous venez
« avec moi? — Certainement : peines et plaisirs,
« je partage tout avec mes amis. » Elle sortit, et
« revint avec un fiacre. »

Nous partîmes; nous fîmes arrêter le cocher au coin de la rue. Fanchon prit mon bras, et nous allions entrer dans le cabaret, lorsque la tourière parut à la porte du couvent. Le premier mouvement de Fanchon fut de retourner. « Elle « nous a vus, dit-elle, n'ayons pas l'air de l'évi- « ter. » Nous l'abordâmes, et Fanchon lui présenta son frère. Je servais dans les dragons, et je venais passer un congé de six semaines avec elle : les meilleures idées viennent souvent lorsqu'on les cherche le moins. Je pris la parole, et je dis à la tourière que nous allions, ma sœur et moi, faire un petit goûter sur le boulevard neuf; que j'étais enchanté de rencontrer quelqu'un de sa connaissance, et qu'elle m'obligerait beaucoup si elle voulait être de la partie.

« Votre sœur sait bien, répondit la tourière, « que je ne peux pas m'éloigner. » Je m'attendais à cette réponse. « Eh bien ! lui dis-je, goûtons « chez vous. Nous y serons aussi bien qu'ailleurs; « et vous resterez à vos affaires. Chez moi ! con- « tinua la tourière. Je ne vois pas de diffi- « culté à cela, poursuivit Fanchon. Pourvu « qu'on ne s'aperçoive de rien, continua la « tourière. Soyez tranquille, lui dis-je, j'ai « des poches comme des bissacs : j'y cacherais le « goûter de toute la communauté. » J'entrai au cabaret; je pris ce qu'il y avait de mieux, et je rejoignis ma sœur.

Elle était déjà en conversation réglée avec la tourière. Je les écoutai. J'avais l'air de ne penser à rien; et je pensais à tout. Je marchai sur le pied

de Fanchon, et elle m'entendit. « A propos,
« dit-elle, et votre accouchement? — Oh! c'est
« fini, dieu merci. Heureusement? demandai-
« je. — Très-heureusement. Et la pauvre mère,
« poursuivis-je..... Bah! dit Fanchon, en me
« coupant la parole, ces femmes-là se consolent
« aisément. Mais, pas trop, reprit la tourière.
« Celle-ci est fort triste, à ce que disent nos dames;
« mais elle est assez calme. Et qu'a-t-elle dit,
« reprit Fanchon, quand on lui a ôté son enfant?
« — On ne le lui a pas ôté encore. Elle l'a donc
« embrassé! m'écriai-je. — Taisez-vous, mon
« frère, et versez à boire. Tope, répondis-je.
« A l'accouchée! Eh! pourquoi pas? dit la
« tourière. Le bon Dieu juge le pécheur; c'est
« à nous à le secourir et à le plaindre. — Voilà,
« ma chère amie, voilà la vraie morale! » Et je
lui sautai au cou. Elle fit une grimace, mais une
grimace... Celle-là, je n'entreprendrai pas de la
décrire. Fanchon cria plus haut qu'elle, pour lui
imposer silence. Elle me tança de la bonne manière. On sonna à la porte extérieure : c'était la
sage-femme. Je profitai du moment pour retourner au cabaret, et j'en rapportai une bouteille
d'eau-de-vie, que je mêlai parmi les autres. La
sage-femme était une grosse maman de bonne
humeur, et je l'invitai à boire un coup. Elle en
but deux, et se fit ouvrir la porte intérieure.
« Nous vous verrons en repassant, lui cria

« Fanchon. Oh ! elle ne sortira pas sans ma
« permission, dit la tourière. » Et elle continua de faire fête à un jambonneau qui, vraiment, n'était pas mauvais, et qui rappelait son buveur.

Le temps s'écoulait. La tourière humectait le jambon ; mais je m'impatientais, et Fanchon me faisait signe de me modérer. J'entendis appeler. « Ouvrez vite, dis-je à la tourière, voilà la « sage-femme. » Je me levai, j'allai au-devant d'elle, je pris l'enfant. Le pauvre petit pleurait; il semblait regretter sa mère. Je lui présentai du vin et du sucre. Il but, il me sourit, et mon cœur se dilata. « Voyez, disait Fanchon, comme « mon frère entend cela. Ne dirait-on pas qu'il « n'a jamais fait d'autre métier ? » La sage-femme me regarda, et regarda Fanchon. « Si vous n'aviez « pas l'air aussi sage, lui dit-elle, je ne croirais « pas trop à la fraternité. » Fanchon se mit à rire. La sage-femme rit aussi. « A table, à table, « m'écriai-je, pour détourner la conversation. « A table, répéta la sage-femme. Cet accouche-« ment n'est pas lucratif; mais je vais oublier cela « avec vous : plaisir vaut mieux qu'argent. » Incapable de commander à ma tête, je commençai une série de questions, plus imprudentes les unes que les autres. Le nom de Juliette vint deux ou trois fois errer sur mes lèvres : Fanchon me marcha sur le pied à son tour. Je compris que

je n'avais rien de mieux à faire que de me taire et de verser à boire. Je versai sans relâche. « Mé-
« nagez-nous, disait la tourière, et elle ne lais-
« sait rien dans son verre. Je suis en retard,
« disait la sage-femme », et elle se hâtait de nous rattrapper. Fanchon et moi, nous buvions peu ; mais nous poussions nos convives. Bientôt la tourière oublia la morgue monastique, et elle voulut bien s'apercevoir que j'étais joli garçon. « Ne
« vous effarouchez pas, mon cher enfant, me
« disait-elle, en me passant la main sous le men-
« ton : c'est pour votre sœur que je vous em-
« brasse. Je ne suis pas si dupe, reprenait la
« sage-femme ; je l'embrasse pour mon compte. »
J'étais entre ces deux dames ; et quand j'en évitais une, je n'échappais point à l'autre. Je faisais une mine qui valait toutes les grimaces de la tourière. Fanchon riait, elle riait... et elle versait, et on buvait, et les accolades se multipliaient tellement, que je ne savais plus à laquelle entendre. Bientôt mes voisines balbutièrent ; bientôt leurs membres appesantis se refusèrent à leurs tendres empressemens. Je fis signe à Fanchon de mêler de l'eau-de-vie avec leur vin. Ce fut le coup de grace : nous les mîmes toutes les deux sur le lit de la tourière.

« Vivent les gens d'esprit ! dit Fanchon. Voilà
« ce que j'appelle savoir se tirer d'une affaire.
« Ouvrons la porte, et allons-nous-en. » Je vou-

lais entrer dans le jardin, je voulais m'approcher de Juliette; essayer de la voir, de lui parler. « Vous voulez risquer tout, sans pouvoir rien « gagner! me dit Fanchon. Madame est-elle en « état de vous suivre ? Eh bien! repris-je, « j'emporterai du moins... — Quoi? la tourière? « — Non, ses clefs. — Et demain on changera « les serrures. Emportez ce marmot, et rendez « grace à la fortune. Elle vous a traité ce soir en « enfant gâté. »

Fanchon détacha le trousseau de la ceinture de la tourrière, elle ouvrit, nous sortîmes, et nous laissâmes le soin de fermer la porte à quiconque voudrait bien s'en donner la peine. Elle enveloppa l'enfant dans son mantelet, et nous nous éloignâmes au plus vite. Une voiture se présenta; nous y montâmes; nous nous fîmes descendre sur la place Victoire, et nous rentrâmes chez nous, enchantés du succès de notre expédition.

Je ranimai le feu; Fanchon s'assit par terre, je m'assis à côté d'elle, et nous démaillotâmes l'enfant. C'était un joli petit garçon. Je le prenais, je le caressais; Fanchon le reprenait et le caressait à son tour. « Voyez, disait-elle, comme « il est gentil! voyez comme il vous ressemble! « Eh! non, répondais-je, il ressemble à Ju-« liette. » La vérité, c'est qu'il ne ressemblait ni à l'un ni à l'autre.

Nous voulûmes le renvelopper. Fanchon était

d'un gauche! je tâchais de l'aider; j'étais d'une maladresse! Elle se moquait de moi; je me moquais d'elle, l'enfant criait, rien n'avançait. Nous passâmes une partie de la nuit à l'apaiser, à l'arranger, à le faire boire, à le bercer. Le pauvre petit s'assoupit enfin. Fanchon porta la barcelonnette près de son lit; elle m'enferma dans ma chambre; elle s'enferma dans la sienne, et je m'endormis en méditant de nouveaux exploits.

CHAPITRE XVII.

Revers et succès.

Je trouvai, en me levant, une nourrice bien fraîche et bien appétissante. Fanchon, en allant chercher sa crème, avait interrogé les commères du quartier. On lui avait indiqué cette femme, et elle l'avait amenée avec elle.

La nourrice était déjà entrée en fonctions; l'enfant était pendu au téton. Fanchon rassemblait la layette, en convenant de prix avec la mère adoptive, et, pour abréger la négociation, je vidai ma bourse dans son tablier. Avec ces manières-là, on est toujours certain de plaire. Aussi la nourrice me trouva fort à son gré, et elle me promit les plus belles choses du monde. Je n'avais pas oublié tout-à-fait la vie que je menais à Sangatte. Mais cette nourrice était la femme d'un garçon maréchal qui demeurait aussi dans la rue du Mail. Fanchon se promit bien d'avoir les yeux ouverts sur sa conduite, et je fus sans inquiétude.

Quand nous fûmes seuls, nous cessâmes de penser à l'enfant pour nous occuper de la mère. Je pris mes plans et mes notes, et je les déroulai, non pas sur le lit de Fanchon, mais sur sa table. Je lui expliquai, bien longuement, et aussi clairement qu'il me fut possible, la forme que je comptais donner à chaque ustensile, et la manière dont je devais m'en servir. Fanchon écoutait, me faisait répéter, levait les épaules, ou applaudissait. Elle applaudit beaucoup au briquet, à l'amadou et aux allumettes : elle trouvait très-plaisant de brûler une maison pour enlever sa maîtresse. Quand j'eus fini de parler, elle me demanda si j'avais un cheval pour porter mes cordages et ma ferraille, et si je comptais sur une nuit de vingt-quatre heures pour exécuter mes grandes et nombreuses opérations. Je lui répondis que je me passerais fort bien de cheval, parce que tout mon équipage n'excéderait pas quarante livres, et qu'une nuit ordinaire me suffirait, parce que j'étais expéditif. « A la bonne
« heure, dit-elle. D'ailleurs, si cette affaire-ci
« tourne comme celle de la sage-femme, il ne
« vous faudra pas beaucoup d'adresse pour la
« conduire à sa fin. »

Elle employa une partie de la journée à acheter ce qui m'était nécessaire pour commencer mes travaux. Sa petite cuisine ressemblait le soir aux forges de Vulcain. Du fer, du charbon, des réchauds de terre, une petite enclume, des tenailles, un marteau, une lime, Fanchon et moi au milieu de tout cela, soufflant, forgeant, battant, gâtant du fer, recommençant : c'était vraiment un abrégé du mont Etna.

J'avais mis deux ou trois baguettes de fer dans un état où le plus habile serrurier n'en aurait pu rien faire du tout. Mes mains étaient écorchées, je suais à grosses gouttes, je jurais, Fanchon s'impatientait. Elle recommença à souffler, je recommençai à forger, et je ne réussis pas davantage. Je jetai à l'autre bout de la cuisine mes tenailles et mon marteau. Fanchon donna un coup de pied au réchaud et le renversa. Je me jetai sur une chaise, Fanchon sur une autre, nous nous regardâmes, et nos deux figures barbouillées et refrognées nous firent partir ensemble d'un éclat de rire.

Je ne ris pas long-temps. La liberté de Juliette dépendait de mon adresse : cette pensée suffisait pour me ranimer. Nous relevâmes le réchaud, nous rallumâmes le feu, je repris mes outils, j'essayai de nouveau avec aussi peu de succès. Je ne m'emportai plus; je m'affligeai sérieusement. Je ne voulus pas souper; je fus me coucher, et je ne fermai pas l'œil de la nuit.

Au point du jour, je me levai, et je fis lever Fanchon. Nous rentrâmes dans ce malheureux

atelier. Nous recommençâmes, nous nous opiniâtrâmes : vains efforts. Il nous fut impossible de rien faire de passable. Je me désespérai; Fanchon perdit tout-à-fait sa gaîté, et nous rêvâmes dans un coin, chacun de notre côté. « J'irai ce
« soir, m'écriai-je tout-à-coup, sonner à la porte
« du couvent. — Ce soir! — Je forcerai la tou-
« rière à m'ouvrir la porte intérieure, et, le pis-
« tolet au poing, j'arracherai cette infortunée du
« pavillon. — Tout cela ne se fait pas sans bruit.
« Le jardinier accourra, il vous tuera. — Tant
« mieux, je cesserai de souffrir. — Et que de-
« viendra cette tendre Juliette ? » Ce mot fit l'effet du tonnerre. Je ne répliquai rien. Je marchai tristement vers la cuisine; je regardai mon ouvrage; je sentis mon impuissance, et je tombai dans un découragement absolu.

J'avais recommandé à la nourrice de m'apporter mon enfant tout les matins. Elle ne devait pas tarder à venir : Fanchon m'y fit penser. Je me lavai et je mis du linge blanc, pour n'être pas exposé à des questions embarrassantes.

Fanchon allait et venait par la chambre. Elle regardait le plafond, en rongeant le bout de ses doigts; elle trépignait; elle se dépitait : « Prenez
« du papier, me dit-elle enfin, dessinez-moi un de
« ces malheureux crochets à serrure. Je n'en ai
« jamais vu, et je n'en peux pas deviner la forme
« sur ce que vous avez fait là. Dessinez, vous
« dis-je; peut-être ces crochets ressemblent-ils à

« quelque autre chose, qu'avec un peu de travail
« on rendra propre au même usage. — Je ne con-
« nais rien qui ressemble à cela. — C'est égal,
« dessinez toujours. » Je dessinai, et nous n'en
fûmes pas plus avancés.

La nourrice entra, et je ne lui fis pas grand accueil. Elle fut s'asseoir auprès de Fanchon, qui, aussi vive que moi, et cependant plus patiente, cherchait toujours sur mon dessin ce qu'elle n'y pouvait pas trouver. La nourrice, à qui on ne parlait pas, était mal à son aise. Pour ne pas perdre tout-à-fait contenance, elle jeta les yeux sur le papier qui fixait l'attention infatigable de Fanchon; et pour avoir l'air de dire quelque chose, elle me demanda si j'étais facteur d'instrumens. « De quels instrumens ? lui
« dis-je. De chirurgie, répondit-elle. Connaî-
« triez-vous cela, reprit vivement Fanchon? —
« Parbleu ! mon mari cautérise tous les jours.
« — Votre mari cautérise ! — Sans doute. N'est-
« ce pas un instrument à cautères qu'on a fait
« sur ce papier? » Quel trait de lumière ! quelle joie ! nous pouvions à peine nous contenir. Nous caressâmes le nourrisson et la nourrice, nous la fîmes déjeûner avec nous; et dès qu'elle fut sortie, Fanchon courut les quais. Elle acheta deux cautères chez un marchand, trois chez un autre, et enfin elle m'en rapporta une douzaine de toutes les formes et de toutes les grandeurs. Je respirai en les voyant; il n'y avait presque rien à faire.

Je courbai un peu le bout, j'applanis les côtés avec une lime, je les essayai sur toutes les serrures du logement de Fanchon, et je vis avec transport qu'il n'y en avait pas qui pussent me résister. Fanchon s'était chargée de faire l'échelle de corde ; et après quelques difficultés, elle réussit parfaitement. Je pris une verge à rideaux, je la cintrai par le milieu, je recourbai une des extrémités, je formai une espèce d'anneau, et voilà le crochet où je devais attacher mon échelle.

Ces préparatifs nous occupèrent pendant six grands jours, au point que nous n'eûmes pas le temps de penser à autre chose. Le soir du sixième jour, Fanchon s'aperçut que ses fonds et les miens étaient totalement épuisés. Dès que la nuit fut close, j'allai chez mon correspondant. Il se plaignit de ne m'avoir pas vu depuis long-temps. Je répondis à ses politesses, sans entrer dans aucun détail. Je pris cent louis, et je revins.

Le septième jour, il ne nous restait absolument rien à faire. C'est une terrible chose que l'oisiveté et des tête-à-tête de vingt-quatre heures entre un jeune homme et une jeune fille qui ont déjà franchi le premier pas ! Je regardais Fanchon du coin de l'œil ; Fanchon me regardait en dessous. Son teint s'anima, mon sang s'enflamma, j'allai à elle, elle vint à moi... « Non, mon ami, « non, dit-elle, nous ne ferons pas de sottises »; et elle sortit brusquement, et elle rentra avec la nourrice. Elle tenait l'enfant dans ses bras; elle le mit dans les miens. « C'est l'enfant de Juliette, « me dit-elle tout bas. Embrassez-le ; c'est un « remède sûr contre la tentation. » Elle garda la nourrice toute la journée, et le soir elle se hâta de se retirer dans sa chambre. Je la regardai au moment où elle y entrait ; elle s'arrêta et me regarda. Je tournai la tête d'un autre côté, et elle ferma sa porte. Il y avait quelque mérite à nous vaincre, car elle était très-bien, et je n'étais pas mal.

Le huitième jour, Fanchon me dit d'un air très-raisonnable : « Voilà des provisions pour « votre journée. Vous la passerez seul, de peur « qu'elle ne finisse mal. Je vous conseille d'es- « sayer cette nuit à délivrer Madame : il faut « nécessairement la mettre entre nous deux. Je « serai ici à dix heures, et je vous aiderai à dis- « poser vos machines. » Elle sortit.

A peine fus-je seul, que l'idée de Fanchon s'évanouit devant le souvenir de Juliette. C'est ainsi que les premiers rayons du jour dissipent quelques ombres qui semblent encore leur disputer leur empire. Je me livrai à la douce espérance de me réunir bientôt à tout ce que j'aimais, et la journée ne dura qu'un moment.

Vers les neuf heures, je sentis quelque émotion. Si j'étais pris dans un couvent de filles, j'étais perdu sans ressources; le supplice m'attendait, et je ne pus penser, sans une sorte de frayeur, aux dangers que j'allais braver. Cependant, si le succès couronnait mon entreprise, Juliette m'était rendue, et je ne pensai plus qu'à Juliette. Je tirai de dessous des falourdes mon échelle, ma pince, mes crochets et mes autres instrumens. Je les rangeai sur une table. Je les regardai d'abord avec complaisance ; bientôt de nouvelles réflexions m'inspirèrent de nouvelles terreurs. En passant auprès de moi, on pourrait, malgré les ténèbres, distinguer ces instrumens du crime, qu'il me serait impossible de cacher entièrement sous mes habits. Je pouvais être arrêté, avant que d'arriver sous les murs du couvent. Alors quelle défaite employer, quel détour prendre? Les apparences seraient contre moi, et on croit plus aisément aux forfaits qu'à l'amour. Mon sang se glaça, une sueur froide me mouilla le visage ; je balançai quelque temps. Enfin je renonçai à mon entreprise, et je me jetai dans un fauteuil, absorbé, anéanti.

Une pluie horrible, mêlée de grêle, tomba tout à coup. Elle fouaillait sur la porte et sur les vitres. Ce fracas me tira de mon accablement, et le premier objet qui se présenta à ma pensée ce fut Juliette. « Quoi ! m'écriai-je, je ne la ver-
« rais plus? je renoncerais à elle pour la vie ! je
« l'abandonnerais au malheur qui l'opprime !... Ah!
« ce supplice est le plus affreux de tous. La sau-
« ver, ou mourir. »

Fanchon rentra. La pluie lui avait fait prendre

une précaution bien utile, et à laquelle je n'avais pas songé : elle m'apportait un manteau. « Il vous « garantira, dit-elle, et il couvrira cette quan- « tité de choses dont vous allez vous charger. « Partons, lui répondis-je; le temps nous favo- « rise. Je prévois le péril; mais je m'y jette tête « baissée. »

J'ouvris mon gilet, et je tournai autour de mon corps mon échelle et mes cordes; j'allumai ma lanterne, et je la mis dans une de mes poches; je mis dans les autres tout ce qu'elles purent contenir. Je me fis une ceinture et j'y passai mes pistolets. Fanchon tenait la pince droite sous son mantelet. Je pris le bâton à ma main, et nous sortîmes.

La pluie continuait à tomber avec violence. Je voulais prendre une voiture ; Fanchon m'en empêcha : je formais un volume extraordinaire, et le cocher pouvait s'apercevoir de quelque chose. Nous nous décidâmes à aller à pied. Dans un moment, Fanchon fut percée jusqu'à la peau, et nous allions toujours. Nous traversions des ruisseaux rapides et profonds. Elle perdit ses souliers, et son ardeur ne se ralentit point. Le poids que je portais, la vivacité de notre marche, m'échauffèrent bientôt. La chaleur du sang se porta à ma tête et l'exalta. J'arrivai sous les murs du jardin plus déterminé que jamais.

Je repris la pince; je donnai mon manteau à Fanchon, et je la laissai dans l'enfoncement d'une porte cochère. Je ne vis personne dans la rue. J'ajustai mon échelle, et je m'approchai de la muraille. La partie où je me trouvais était couronnée par d'énormes branches d'arbres, je jugeai qu'on n'avait pas construit une serre en cet endroit : je fixai mon échelle, et je montai. J'écoutai. Le plus profond silence régnait partout. Je descendis, je fis quelques pas, et je me trouvai dans un carré d'asperges. J'y cachai mon échelle. J'écoutai encore; même calme, même silence. Je cherchai ma lanterne, elle était froide. Je la tirai de ma poche; elle s'était éteinte faute d'air, et j'étais au milieu des plus épaisses ténèbres. Je me rapprochai du mur; je le suivis à tâtons. Je sentis le volet d'une croisée, et mon cœur commença à battre avec une force extraordinaire. Je poursuivis, je tâtai ; la fenêtre était fermée. Je poussai doucement, elle résista. Je tournai le bâtiment, j'arrivai à la porte; elle était entr'ouverte. Je m'arrêtai, tremblant, irrésolu. J'invoquai Juliette, je pris un de mes pistolets, et je me jetai dans la serre. Je tombai sur le lit; il n'y avait personne. Je cherchai le fusil, je ne le trouvai point. Je sortis de la serre, et je m'avançai dans le jardin. Je marchais au hasard, et je m'égarai. Je me heurtai contre le banc de pierre sur lequel je m'étais assis la première fois que j'entrai dans le couvent, et je sus où j'étais.

Une lumière frappa ma vue; elle venait droit à moi : je me mis ventre à terre. La lumière suivait toujours la même direction ; elle approchait, et je me traînai, sur mes genoux et sur mes mains, jusque sous des arbustes qui étaient à quelques pas. Bientôt je distinguai deux religeuses qui faisaient leur ronde. Elles étaient accompagnées du jardinier, qui tenait son fusil prêt à tirer. Ils passèrent à deux pieds de moi, et la clarté de leur lanterne se porta sur les murs du pavillon que j'aperçus à peu de distance. Ils passèrent et entrèrent dans un verger. Je me levai, et je courus au pavillon. J'arrivai à la porte ; celle-ci n'était pas ouverte. Je pris mes crochets. En cherchant la serrure, je rencontrai une forte bascule de fer ; je la levai et la porte s'ouvrit. J'enfilai un passage qui me conduisit à l'escalier. Je montai, je tâtai de nouveau à droite et à gauche, et je passai devant plusieurs chambres qui me parurent bien fermées. J'éprouvai un embarras que je n'avais pas prévu. Laquelle ouvrir ? quelle était celle de Juliette ? Je n'osai pas l'appeler, de peur de réveiller quelque autre sœur, qui pouvait être couchée dans ce bâtiment. J'allai, je revins, j'écoutai, j'entendis des accens plaintifs, et aussitôt j'appliquai successivement plusieurs crochets. La serrure céda ; je me croyais au comble de mes vœux. Une seconde porte m'arrêta : de ma vie je n'éprouvai un sentiment aussi pénible. « Venez-« vous me délivrer ? me dit-elle bien bas à tra-« vers cette porte. Oui, répondis-je très-bas « aussi. — Tirez le verrou, il n'y a pas de ser-

« rure. » Nous nous cherchions l'un l'autre; nos mains se rencontrèrent bientôt. Je l'entraînai derrière moi, le long du corridor; nous sortîmes du pavillon, nous traversâmes le jardin, et je ne vis plus la lanterne. Les arbres formaient une masse d'ombre plus épaisse que les ténèbres ordinaires; je marchai de ce côté, et je me retrouvai dans le plant d'asperges. Je cherchai mon échelle; mes pieds s'embarrassèrent dans des cordes, et tel était le désordre de mes idées, que je me demandais ce que ce pouvait être. C'était mon échelle elle-même, que je pris et que j'appliquai à la muraille. Je montai le premier; je l'aidai à monter après moi; je la soutins d'une main sur le haut du mur, pendant que de l'autre je passais l'échelle dans la rue. Elle descendit, Fanchon la reçut, et je descendis après elle.

Je pris son bras. « Viens, lui dis-je, viens;
« éloignons-nous avant qu'on ne s'aperçoive de
« ta fuite. Grand Dieu! ce n'est pas lui, s'écria
« une femme dont la voix m'était inconnue.
« Ciel! ce n'est pas Juliette, m'écriai-je à l'in-
« stant. C'est la grande blonde, reprit Fanchon,
« en la regardant de très-près. Au nom de
« Dieu, ne me livrez pas, ne m'abandonnez pas,
« nous dit cette jeune personne. Ne craignez
« rien, lui répondis-je; mais dites-moi, je vous
« en supplie, où je trouverai ma Juliette. —Dans
« la chambre qui touche à la mienne. » Je remontai à la muraille. La nuit s'avançait; Fanchon

voulut me retenir. « Laissez-moi, lui dis-je; de-
« main il sera trop tard. L'évasion de mademoi-
« selle fera du bruit ; on redoublera de vigilance,
« on prendra de nouvelles mesures, je ne pourrai
« pas pénétrer, ou je ne la trouverai plus. » Je
descendis dans le clos, désespéré de ce fatal
contre-temps : il y avait de quoi perdre la tête.
Je regagnai le pavillon; j'arrivai à la porte de
Juliette; j'allais l'ouvrir, quand j'entendis celle
d'en bas qu'on fermait à double tour. On monta,
en parlant de l'étonnement où on était de l'avoir
trouvée ouverte. Bientôt j'aperçus la réverbé-
ration de la lumière. Éperdu, hors de moi, je
ne savais quel parti prendre. J'entrai dans la
chambre de la grande blonde. Je me jetai sous
son lit.

Les deux sœurs poussèrent un cri, en voyant
encore cette chambre ouverte. Elle montèrent
sur le lit même sous lequel j'étais ; elles ouvrirent
la croisée, et appelèrent le jardinier. Le jardinier, trop éloigné sans doute, n'entendit point,
et ne répondit pas. Elles descendirent, en appelant plus fort; elles ressortirent du pavillon, et
je les entendis remettre la bascule. Je me repentis
alors de ne les avoir pas contenues ; mais il
n'était plus temps. Je ne me possédais pas. J'étais
dans un état impossible à décrire. « Inspirez-
« moi, mon Dieu! m'écriai-je, mon Dieu, secourez-
« moi. » Juliette reconnut ma voix, et m'appela.
Je volai à sa chambre. J'essayai cinq à six cro-

chets avec précipitation. Plus je me hâtais, moins cette porte s'ouvrait. Déja j'entendais dans le jardin l'organe rond du jardinier. On allait rentrer dans le pavillon; je n'avais plus qu'un moment. J'insinuai ma pince entre la porte et le chambranle; je donnai une secousse violente, et je fis sauter la serrure. J'ouvris le verrou de la seconde porte; je jetai ma pince; je me saisis de Juliette; je m'armai d'un pistolet, et j'allais le mettre sur la gorge du premier qui se présenterait. Juliette m'arrêta. « Tu seras toujours maître, « me dit-elle, d'en venir à cette fâcheuse extré- « mité. » Elle me poussa dans son lit, elle se coucha par dessus moi, et me couvrit de tout son corps. On entra dans la chambre voisine. « Elle « est partie, dit le jardinier. Elle est partie, « reprirent les sœurs ! Qu'allons-nous faire ? com- « ment annoncer cela à madame ? Voyons du « moins si miss Tillmouth est chez elle. » A ces terribles mots, Juliette me serra dans ses bras, comme s'ils eussent pu me cacher ou me défendre. « Encore une chambre ouverte, s'écria « une sœur ! Répondez, Miss; êtes-vous là ? « J'y suis, dit Juliette, d'une voix tremblante. » Le jardinier entra; il tenait toujours son fusil à la main. Il regarda sous le lit, dans une petite armoire; il remua fortement les grilles de la croisée. « On n'a rien fracturé, dit-il, et il n'y a « personne ici. Voyons ailleurs. » En sortant ils trébuchèrent sur ma pince, et la ramassèrent. Ils

20.

remirent le verrou de la première porte, raccommodèrent avec ma pince même la serrure de la seconde, la fermèrent à deux tours, et continuèrent leurs recherches.

Pendant quelque temps, il se fit un bruit continuel dans le pavillon. On montait, on descendait, on se récriait sur la singularité de cet évènement; on n'y comprenait rien. Bientôt le jardin fut éclairé par un certain nombre de flambeaux. Je montai à la croisée. Je vis douze à quinze religieuses et cinq à six hommes armés, qu'à leurs habits je jugeai être des ouvriers habitués de la maison. Ils se dispersèrent dans les différentes parties de l'enclos. Tout à coup une voix cria : « Voilà une « échelle de cordes. » On se rassembla, et à la clarté des flambeaux, je distinguai mon échelle qui passait de main en main. « Tout est perdu, « dis-je à Juliette. Je n'ai plus d'échelle, je n'ai « plus de pince; comment sortir d'ici ! » Nous nous jetâmes dans les bras l'un de l'autre, et nous fondîmes en larmes. Jamais, peut-être, deux infortunés ne s'étaient trouvés dans une situation aussi désespérante.

Le jour parut enfin. Je commençai à distinguer les traits adorés de Juliette ; je la contemplais avec avidité. Qu'on se figure de quel étonnement je fus frappé : elle n'était pas accouchée.

Les obstacles se multipliaient à chaque instant. L'état de Juliette me parut le plus cruel de tous. Je ne pouvais plus la faire sortir que par la porte de la rue.

Nous entendîmes un bruit de clefs dans le corridor. Je crus devoir me cacher, jusqu'à ce que nous nous fussions décidés à quelque chose. On avait regardé sous le lit, dans l'armoire. Je sautai dans la cheminée. Juliette me soutint, et je me cramponai avec les genoux, les coudes et les reins. On entra chez elle ; on lui apportait son déjeûner. On ressortit, et par hasard je regardai en haut. La cheminée n'était pas barrée, et je continuai à monter. « Que fais-tu ? où vas-tu ? me disait Ju-
« liette. — Chercher les moyens de te sauver. —
« Tu exposes ta vie ! — Oui, mais je l'expose pour
« toi. — Descends, je t'en conjure. — Non, je
« ne laisserai pas plus long-temps ici ma femme,
« mon amante, ma vie. J'essaierai tout, je ten-
« terai tout. Si mes efforts sont inutiles, je re-
« descendrai, je partagerai tes alimens, ton lit,
« ta prison, et je serai heureux encore. » Elle m'envoya cent baisers. C'est tout ce qu'elle pouvait : nous ne nous touchions plus. Je parvins au haut de la cheminée avec des peines incroyables ; mais j'y parvins. Le pavillon était dominé par des arbres élevés, et je ne pouvais pas être aperçu des maisons voisines. J'étais privé d'une partie essentielle de mes moyens ; mais il me restait encore mes crochets, mes armes et mon courage.

On sonna l'office. Je sortis ma tête, et je vis les religieuses, les sœurs de garde et le jardinier se rendre à l'église. Je peux agir, au moins pendant une heure, me dis-je. Avançons. Je descendis sur le toit; je m'assis, et je me traînai jusqu'à une lucarne, qui n'était pas très-éloignée. On avait négligé d'y mettre des barreaux, et j'entrai dans un grenier. J'y trouvai quelques paniers d'osier, et une pile de planches, derrière lesquelles je pouvais me retirer; mais je n'avais pas pénétré jusque là pour m'y arrêter. Je descendis jusqu'à la porte du jardin. Elle n'était pas fermée à clé; mais la bascule était mise. Je ne pus pas sortir du pavillon. J'aperçus, près de cette porte, un petit escalier qui tournait sous le bâtiment. Je descendis encore, et je me trouvai dans une cave obscure et profonde. Je la parcourus; elle ne renfermait que quelques futailles vides. J'en comparai la grosseur à la largeur de l'escalier, et je sentis que ce ne pouvait pas être par là qu'on les avait entrées : il y avait donc une autre issue. Je marchai, et j'arrivai à un passage, au bout duquel étaient dix à douze marches qui conduisaient à une porte coupée, par dessus laquelle je voyais les arbres du jardin. En face de moi était une autre porte soigneusement fermée. Je rassemblai des idées confuses sur les localités, et il me sembla que cette seconde cave pouvait s'étendre vers la rue, en passant sous le corps de logis. Je l'ouvris, et je fus saisi par l'éclat imprévu d'une lumière. C'était une lampe suspendue à la voûte, dont la flamme pâle et vacillante éclairait des tombeaux. Les cérémonies des funérailles ne se faisaient point sans doute du côté par où j'étais entré. Le caveau devait être sous l'église, et communiquait probablement avec le chœur. Je regardai autour de moi, et j'entrevis dans le lointain de larges degrés, bordés d'une double rampe de fer. Je traversai le caveau, et je montai les degrés. Je fus arrêté par une trappe. Je balançai à la lever. Cependant je présumai qu'on était sorti de l'office, et ce n'était qu'en hasardant beaucoup que je pouvais réussir à quelque chose. Je me ployai en deux; et roidissant mes jarrêts et mon dos, j'essayai de soulever la trappe; elle résista long-temps. Je persévérai, je redoublai d'efforts, et elle s'ébranla. Je la levai enfin, et je montai dans une petite cour environnée de tous côtés de bâtimens et de murailles très-élevées. On n'avait pas ouvert de croisées sur cette cour, et j'examinai à loisir ce qui était à ma portée. Je vis un cylindre auquel était attaché une corde qui servait à lever la trappe; plus loin, un tas de pavés, et enfin deux portes qui fixèrent toute mon attention. L'une donnait dans un bâtiment quelconque. L'autre était percée dans un mur isolé. Je m'approchai de cette dernière; je regardai à travers les fentes.... O surprise! ô ravissement! elle ouvrait sur la rue.

Je descendis les degrés, je tirai la trappe après moi. Je sortis précipitamment du caveau, j'en refermai la porte, et je rentrai dans la première cave, enchanté de ce que j'avais découvert. Cette Juliette, me disais-je, cette Juliette dont je me

« suis rapproché par tant de peines, pour qui j'ai
« couru tant de dangers, cette Juliette va m'être
« rendue, et c'est d'elle que je recevrai le prix de
« mes travaux. »

J'entendis une autre cloche, qui vraisemblablement était celle du réfectoire. J'ignorais le temps qu'on donnait aux repas, et je connaissais la durée ordinaire des offices. Je savais, depuis le matin, que tous les gens de la maison y assistaient, et je résolus de rester où j'étais jusqu'à ce qu'on sonnât les vêpres. Je m'assis entre deux futailles. Je m'y tins immobile pendant deux grandes heures, livré à ce qu'une imagination ardente me présentait tour à tour de consolant et de cruel. Une foule d'idées contradictoires s'amoncelaient, se heurtaient dans ma tête. Je passais, sans interruption, de la crainte à l'espoir, du plaisir à la douleur. La cloche fit enfin retentir les airs; et ces sons, si long-temps attendus, parvinrent jusqu'à moi.

Quand je crus que tous nos surveillans étaient réunis à l'église, je courus à la chambre de Juliette. « Suis-moi, lui dis-je, suis-moi; l'heure de
« ta délivrance a sonné. » Elle frissonna à la seule proposition d'exécuter en plein jour un dessein aussi hardi. « Suis-moi, repris-je avec force.
« Ils sont maintenant dans une sécurité entière,
« et cette nuit ils veilleront. » Je l'entraînai; sa main tremblait dans la mienne. Nous traversâmes les corridors, la première cave, et nous entrâmes

dans le cimetière souterrain. Je le refermai sur nous, et je cassai un de mes crochets dans la serrure pour n'être pas surpris par derrière. A l'aspect de ces tombeaux, tristement éclairés par une lampe sépulcrale, Juliette fut saisie d'un sentiment d'horreur. « Les morts dorment en paix, « lui dis-je ; je vis, et je vis pour toi. Marchons. » A peine eûmes-nous fait quelques pas, qu'un bruit soudain me fit tressaillir. On leva la trappe ; j'entendis s'avancer un grand nombre de personnes ; un chant d'église frappa mon oreille. Je me sentis sans force et sans haleine ; j'étais glacé comme les restes inanimés que je foulais aux pieds. Il m'était impossible de rouvrir la porte par où nous étions entrés : nous ne pouvions plus rétrograder. L'extrême danger me fit passer subitement de la crainte à la témérité. Je m'avançai le pistolet à la main, prêt à verser du sang, puisque je ne pouvais plus l'épargner. Juliette tomba sur ses genoux ; je ne pus pas m'éloigner d'elle. Des prêtres récitant l'office des morts, un cercueil, les religieuses, les sœurs converses, le jardinier, la tourière, portant tous des flambeaux allumés, entrèrent dans le souterrain, et y répandirent une clarté qui m'inspira un nouvel effroi. Ils s'avancèrent, et je reculai en soutenant Juliette. La fosse qu'on avait ouverte se rencontra derrière nous ; nous y tombâmes l'un et l'autre, et Juliette s'évanouit. Le cortége s'approcha. Poussé au dernier désespoir, je jurai de mourir au moins les armes à la main, et je me relevai tout à coup. Ceux qui environnaient la fosse crurent voir un fantôme. Ils jetèrent un cri perçant, et se renversèrent les uns sur les autres. Je reconnus leur erreur ; elle m'enhardit, et j'en profitai. Je tirai deux coups en l'air, et tous tombèrent la face contre terre. Je saisis mon second pistolet. « Mort, m'écriai-je d'une voix terrible, mort à « quiconque osera lever les yeux ». L'épouvante était au comble. Je pris Juliette, et je la portai au haut des degrés, je baissai la trappe, et je la chargeai de tous les pavés qui étaient dans la cour.

Au milieu de ces horreurs, je conservai encore quelque présence d'esprit. Je remarquai que la porte qui conduisait dans la rue paraissait n'avoir pas été ouverte depuis long-temps. Si je sortais par là, je donnerais infailliblement des soupçons à des voisins, qui pouvaient être à redouter autant que les gens de l'intérieur. Je me décidai à chercher le logement de la tourière, qui ne pouvait pas être éloigné. Il ne me restait plus d'ennemis dans la maison : je les avais tous enfermés dans le souterrain, du moins je le croyais. Juliette reprit ses sens, elle s'appuya sur moi, et nous entrâmes sans défiance dans le bâtiment, dont la porte était ouverte. Nous trouvâmes la sacristie, d'où nous passâmes dans le chœur. Une fausse porte était pratiquée dans les lambris à côté de la grande grille, et la clé était dessus.

J'ouvris et nous arrivâmes par un couloir entre la grande porte d'entrée et celle qui fermait l'intérieur du couvent. « Eh bien ! ma sœur, votre « enterrement est-il fait? M'amènerez-vous enfin « miss Tillmouth au parloir, dit quelqu'un dont la « voix ne m'était pas inconnue »? En même temps un lâche, un infâme, un monstre parut sur le seuil du logement de la tourière. C'était le curé de Saint-Etienne-du-Mont. Mon sang s'alluma, la rage m'égara; je lui tirai un coup de pistolet; l'arme ne prit point. J'ajustai mon second coup; le perfide se retira dans la chambre de la tourière, et voulut s'y enfermer. Je le prévins, et je le renversai avec la porte. Il se releva avant que je pusse le saisir, il s'arma d'un long couteau qui était sur la table, et il s'élança sur moi. Je n'eus que le temps de parer les premiers coups avec mon pistolet. Ils étaient si prompts, qu'il me fut impossible de tirer, et heureusement je ne tirai pas; j'aurais été entendu de la rue. Nous nous saisîmes corps à corps. La fureur, la soif du sang, était égale des deux côtés. Il n'avait encore rien perdu de sa force, mais j'avais toute la mienne. Je le terrassai, je lui arrachai son couteau, et je levai le bras pour l'en frapper. Juliette voulut me retenir; vains efforts. Il me demanda bassement la vie. « Me l'aurais-tu donnée? La voilà « cette Juliette que tu as tant convoitée, et dont « tu ne jouiras jamais. C'est à elle, c'est à la vertu, « c'est à moi que je t'immole ». Et je lui enfonçai le couteau dans le sein.

La vengeance n'est plus douce après qu'on s'est vengé. Je détournai la vue, et j'ouvris enfin la porte de la rue. Nous sortîmes en affectant un calme que nous étions bien loin d'éprouver. Je tirai la porte après moi ; la serrure était saillante, elle se ferma.

Juliette chancelait ; elle pouvait à peine se soutenir à l'aide de mon bras. Je la pressais tout bas de se faire violence, au moins jusqu'au détour de la rue. Ceux qui passaient près de nous s'arrêtaient. Les uns me suivaient des yeux, les autres continuaient leur route, tous me faisaient frissonner. La violation d'un couvent, le meurtre d'un prêtre, m'envoyaient à la roue, et j'étais innocent. Quelles réflexions, quels tourmens, quel état! Je m'aperçus enfin que mes habits, couverts de boue et de suie, faisaient, avec la mise décente de Juliette, un contraste qui n'était que trop remarquable. « Je ne peux pas te donner le bras dans « l'état où je suis, lui dis-je ; tâche de me suivre « à quelques pas de distance ». Elle était d'une faiblesse extrême ; nous n'avancions pas. Je passai devant la boutique d'un fripier. J'y entrai pour y changer mes habits, et lui donner le temps de se remettre un peu. Elle reprit mon bras, et je la conduisis doucement jusqu'à la place Saint-Michel, où je croyais trouver des voitures. Elles étaient toutes en course, et il fallut se traîner à pied jusqu'à la rue du Mail, malgré la fatigue et le danger d'être reconnus.

Nous arrivâmes enfin devant la boutique de Fanchon. Elle était fermée. « Frappe, dis-je à Ju-
« liette, qui ne savait pas encore où je la menais,
« frappe. Si elle est sortie, je vais tomber ici : il
« m'est impossible d'aller plus loin ». Elle frappa, on n'ouvrit point; elle frappa plus fort, personne ne répondit. « Nomme-toi, lui dis-je ; peut-être
« craint-elle d'ouvrir. » Elle se nomma, à demi-voix, par le trou de la serrure; aussitôt une inconnue entr'ouvrit la porte. Nous entrâmes, et je me laissai aller sur un fauteuil, brisé, moulu, à demi-mort d'inanition.

CHAPITRE XVIII.

Départ de Paris.

Juliette et l'inconnue s'empressèrent autour de moi, et me prodiguèrent des secours. Juliette m'offrait des alimens, dont j'avais un si pressant besoin; sa main bienfaisante me rendait à la vie en me ramenant à l'amour. « Pauvre malheureux !
« comme il a souffert », disait-elle assise sur le même fauteuil, son bras passé sous le mien, sa joue contre la mienne. « Crois-tu que je m'en
« souvienne, lui répondais-je ? Je te vois, je te
« touche, à quoi puis-je penser qu'à toi ? Vous
« êtes heureux, nous dit l'inconnue, et je vous
« dois l'espoir de l'être bientôt à mon tour. Je
« verrai aussi mon ami. J'oublierai tout auprès de
« lui. »

Je rassemblai différens souvenirs, et je pensai à la grande blonde que j'avais tirée du pavillon. « C'est moi, me dit-elle, c'est moi qui vous dois
« tout, et qui ne peux rien pour vous ; mais vous
« avez un cœur, cherchez-y votre récompense. »

Elle nous raconta qu'elle aimait un homme du plus rare mérite. Elle avait résisté long-temps aux prières et aux menaces de sa famille. Mais il avait fallu céder enfin à l'abus de l'autorité : elle s'était laissé ensevelir dans un cloître.

La veille du jour où elle devait mourir au monde, elle avait reçu son amant chez elle. Ils s'étaient attendris, ils s'étaient oubliés ; et tel était le malheur de cet homme estimable, que la crainte de devenir père le consumait en secret.

Elle vivait au milieu des religieuses dont elle allait être la compagne, insensible à leurs caresses, et tout entière à son amour, quand elle me fit parvenir le billet de Juliette. Le lendemain, elle était revenue sous les croisées du pavillon, elle avait chanté encore, et Juliette lui avait jeté un second billet. On la surprit, on voulut lui arracher ce papier, elle le mit en morceaux. On n'attendait qu'un prétexte pour user de violence, et forcer ses irrésolutions. On se plaignit à son père ; il donna des ordres rigoureux. Elle fut enfermée dans le pavillon, pour n'en sortir qu'au moment où elle prononcerait ses vœux.

« Quoi ! lui dis-je, vous me parlez de reconnais-
« sance quand vous avez les droits les plus vrais

« à la mienne ! Quoi ! poursuivit Juliette, vous
« avez passé dix jours auprès de moi sans me
« rien dire de votre situation ! Partager nos cha-
« grins c'eût été les alléger. Savais-je, répon-
« dit-elle, que cette Juliette, à laquelle je par-
« lais à travers une épaisse cloison, était celle
« dont j'avais reçu les billets ? J'étais défiante,
« parce que j'étais malheureuse : une confidence
« déplacée pouvait me rendre plus malheureuse
« encore. » Elle ajouta que le jour même où on
l'avait si inhumainement resserrée, elle venait de
gagner un ouvrier qui lui avait apporté une lettre
de son amant. Il était décidé à fuir avec elle ; ce
contre-temps fatal avait détruit tous leurs projets.
« Et cet enfant, lui dit Juliette, cet enfant que
« j'ai entendu naître entre des verroux et des
« grilles ? Cet enfant est le mien, répondit-elle
« en baissant les yeux. Des chagrins cuisans, les
« précautions que j'avais prises pour cacher sept
« mois ma grossesse, ont avancé sa naissance. Je le
« croyais perdu pour son père et pour moi, con-
« tinua-t-elle en m'adressant la parole ; vous me
« l'avez rendu, je l'ai embrassé, c'est le plus grand
« de vos bienfaits. Vous savez le reste. Vous êtes
« entré dans le pavillon, je vous ai entendu. Je
« ne concevais pas quels moyens on avait em-
« ployés pour ma délivrance ; mais on croit faci-
« lement ce qu'on espère. J'attendais mon amant,
« et quand vous avez pris ma main j'ai cru
« tenir celle de M. de Cervières. De M. de

« Cervières! m'écriai-je, vous êtes mademoiselle
« d'Hérouville! — Et vous êtes ce sensible Happy
« dont Fanchon m'a tant parlé! — Fanchon! re-
« prit Juliette. — Qu'est devenue cette pauvre fille?
« demandai-je à mademoiselle d'Hérouville. » Elle
me répondit qu'elles avaient passé la nuit ensemble sous les murs du couvent à m'attendre, et à
se désoler. Fanchon, mouillée, sans souliers, tran-
sie de froid, avait été obligée enfin de venir se changer. Elle avait laissé mademoiselle d'Hérouville
chez elle, l'avait priée de l'attendre, était retour-
née au couvent, et n'avait pas reparu depuis le
matin. Juliette ne comprenait rien à tout cela : je
lui contai ce que Fanchon avait fait pour nous,
à certaines choses près, qu'il était au moins inutile de lui dire.

Une voiture s'arrêta à la porte, et nous nous
enfuîmes tous les trois dans la cuisine. Fanchon
entra, en chantant le couplet du jour. « Eh bien!
« où sont-ils donc? dit-elle. Craignent-ils jusqu'à
« leurs amis »? Elle embrassa Juliette avec des
marques de considération qui me flattèrent, et
elle me parla avec une réserve dont je lui sus bon
gré. Elle nous apprit ensuite ce qui s'était passé
au couvent après que nous en fûmes sortis. « Dès
« qu'il a fait grand jour, nous dit-elle, je me suis
« éloignée des murs du jardin ; vous ne pouviez
« plus vous échapper par là. J'ai couru les alen-
« tours de la maison, en évitant d'être vue de la
« tourière, qui pouvait me jouer un mauvais tour

« en reconnaissance de la niche que nous lui avons
« faite avant-hier. J'ai passé la journée à aller et
« venir, à regarder, à tempêter. Fatiguée enfin
« d'être sur mes jambes, je suis entrée dans le caba-
« ret en face de la grande porte, et je me suis clouée
« à une croisée, entre une tranche de jambon et
« une bouteille de Bordeaux, que j'avais demandées
« pour la forme. Bientôt une foule innombrable
« s'est rassemblée devant la porte du couvent. J'ai
« tremblé pour vous, et pourtant j'ai demandé ce
« que c'était.... Vous êtes un habile homme! vous
« n'avez pas seulement eu l'adresse de tuer votre
« curé! Qu'il vive, répondis-je, et qu'il se re-
« pente. C'est cet animal-là, poursuivit Fan-
« chon, qui causait toute la rumeur. Il s'était
« traîné à la croisée; il l'avait ouverte, et il avait
« appelé du secours. On a sonné pendant une
« demi-heure, et personne n'est venu à la porte.
« On a pris le parti de l'enfoncer, et on n'a trouvé
« dans la maison que quelques pensionnaires, qui
« ne savaient pas ce que les autres étaient deve-
« nues. Plus de religieuses, plus de sœurs, plus
« d'aumonier, plus de jardinier, plus de tou-
« rière. Tout cela restait à perpétuité dans le sou-
« terrain, si ce maudit curé n'avait balbutié quel-
« ques mots sur je ne sais quel enterrement. On
« a couru à la trappe; on est descendu dans le
« caveau, et on a trouvé les vivans et les morts
« pêle-mêle, et ne valant pas beaucoup mieux
« les uns que les autres. Jugez du bruit que tout

« cela a fait dans le quartier; mais jugez de ma
« joie quand j'ai su que le curé avait dit au com-
« missaire qui est venu recevoir sa déclaration,
« qu'il avait été assassiné par un scélérat qu'il vou-
« lait empêcher d'enlever une Anglaise, et qui
« venait de s'enfuir avec elle. J'ai laissé le curé,
« les nones et le commissaire s'arranger entre eux
« comme bon leur semblera. Je suis partie, et me
« voilà. »

Juliette la félicita sur la manière dont elle prenait les choses, et la remercia très-affectueusement des peines qu'elle s'était données. « Ce n'est
« pas tout, dit Fanchon; je ne suis pas au bout
« de mes courses. Vous êtes deux; mais voilà une
« belle demoiselle qui est seule, et la solitude ne
« lui vaut rien. Je demande grace pour aujour-
« d'hui: vous conviendrez qu'il m'est permis d'être
« fatiguée. Mais demain, au point du jour, j'irai
« chez M. de Cervières, qui ne s'attend pas au
« réveil que je lui garde. Nous nous occuperons
« ensuite de certains arrangemens qui vous con-
« cernent, Mesdames et Monsieur; car malgré ma
« bonne volonté, vous ne pouvez pas rester ici:
« cette dernière aventure va mettre à nos trousses
« tous les limiers de la police. Pensons d'abord au
« souper, et amusons-nous. Nous réfléchirons
« quand le moment sera venu. »

Elle donna du papier et de l'encre à Mademoiselle d'Hérouville. « Ecrivez, lui dit-elle. Écrire à
« ce qu'on aime, c'est tromper l'ennui de l'ab-

« sence. Pour vous deux, je n'ai pas de conseils
« à vous donner. Ce que je peux faire de mieux,
« c'est de vous laisser ensemble. » Et en effet elle
nous laissa. Juliette me tira sur ses genoux. Nous
voulûmes parler affaires, nous ne pûmes parler
qu'amour. Mademoiselle d'Hérouville écrivait;
Fanchon faisait la cuisine, comme elle faisait tout,
en riant et en chantant; tout le monde était occupé, tout le monde était content, et le plaisir
du moment fit disparaître la crainte du lendemain.
Nous soupâmes très-gaîment. Fanchon faisait des
contes; Mademoiselle d'Hérouville riait quelquefois; Juliette et moi, nous répondions de travers,
parce que nous avions notre conversation particulière, qui valait bien la conversation générale.
« Je vais les faire répondre juste, dit Fanchon à
« Mademoiselle d'Hérouville. A quelle heure vous
« couchez-vous ? Tout de suite, lui répondis-
« je. » Juliette ne dit rien; mais elle me regarda.....
Oh quel œil ! il dit, demande, et promet tout.

Nous nous couchâmes, mademoiselle d'Hérouville avec Fanchon; et moi.... Comme elle sut me
payer de ce que j'avais fait pour elle ! Une femme
aimante est le premier des biens; c'est le chef-
d'œuvre de la nature.

Je fus réveillé en sursaut par des embrassemens
si répétés et si forts, que je ne sus d'abord qu'en
penser. C'était M. de Cervières, qui n'avait pu
contenir sa joie, et qui, sans plus de façons,
entra dans notre chambre, pour me donner des

marques de sa reconnaissance. Je me levai; et pendant que nos dames se mettaient en état de paraître, nous passâmes dans la boutique. Les passions sont les mêmes dans tous les hommes. M. de Cervières avait oublié la gravité magistrale, et il déraisonnait comme un sous-lieutenant de dragons : tôt ou tard il faut payer le tribut à la nature. Mademoiselle d'Hérouville, une moitié de ses vêtemens sur elle, et l'autre dans ses mains, accourut se joindre à nous. Je compris d'abord que Fanchon leur avait ménagé un tête-à-tête, et qu'ils s'étaient déja *dit bien des choses.* Cependant si la conversation prit un autre tour, elle n'en fut pas moins animée. Ces deux jeunes gens étaient faits l'un pour l'autre, et je m'applaudis sincèrement d'avoir contribué à leur réunion.

Juliette entra. Elle estimait M. de Cervières; elle le revit avec plaisir, et il lui dit mille choses affectueuses et honnêtes. « La première fois que
« je vous vis, continua-t-il, je pénétrai le secret
« de vos amours, et Milord est peut-être le seul
« qui ait pu s'y tromper. Je n'ai jamais douté, de-
« puis, que vous fussiez avec Monsieur, et je suis
« bien aise que vous ayez préféré le bonheur à
« l'ambition et à la fortune. »

Nous nous assîmes tous les quatre, et nous tînmes conseil sur le parti que nous allions prendre. M. d'Hérouville d'un côté, et le curé de l'autre, étaient deux ennemis également à craindre. Nous connaissions leur activité et leur crédit : il

fallait leur échapper ou vivre dans des inquiétudes continuelles. « Juliette a une somme assez forte,
« dis-je à M. de Cervières. Réalisez votre fortune,
« et fuyons avec nos femmes et notre or. Nous
« trouverons une terre libre, où on ne nous de-
« mandera pas compte de nos affections. » Cette idée fut d'abord unanimement adoptée. Cependant le prudent Cervières ne fut pas long-temps à sentir les inconvéniens de ce projet. « Votre signa-
« lement, me dit-il, et celui de mademoiselle d'Hé-
« rouville, seront infailliblement envoyés dans les
« ports de mer et aux villes frontières. Il est possi-
« ble cependant d'arriver en pays étranger ; mais
« aussi, si vous étiez reconnu, dans quel abyme
« de maux ne vous trouveriez-vous pas replongés ?
« Mademoiselle d'Hérouville n'a à redouter que
« son père, et vous avez encouru la sévérité des
« lois. La pureté de vos intentions ne vous sauve-
« rait pas. Il faut sans doute quitter Paris ; mais il
« faut rester au centre de la France. J'ai un ami
« solide et vrai. Il possède une assez jolie terre
« dans les environs de Saumur : vous vous retire-
« rez là. Vous vous retirerez là ! interrompit
« mademoiselle d'Hérouville, d'un petit air bou-
« deur. Et vous, monsieur ? — Je ne veux plus
« vous perdre, ma bonne amie, et pour cela il
« faut être prudent. Votre père aura les yeux ou-
« verts sur ma conduite : il faut détourner les
« soupçons. Je resterai quelque temps à Paris ; je
« me répandrai dans le monde ; je chercherai les

« moyens de faire prendre à nos affaires commu-
« nes une tournure moins désavantageuse. La sai-
« son où je vais à la campagne n'est pas très-
« éloignée. On ne remarquera pas alors mon
« absence, on me croira dans mes terres, et je
« serai avec vous. » Mademoiselle d'Hérouville n'é-
tait pas du tout d'avis de se séparer de M. de
Cervières; mais Juliette lui parla si raisonnablement, si fortement, qu'elle fut obligée de céder.

M. de Cervières se chargea de faire acheter une
berline. On convint qu'on prendrait les chevaux
et le cocher de son ami. Mademoiselle d'Hérouville, grande et svelte, devait se mettre en
homme, et passerait pour le frère de Juliette.
Nous prendrions des noms supposés, nous partirions sans délai, et on laisserait l'enfant chez sa
nourrice, sous la surveillance de Fanchon.

M. de Cervières se disposa à nous quitter. Il
voulait prévenir son ami des arrangemens que
nous venions de prendre, et il nous engagea à l'y
aller joindre le soir : le logement de Fanchon était
continuellement ouvert au public, et il pouvait
être dangereux de s'y arrêter plus long-temps. A
la seule idée de ne revoir M. de Cervières que le
soir, mademoiselle d'Hérouville fit encore une
petite mine si expressive, si jolie, si touchante !
Elle fut remarquée : c'était ce qu'on voulait. « Et
« comment faire ? lui dit le bon Cervières. Je suis
« connu. Si je viens ici deux fois dans la journée,
« on y fera attention, et les circonstances exigent

« une extrême circonspection. — Je m'envelop-
« perai dans mes coiffes, Fanchon m'accompa-
« gnera, je vous suivrai de loin, de très-loin. J'ar-
« riverai chez votre ami un quart-d'heure après
« vous : c'est plus qu'il n'en faut pour vous ras-
« surer. » Il lui sourit, et l'embrassa.

Nous nous quittâmes, M. de Cervières et moi, pénétrés l'un pour l'autre de cette affection sincère qui ne manque jamais de s'établir entre deux êtres qui éprouvent les mêmes penchans et les mêmes malheurs.

Mademoiselle d'Hérouville et Fanchon le suivirent de très-près. Nous pensâmes, Juliette et moi, à ce qui nous était nécessaire pour le voyage. J'avais du linge; mais les effets de Juliette étaient restés à notre logement de l'Estrapade, ou à son couvent. Elle n'avait absolument rien. Fanchon se chargea, avec sa complaisance ordinaire, de lui acheter les choses de première nécessité ; et, au déclin du jour, je sortis à mon tour pour aller prendre chez notre correspondant le reste de nos fonds.

Je jouis, en entrant chez lui, de la plus agréable surprise. J'y trouvai Abell le fils. Nous nous embrassâmes comme deux amis qui n'espéraient plus se revoir, et qui se réunissent au moment où ils y comptent le moins. La paix venait de se conclure entre la France et l'Angleterre, et Abell avait succédé à son père dans l'honorable emploi de secrétaire d'ambassade. Son premier soin, en arrivant à

Paris, avait été de s'informer de nous, et la voix publique lui avait appris confusément nos derniers malheurs. Il ignorait les détails; mais il en savait assez pour concevoir de vives alarmes, et il était venu chez son correspondant pour nous découvrir, et nous être utile, si cela dépendait de lui. Je lui contai ce qui nous était arrivé, ce que nous avions à craindre, et ce que nous avions résolu. « Non, dit-il, non. Vous ne sortirez pas de Paris « dans une voiture particulière. Votre aventure « est publique, on ne parle que de cela, et on « vous peint sous des couleurs affreuses. C'est « peu de chose; mais ce qui n'est pas indifférent, « ce sont les précautions prises pour s'assurer de « vous. Il ne sort rien des barrières qui ne soit « exactement visité. Vous ne passerez qu'à la fa- « veur d'une livrée respectable, et je vous la pro- « curerai. En attendant venez chez l'ambassadeur « d'Angleterre : les gens de la police n'entrent pas « là. J'accepte vos offres, lui dis-je; allons pren- « dre Juliette. Allons, reprit Abell. » Nous mîmes deux sacs d'or dans sa voiture, et nous arrivâmes chez Fanchon. Il soupira en revoyant Juliette : on n'oublie jamais entièrement ce qu'on a tant aimé. Juliette, de son côté, était embarrassée : je les mis à leur aise. « Vous vous estimez « trop, leur dis-je, pour ne pas vous aimer un « peu, et la contrainte nuit à l'amitié. Causons « librement. » Il répéta à Juliette ce qu'il m'avait dit chez le correspondant, et des larmes lui vin-

rent aux yeux. « Il est décidé, dit-elle, que
« nous n'aurons pas un moment de repos. Votre
« sort changera, Madame, lui répondit Abell. Vous
« êtes anglaise; c'est un titre auprès de l'ambassa-
« deur, et le cabinet de Versailles ne lui refusera
« pas la première grace qu'il sollicitera. Je me
« charge de tout, je réponds de tout. Évitons seu-
« lement les premières poursuites. Il serait dur
« pour vous et pour vos amis que vous éprou-
« vassiez encore quelques désagrémens. »

Nous prîmes congé de Fanchon. Juliette la pria
de la manière la plus pressante de recevoir cent
louis. Elle refusa obstinément. « Laissez-moi, nous
« dit-elle, le plaisir de vous avoir obligés : votre
« argent lui ôterait tout son charme. » Elle me
serra la main, et nous montâmes en voiture.

Lorsqu'Abell nous eut conduits dans son appartement, il me demanda des notes positives sur
notre dernière catastrophe et sur les causes qui
l'avaient produite. Il écrivit une partie du jour
sous ma dictée. Il me fit ensuite différentes questions sur mademoiselle d'Hérouville et M. de Cervières, qu'il avait beaucoup vus chez madame
d'Alleville, et il écrivit encore mes réponses. Il
remonta en voiture pour les aller prendre et les
amener chez lui. « Elle sera ici plus en sûreté
« qu'ailleurs, nous dit-il, et vous ne serez pas
« fâchés d'être ensemble. » Une demi-heure après
ils entrèrent tous les trois. Mademoiselle d'Hérouville avait déja ses habits d'homme. « Voilà un

« joli polisson que je vous recommande, dit M. de
« Cervières à Juliette. Il est bien séduisant et bien
« aimable : prenez garde à votre cœur. »

La rencontre d'Abell changea quelque chose
à nos dispositions. On arrêta que M. de Cervières
ferait partir la berline le lendemain de bonne
heure, qu'elle nous attendrait à Étampes, et que
nous irions, jusqu'à cette petite ville, dans une
voiture de l'ambassadeur.

Abell nous promettait beaucoup, et ce n'était
pas un homme léger : ses promesses nous inspirèrent de la confiance. Mademoiselle d'Hérouville
et Juliette, jeunes, belles, sensibles, Cervières
et moi empressés, tendres et heureux, Abell exhalant autour de lui l'âme la plus délicate et la plus
honnête, tout concourait à rendre cette soirée
délicieuse. Elle s'écoula dans ces épanchemens
mutuels, dans ces soins recherchés, où l'amitié
sait égaler l'amour.

M. de Cervières se leva et se retirait. « Où allez-
« vous ? lui dit Abell. J'ai des lits à vous donner. »
Cervières courut se rasseoir auprès de mademoiselle d'Hérouville. Elle le regarda en dessous, et
rougit. « Imitez miss Tillmouth, lui dit Abell. Elle
« n'a pas craint d'aimer ; elle ne rougit pas
« d'ajouter chaque jour au bonheur de ce qu'elle
« aime. Mes amis, la vertu est en nous. Elle est
« indépendante des conventions humaines, et miss
« Tillmouth et mademoiselle d'Hérouville sont
« des femmes respectables à mes yeux. Puisse le

« ciel un jour m'en accorder une qui leur ressem-
« ble ! Abell, mon cher Abell, lui répondis-je
« en le serrant dans mes bras, oui, vous serez
« enfin aussi heureux que je le désire, et que vous
« méritez de l'être. »

Le lendemain matin j'entrai dans sa chambre
à coucher, et je le priai de rester dépositaire de
notre petite fortune qu'il était assez inutile d'emporter à la campagne avec nous. « Je ferai, me
« dit-il, tout ce qui vous sera agréable. Vous pou-
« vez tirer sur moi jusqu'à la concurrence de cent
« mille francs : le reste de vos fonds me parvien-
« dra sous peu de jours. » Je lui demandai si nous
partirions bientôt. « Non, me répondit-il. Vos en-
« nemis sont adroits : nous les mettrons en défaut
« à force de témérité. »

Il passa chez l'ambassadeur, il y resta long-
temps, et revint déjeûner avec nous. « Vos affaires
« vont bien, Mesdames, dit-il à Juliette et à ma-
« demoiselle d'Hérouville. Avant quinze jours vous
« aurez de mes nouvelles. » Il ne s'expliqua pas
davantage; mais c'était nous en dire assez.

On vint prendre nos paquets, et on les descendit. Mademoiselle d'Hérouville se mit à la
croisée; elle vit la voiture qui allait l'éloigner de
M. de Cervières : elle lui prit la main, et la porta
à sa bouche d'un air si pénétré !.... « Je ne vous
« ai demandé que quinze jours, mademoiselle,
« lui dit Abell. Si un délai aussi court vous afflige,
« continua-t-il en regardant Juliette, quelle res-

« source reste-t-il à ceux qui n'ont plus d'espoir ?
« Les consolations de l'amitié, lui répondit Ju-
« liette en l'embrassant avec une cordialité dont
« je l'aurais presque remerciée. » Bientôt deux
postillons attelèrent six chevaux magnifiques à un
carrosse de parade. Nos Dames se mirent dans le
fond, Abell et moi sur le devant, un cocher à
moustaches monta sur le siége, quatre laquais
derrière, deux coureurs partirent en tête des
chevaux, et nous roulâmes avec une effrayante
rapidité. En approchant de la barrière, nous
éprouvâmes tous trois une forte émotion. J'enfonçai mon chapeau sur mes yeux, Juliette dé-
ploya son éventail, et mademoiselle d'Hérouville
pâlit. « Ne craignez rien, nous dit Abell; j'ai pensé
« à tout. » Une sentinelle se présenta pour arrêter
la voiture : « C'est l'ambassadeur d'Angleterre,
« crièrent de loin les coureurs. » Le factionnaire
se rangea, et nous passâmes.

Le danger qui n'est plus à craindre est bientôt
oublié. Nous n'avions pas fait deux lieues, que
l'avenir seul nous occupait; et Abell le présentait
d'une manière si séduisante et si vraie, que
la raison la plus sévère n'avait rien à lui opposer. Une gaîté folâtre dissipa les idées sombres qui nous avaient si long-temps poursuivis,
et mademoiselle d'Hérouville elle-même eut de
ces mots piquans qu'on ne trouve jamais que
quand on ne les cherche pas. « A propos, dit Ju-
« liette, quel nom donnerons-nous à cet espiègle-

« là ? Célestin, reprit Abell ; ce nom va bien
« à sa figure. Et vous, continua-t-il en m'adres-
« sant la parole, comment vous appellerez-vous ?
« Abell, lui répondis-je. Si je connaissais un
« nom plus respectable, je le prendrais. — C'est
« un nom assez obscur, poursuivit-il ; mais j'aime
« que vous l'ayez choisi, madame le portera. Il
« fut un temps où j'ai pu croire... » Il se tut. Un
morne silence succéda à cet aimable abandon, et
nous contrista tous.

Nous joignîmes la berline de M. de Cervières.
Abell fit arrêter le cocher. « Séparons-nous ici,
« nous dit-il. Plus nous irons, moins je pourrai
« vous quitter. » J'approuvai sa proposition : l'équipage brillant dans lequel nous étions, devait
être remarqué dans une petite ville, et les curieux
sont dangereux partout. Nous nous promîmes
de nous écrire souvent. Nous nous séparâmes
d'Abell avec les plus sincères regrets, et nous arrivâmes à Etampes, sans nous être dit un seul
mot.

CHAPITRE XIX.

Aventures de nuit et de jour.

Je me dispenserai de faire la description d'Etampes. Cette ville serait ignorée de tout l'univers,
si elle était seulement à cent pas de la grande
route. Nous y fîmes assez maigre chère, nous y

fûmes mal couchés, et nous en partîmes cependant d'assez bonne humeur.

Je m'avisai de faire une perquisition générale dans la voiture, et je fus fâché, d'après mes découvertes, de ne m'en être pas avisé la veille. Le soupé en eût été meilleur. Le prévoyant Cervières avait rempli les coffres de viandes froides et d'excellens vins. Cette attention nous fit plaisir. Nous marchions à petites journées, et nous pouvions tomber dans des auberges où nos provisions nous seraient encore plus nécessaires qu'à Etampes. En effet, dès le premier village où on arrêta pour faire rafraîchir les chevaux, nous ne trouvâmes rien, pas même du pain passable. M. Célestin décoiffa un pâté, et en fit fort bien les honneurs. Nous invitâmes notre cocher à en prendre sa part. Il se rendit à l'invitation, il vida sa bouteille, et les chevaux en marchèrent beaucoup mieux.

Il faisait le plus beau temps du monde. Nous baissâmes toutes les glaces ; et notre cocher, qui était une espèce de Maître-Jacques, se mêla à la conversation, et en fit bientôt tous les frais. Il nous conta l'histoire de tous ses maîtres, et finit par nous conter la nôtre, sans savoir qu'il parlait aux héros de l'aventure. Cette histoire s'était prodigieusement augmentée avant d'arriver jusqu'à lui. J'avais traité sept à huit religieuses comme les Bulgares avaient traité Cunégonde ; j'en avais enterré d'autres toutes vives, et j'avais emporté la caisse de la communauté. J'osai donner un démenti au cocher. Il prit fort bien la chose; mais il m'assura qu'il savait beaucoup mieux que moi ce qui s'était passé, parce que la tourière était la cousine-germaine du beau-frère de la tante du père de sa femme qui lui avait conté tout cela. Je lui jurai que la fille du neveu de la belle-sœur du cousin-germain de la tourière ne lui avait pas dit un mot de vrai. Il me donna une preuve du contraire, à laquelle je ne m'attendais pas: il tira de sa poche une complainte en soixante-quatre couplets, que le poète Fardeau avait déjà composée sur cette aventure lamentable et remarquable. Le moyen de rien opposer à une complainte du poète Fardeau? Le cocher la chanta d'un ton de vérité, qui nous en imposa presque à nous-mêmes ; et, de couplets en couplets, nous arrivâmes à la dînée.

Nous descendîmes à une auberge passable, et nous fûmes dispensés d'avoir recours à nos provisions. M. Célestin trouva dans la chambre où nous étions, une vieille guitare qui avait à peu près toutes ses cordes ; il l'acheta, et la fit porter dans la voiture. Nous payâmes, et nous repartîmes.

Le cocher nous avait mis en goût de chanter. M. Célestin prit sa guitare, il en pinçait fort bien ; Juliette avait une très-jolie voix, je chantais agréablement, et nous commençâmes un petit concert. Les passans étaient émerveillés, le cocher applaudissait, et nous avions à peu près épuisé les *duo* et les *trio* que nous fournit notre mémoire, lorsqu'un accompagnement de contre-basse interrompit tout à coup les concertans : c'était le tonnerre. Mademoiselle d'Hérouville en avait une peur épouvantable. Sa guitare lui tomba des mains, et elle s'enveloppa la tête dans la robe de Juliette. Je levai les glaces, je baissai les stores, et les éclairs n'en pénétraient pas moins jusqu'au grand œil bleu de mademoiselle d'Hérouville. La pluie se mêla à tout cela. Je passai mon manteau au cocher, et je le pressai d'avancer. Il survint un coup très-violent. Mademoiselle d'Hérouville se jeta dans le fond de la voiture. Les chevaux se cabrèrent et refusèrent d'avancer. Juliette parut intimidée: cela pouvait devenir sérieux. Je fis dételer les chevaux; le cocher les attacha à un arbre, et il vint se réfugier dans la voiture.

Cet orage finit, comme tous les autres, par amener le beau-temps. Mademoiselle d'Hérouville se releva, et fut la première à rire de sa frayeur. Nous avions perdu deux grandes heures, et il eût fallu marcher de nuit pour arriver au gîte où nous nous étions proposé de coucher. Mademoiselle d'Hérouville craignait autant les voleurs que le tonnerre; Juliette avait froid; son état exigeait des ménagemens : je dis au cocher d'arrêter au premier cabaret.

« Voilà une méchante auberge, nous dit-il au « bout d'une demi-heure; mais vous ne logerez « pas là. Pourquoi, reprit mademoiselle d'Hé-

« rouville? une nuit est bientôt passée. Qu'il y ait
« seulement un lit pour ma sœur, et nous nous
« arrangerons comme nous pourrons. » Je descendis, et je me chargeai des fonctions de maréchal-des-logis. Je n'eus pas plutôt le pied dans la maison, que j'aurais voulu en être à vingt lieues : c'était à faire reculer. Je demandai à quelle distance nous étions du prochain village. On me répondit qu'il était à deux mortelles lieues de là : il fallut se résigner.

On me fit monter un escalier à claires-voies, qui conduisait à une chambre où il y avait un lit. Quel lit! On me montra un cabinet, qui n'était séparé de la chambre que par le corridor. J'y trouvai un second lit : le meilleur des deux était détestable.

Le reste répondait parfaitement à ce que je venais de voir. Des vitres cassées, des chaises boiteuses, des tables vermoulues, des poulets étiques, qui couraient partout, et qui laissaient sur tous les meubles des traces de leur passage, une hôtelière à prendre avec des pincettes, et un hôtelier de fort mauvaise humeur, tel était le lieu de plaisance où nous devions passer la nuit.

Je demandai ce qu'on nous servirait. On me répondit qu'on nous donnerait une excellente fricassée de poulets. « Faite avec ces poulets-ci?
« repris-je, en montrant ceux qui trottaient autour
« de nous. Oui, monsieur, oui, me dit le sei-
« gneur châtelain en fronçant le sourcil, et vous

« serez sûr qu'ils ne seront pas morts de la pépie. »
Je lui promis très-honnêtement de lui payer ses
poulets; mais je l'engageai à les garder. « Mettez-
« nous des draps blancs, si vous en avez, lui dis-je,
« et faites-nous vite un bon feu. » Je retournai à
la berline, je présentai la main à mes deux com-
« pagnes de voyage, et je les introduisis. Elles
me regardèrent, et firent une mine ! Le parti le
plus sage était de s'amuser de tout cela, et c'est
celui que nous prîmes. Nous nous assîmes autour
du foyer. Juliette se chauffa, mademoiselle d'Hérouville pinça de la guitare, je fis sécher mon
manteau, et le cocher nous monta de la voiture
certains moyens de consolation qui manquent rarement leur effet.

A peine avions-nous commencé à souper, que
sept à huit poulets sautèrent dans les plats et bec-
quetèrent le pain, le pâté, et jusqu'aux viandes
froides. Je crois qu'ils n'avaient pas mangé de deux
jours. Je les chassai, je fermai la porte; ils rentrèrent par la chatière. L'un sauta sur le dos de
ma chaise, un autre sur l'épaule de Juliette; un
troisième s'accrocha les pattes aux cheveux de mademoiselle d'Hérouville. Nous nous levâmes, nous
courions par la chambre notre assiette à la main,
et les poulets nous suivaient partout. Le cocher
prit un vieux pot, l'emplit à moitié de mies de
pain et de pâté, leur mit cela dans un coin.
Ils se jetèrent dessus, et nous laissèrent tranquilles.

Une scène d'un autre genre succéda à celle-ci. Notre hôtesse, qui, de sa vie, n'avait tenté que son mari, était pourtant accessible à la tentation. Elle trouva M. Célestin fort à son gré, et elle lui fit des agaceries qui n'étaient pas équivoques. M. Célestin, qui était monté sur le ton plaisant, répondait aux mines de l'hôtesse. Le mari, qui était jaloux, dieu sait de quoi, appelait sa femme à chaque minute; elle descendait, et remontait aussitôt : elle ne manquait jamais de prétextes. Elle se plantait vis à vis de Célestin, et le mangeait des yeux. Celui-ci lui renvoyait des œillades! La petite femme n'y tenait plus. Juliette et moi nous jouissions de tout cela, sans avoir l'air de prendre garde à rien. Le mari, homme brutal et mal élevé, entra dans la chambre au moment où sa moitié donnait toute son attention à des choses fort tendres que lui débitait M. Célestin. Il la prit par une oreille, et lui fit descendre l'escalier en deux sauts. Célestin voulut soutenir son rôle; il persifla le mari; le mari envoya promener Célestin, et le cocher mit le mari à la porte. Deux rouliers, qui venaient d'arriver, prirent parti pour le cabaretier. Je fus obligé d'intervenir dans cette affaire. Ces messieurs parlèrent très-haut; je parlai plus haut qu'eux. L'hôtesse n'osait pas remonter; mais elle criait en bas à tue-tête; le cocher jurait; on ne s'entendait plus. Juliette se déclara médiatrice entre Célestin et le cabaretier. Celui-ci, tout grossier qu'il était, se laissa persuader par une jolie bouche. Il convint qu'il n'était qu'un impertinent ; mais il nous jura qu'il avait de bonnes raisons pour se défier de sa femme, et pour l'observer de très-près. Juliette engagea les parties à boire ensemble. Elle emplit les verres d'un vieux vin qui concilia tout. Célestin, le mari, les rouliers trinquèrent deux ou trois fois avec beaucoup de cordialité, et ils se quittèrent les meilleurs amis du monde. Mademoiselle d'Hérouville convint qu'elle avait poussé la plaisanterie trop loin, et elle se promit bien d'être plus circonspecte à l'avenir.

Nous nous amusâmes quelque temps de la bizarrerie de ce quiproquo, et on vint couvrir nos lits. L'hôtesse ne cessait de regarder Célestin du coin de l'œil, en déployant ses draps ; mais Célestin était revenu des intrigues : il fut parfaitement sage. « Comment allons-nous nous arranger ? dis-
« je à Juliette. Comme tu voudras, répondit-
« elle. Eh bien, repris-je, nous coucherons ici.
« Le lit du cabinet est étroit ; nous le donnerons
« à ton frère. Oui, poursuivit l'hôtesse. Je vais
« lui mettre un matelas de plus. Il est délicat, il
« faut qu'il soit bien. » Mademoiselle d'Hérouville ne lui répondit rien, et la laissa faire.

Nous nous disposâmes enfin à nous coucher. Mademoiselle d'Hérouville nous souhaita le bon soir, et passa dans son *appartement*. Nous commencions à nous déshabiller, quand elle vint frapper à notre porte : je lui ouvris. « Je ne cou-

« cherai pas là, nous dit-elle. J'ai peur, et la
« porte ne ferme point. Je passerai la nuit auprès
« du feu. Nous ne le souffrirons pas, lui ré-
« pondit Juliette. Vous coucherez avec moi, et
« Happy prendra le lit du cabinet. Non, ma
« bonne amie, répliquai-je. Cet arrangement-
« là ne me plaît pas du tout, je vous le déclare
« net. Allons, reprit Juliette, un peu de com-
« plaisance. Ne serais-tu pas bien aise que Cer-
« vières en fît autant pour moi »? Elles m'embrassèrent, l'une bien tendrement, l'autre bien ami-
calement, et je me laissai mettre à la porte.

J'étais enseveli dans un profond sommeil, quand
je sentis quelque chose de lourd qui se plaçait
directement sur moi. Je me réveillai à demi, et
je m'aperçus que ce quelque chose était sous la
couverture. Je me réveillai tout-à-fait, et j'eus
peur à mon tour. J'avançai la main : j'en rencontrai une très-dure et très-alerte. J'avançai davantage, et je saisis des formes qui n'avaient rien
d'engageant ; c'était une femme. « Que le diable
« t'emporte, m'écriai-je en sautant en bas du lit.
« Mon cher petit... mon cher petit... — Ton cher
« petit est couché avec ma femme; va te remet-
« tre auprès de ton mari. — Couché avec sa sœur !
« Oh! le petit scélérat ! Et vous leur passez cela !
« Mon homme ne serait pas si complaisant. » Et
ses mains recommencèrent à jouer avec tant de
vivacité, que je fus obligé de lui appliquer cinq
à six claques sur le derrière, pour lui faire lâcher

prise. « Marguerite, Marguerite » ! cria une voix de Stentor, qui fit trembler la maison jusque dans ses fondemens. Marguerite s'enfuit, je ne sais par où. Bientôt le cabaretier parut en chemise, une lanterne dans une main, et un gourdin dans l'autre. Il continuait ses clameurs, et le nom de Marguerite retentissait de la cave au grenier. Les rouliers, qui ne sont pas endurans, et qui n'aiment pas qu'on trouble leur sommeil, tombèrent à grands coups de fouet sur le cabaretier ; le cabaretier joignit sa femme au bout du corridor, et tomba sur elle à grands coups de bâton ; le cocher, qui accourut au bruit, s'embarrassa dans les jambes de Marguerite, et ils roulèrent au bas de l'escalier.

J'entrai dans la chambre de Juliette. Je les trouvai l'une et l'autre interdites du carrillon infernal qu'elles avaient entendu : elles ne savaient à quoi l'attribuer. Je leur contai ce qui venait de m'arriver, et nous rîmes aux larmes de la mésaventure de la cabaretière. Je me rhabillai, je ranimai le feu, je rallumai la chandelle, je m'enveloppai dans mon manteau, et je me couchai par terre. « Vous « allez passer le reste de la nuit là ? me dit ma- « demoiselle d'Hérouville. Croyez-vous, lui « répondis-je, que je veuille m'exposer à une « seconde irruption de votre Dulcinée ? Je ne re- « tournerais pas dans le cabinet pour tout l'or du « Pérou. » Nous recommençâmes à rire de plus belle, et nous nous endormîmes en riant.

Il était écrit que la nuit finirait comme elle avait commencé. Je fus réveillé une seconde fois par une voix tremblante. On m'appelait. « Qu'est-ce « que c'est ? répondis-je en me frottant les yeux. « — Il y a des revenans ici. — Et où sont-ils ces « revenans ? — Venez ici, regardez donc. » C'était mademoiselle d'Hérouville, qui me montrait de la main quelque chose qui était dans le fond de la chambre. Je regardai : « Eh ! c'est un pot, lui dis- « je. — Oui, mais ce pot marche. — Comment, « il marche ! — Eh ! sans doute il marche. » Et elle se serrait contre Juliette, qui dormait profondément. Je regardai plus attentivement : le pot marchait en effet. « Que pensez-vous de tout cela ? « me dit-elle. — C'est fort extraordinaire. — Ah ! « mon dieu ! que j'ai peur ! — Et de quoi ? Après « tout, ce n'est qu'un pot. — Un pot ! Avez-vous « jamais vu un pot marcher ? — J'avoue que cela « n'arrive pas communément. » Pendant que nous discourions, le pot avançait sensiblement. La chandelle était au pied du lit ; il allait la renverser. L'impatience me prit. « Fût-ce le diable, dis-je, « je saurai ce que c'est. » Je donnai un violent coup de pied au pot. Un poulet qui était dessous s'envola sur le lit, et réveilla Juliette. Je recommençai à rire. Mademoiselle d'Hérouville suivit mon exemple ; et Juliette en fit autant, quand elle sut de quoi il était question.

Nous nous creusâmes la tête pour deviner comment le poulet avait pu se glisser sous le pot.

Juliette pénétra le mystère. Ce pot était le même dans lequel le cocher avait donné à manger à la volaille. Les poulets, en sautant sur les bords du pot, l'avaient renversé, et un d'eux s'était trouvé pris. Il avait vu la lumière, à travers les crevasses, et il avait cherché à se débarrasser.

« Je prends mon parti, dis-je à ces dames, « je ne dors plus. — Ni moi, ni moi, répondirent-« elles. » Elles se levèrent, et nous passâmes le reste de la nuit à lire, à nous chauffer, et à faire réveillon.

Au point du jour, j'appelai le cocher. Je lui dis de mettre les chevaux ; je le chargeai de payer la dépense, pour être dispensé de toute espèce d'explication avec le cabaretier ou sa femme. Nous montâmes en voiture, et nous partîmes. Les évènemens de la nuit firent le sujet de la conversation pendant toute la route ; et nous arrivâmes à Orléans, en riant encore du pot ambulant, et de la conquête de M. Célestin.

Juliette se sentit fatiguée, et je proposai à mademoiselle d'Hérouville de passer la journée à Orléans. Elle nous était trop tendrement attachée pour nous rien refuser.

Cette ville mérite l'attention du voyageur. Elle est arrosée par la Loire. La largeur de son lit, le commerce qu'elle alimente, les bateaux de toute espèce dont elle est continuellement chargée, le mouvement et la vie qui se communiquent de ses bords rians aux quartiers les plus éloignés,

nous offrirent un tableau aussi varié qu'intéressant. Il me fit naître une idée que je communiquai à Juliette et à mademoiselle d'Hérouville. C'était d'arrêter un de ces bateaux couverts qu'on appelle dans le pays des *cabanes*, de l'arranger commodément, et de descendre la Loire jusqu'à Saumur. « Vous serez plus à votre aise,
« leur dis-je, nous irons plus vite, et nous voya-
« gerons d'une manière bien plus agréable. » Ma proposition fut acceptée, et nous nous occupâmes, à l'instant même, de son exécution. Nous choisîmes la cabane la plus jolie et la plus grande, et nous convînmes de prix. Je ramenai mes compagnes à l'auberge, et je procédai à l'équipement de ma *frégate*. J'y fis porter des provisions de bouche, des lignes pour pêcher, si la fantaisie nous en venait, et un fusil à deux coups pour tirer des oiseaux aquatiques, s'il s'en présentait. Enfin j'achetai des matelas et des couvertures. Juliette riait de l'immensité de mes préparatifs ; mademoiselle d'Hérouville me demandait si nous nous embarquions pour un voyage de long cours.
« Je ne veux pas, leur dis-je, que nous soyons
« exposés davantage aux incursions des poulets,
« aux entreprises des cabaretières, ni à la crainte
« des revenans. Laissons courir ces grandes aventures aux successeurs de don Quichote, et
« tâchons de nous procurer les commodités de la
« vie. » L'après-midi, je fis laver l'intérieur de la cabane, j'y fis coller un petit papier fort gai, et

je donnai à notre bâtiment la tournure et la propreté d'une barque hollandaise. Je terminais mes dispositions, lorsque des crocheteurs parurent avec un piano et une ample collection de musique. Je reconnus là Juliette. « Bravo ! m'écriai-
« je, nous réunirons tous les plaisirs, la chasse,
« la pêche, la musique, la bonne chère, l'amitié
« et l'amour. La jolie manière de voyager ! Oh !
« la bonne idée qui m'est venue là ! » Notre *pilote*, qui était un grand garçon d'une vingtaine d'années, coucha *à bord* pour veiller à la conservation de nos propriétés. Le lendemain matin je donnai à notre cocher les renseignemens qui devaient le conduire droit à notre destination. Je lui dis de ménager ses chevaux, d'arriver quand il pourrait, et nous nous embarquâmes.

Nous avions un temps à souhait. On ne voyait pas un nuage ; l'azur du ciel se réfléchissait sur une nappe d'eau limpide, et la teignait d'un vert léger ; un vent doux enflait notre petite voile sans nous incommoder. Nous *démarrâmes*, enchantés du parti que nous avions pris, et regardant avec complaisance les moyens de jouissance que nous nous étions procurés.

Il y avait au moins un an que nous n'avions touché de piano, et la musique obtint la préférence sur les autres amusemens. Mademoiselle d'Hérouville prit sa guitare, et improvisa sa partie. Une pile d'ariettes et de concertos nous suffirent à peine, tant nous étions affamés d'har-

monie. Juliette me présenta une sonate... « La
« reconnais-tu, mon ami?... » Je l'embrassai avec
un transport!... C'était cette précieuse sonate à
quatre mains, à qui j'avais dû le premier baiser
de l'amour. Nous l'exécutâmes avec un plaisir
indicible. Nous y mîmes l'expression et la chaleur que des souvenirs délicieux avaient fait
passer dans nos ames. Le pilote oubliait sa rame,
mademoiselle d'Hérouville laissait échapper sa
guitare; ils retenaient leur haleine, ils craignaient de perdre un son. A la fin du morceau,
mademoiselle d'Hérouville passa à l'*arrière du
bâtiment*, et rentra avec une humeur terrible,
mais qui n'était que trop fondée. « Que sont de-
« venus, dit-elle, les siècles heureux des Amphion
« et des Orphée? Je ne vois autour de nous ni
« dauphins, ni tritons, ni nymphes, ni Amphi-
« trite, pas même une pauvre petite naïade.
« Moi, je vois le pont de Beaugenci, nous dit le
« batelier »; et nous sortîmes de la cabane.

Beaugenci n'est pas une ville considérable;
mais son aspect est extrêmement pittoresque.
Elle s'élève en amphithéâtre sur les deux rives
de la Loire. Ses environs sont délicieux. Des maisons de campagne, éparses çà et là, des vignobles,
des terres labourables, des prairies, des rochers
couronnés par des bouquets d'arbres, des sources
abondantes, qui s'échappent des cavités pour
tomber en cascades, et qui viennent, en bouillon-
nant, grossir le lit de la rivière, tout semblait

s'être réuni pour nous offrir un coup d'œil enchanteur. Ces dames en furent si fortement, si agréablement frappées, qu'elles s'aperçurent à peine que le courant nous emportait avec violence. Elles passèrent le pont avec l'intrépidité des Amazones.

Le vent continuait à nous favoriser, et nous courions *cinq à six nœuds* par heure. Nous arrivâmes à un banc de sable, où notre pilote nous dit avoir quelquefois pris du poisson. Je fis *carguer* la voile, on jeta *l'ancre*, et nous tendîmes nos lignes. « En attendant, nous dit mademoi-
« selle d'Hérouville, qu'il plaise à quelque *dorade*,
« ou à quelque *cachalot*, de mordre à l'hameçon,
« je suis d'avis de déjeuner. » Juliette appuya la proposition ; le pilote ne disait rien ; mais je vis qu'il n'en pensait pas moins. J'étendis une serviette en dehors de la cabane, je la chargeai de différens mets, chacun prit ce qui lui plut, et on déjeuna, un œil à sa ligne, et l'autre à sa fourchette. Mademoiselle d'Hérouville, qui n'avait pas une grande habitude de la pêche, ne prenait pas garde que la plume de sa ligne était sous l'eau, et que la verge recevait des secousses assez fortes. « Tirez donc, monsieur, lui dit le bate-
« lier. » Il était trop tard ; la verge était à l'eau. Célestin se désespère, et saute après ; je tremblai pour Célestin, et je sautai après lui ; Juliette allait sauter après moi : le batelier la retint. « Ne
« craignez rien, lui dit-il, madame ; il n'y a pas

« deux pieds d'eau. » Je rattrapai la verge, je tirai à moi. Un *monstre marin* tirait de son côté, et tirait bien. Célestin, qu'échauffait l'amour de la gloire, oublia la fraîcheur de l'eau ; il voulut partager avec moi l'honneur de la conquête ; nous tirâmes ensemble, et, après la plus belle défense, une superbe alose fut conduite à bord.

Nous éprouvâmes un petit embarras. Il fallait changer M. Célestin, et il n'avait qu'un habit d'homme. Je lui en offris un des miens. « Vous « êtes plus grand que moi de toute la tête, me « dit-il; voyez donc la jolie tournure que j'aurai « là-dedans » : l'amour-propre ne perd jamais ses droits. « Venez, lui dit Juliette, je vous habille- « rai en fille, et vos habits sècheront. » Elles passèrent dans la cabane, et, lorsqu'elles en ressortirent, le batelier jura que M. Célestin ressemblait si fort à une demoiselle, que le plus fin pourrait s'y méprendre.

C'est un grand plaisir que de prendre une alose ! mais pour qu'il soit complet, il faut l'apprêter soi-même. Il n'est pas de Française qui ne se mêle un peu de cuisine. Juliette, tout-à-fait francisée, se joignit à mademoiselle d'Hérouville ; elles saisirent le poisson d'une main hardie. Sans égards pour leurs jolis doigts, pour leurs bras arrondis, il leur alongea force coups de queue, et leur échappa lorsqu'elles s'y attendaient le moins. Elles jetèrent deux ou trois cris, selon l'usage, plongèrent leurs bras dans la rivière, les frottèrent, les replongèrent; toute l'eau de la Loire suffit à peine à cette ablution. Je leur baisai les mains à toutes deux, pour les convaincre qu'il ne restait pas la moindre odeur, et je pris le poisson à mon tour. Bientôt il ne fut plus question que de savoir à quelle sauce on le mettrait, et ce fut le sujet d'une longue et profonde dissertation. Ces dames citèrent tous les auteurs qui ont écrit sur cette importante matière, depuis Lucullus jusqu'à la Cuisinière Bourgeoise. Elles firent une récapitulation générale de toutes les sauces possibles, la *ravigote*, l'*italienne*, la *marinade*, la *galantine*, la *matelote*, la *béchamel*, etc., etc. Parfaitement ignorant en cuisine, j'étais d'avis de faire comme on voudrait : je désirais seulement qu'on voulût bien vouloir quelque chose. « Eh! parbleu, dit le batelier, faut-il tant « de façons? Mettez là-dessus une bouteille de « bon vin, et un morceau de beurre frais, et vous « m'en direz des nouvelles. » On s'en tint là, et on fit bien; on n'eût jamais fini. La discussion eut cependant son utilité. Nous avions passé le pont de Blois sans nous en apercevoir.

Nous découvrîmes une petite île, située par je ne sais quel *degré de latitude*. Elle était couverte de peupliers et de tilleuls, et l'herbe verdoyante était courte et fine. « C'est là, dit Juliette, « qu'il faut manger l'alose. Tope, répondis-je »; et nous *virâmes de bord*. Nous ne trouvâmes *ni port*, *ni baie*, et nous échouâmes sur le sable.

Nous descendîmes, et le *pilote* remit sa *frégate à flot* d'un coup de genou. Il traversa, en un clin d'œil, le *détroit* qui nous séparait d'un assez joli village, et il revint avec les ustensiles indispensables pour la confection d'un court-bouillon. Pendant que je creusais un foyer avec mon couteau, ces dames ramassèrent des branches sèches. La flamme pétilla, le poisson cuisit, et nous commençâmes un des plus agréables repas que j'aie faits de ma vie. Les saillies, la chansonnette, quelques baisers volés à Juliette et repris aussitôt, la gaîté franche de mademoiselle d'Hérouville, les historiettes du batelier, tout contribua à le rendre charmant.

L'homme est vraiment heureux, quand il veut se rapprocher de la nature.

Après le dîner, on courut, on joua, on se roula sur l'herbe. Le chant des oiseaux nous jeta enfin dans une douce rêverie, qui nous rappela ce vers si heureux de Saint-Lambert :

> Souvent j'écoute encor, quand le chant a cessé.

Mademoiselle d'Hérouville, qui avait le nez en l'air, cria qu'elle avait découvert un nid de *colibris*, et le batelier lui protesta que c'étaient des chardonnerets. On pense bien que le nid fut convoité : il fallut l'avoir à quelque prix que ce fût. Je m'accrochai à l'arbre, j'y grimpai, et je fis hommage à ces dames de cinq petits captifs fort jolis. Ce fut à qui les caresserait. On courut à la cabane, on arracha la ouate d'une pelisse pour les loger plus chaudement; on broya de la mie de pain dans un verre, on fit une brochette, on leur donna à manger; et pendant que tout cela se faisait, nous arrivions à Amboise.

Il nous restait encore quelques heures de soleil, et nous résolûmes de descendre jusqu'à Tours. Je pris la rame, et je me chargeai de la *manœuvre*. Le *pilote*, excédé, s'endormit aux pieds de M. Célestin, qui lui plaisait beaucoup, quoique ce ne fût qu'un garçon.

Je voguai très-heureusement pendant une heure ou deux. J'évitai très-adroitement *les bas-fonds, les courans et les récifs*. Mais enfin je tombai dans un *archipel*, composé de quatre ou cinq îles, grandes au moins comme le bassin du Palais-royal, et je ne pus jamais m'en tirer. On rit, et je me piquai; on se moqua de moi ouvertement, et j'enrageai. Juliette me chanta ce joli morceau des mille et un charmans ouvrages de Grétry :

> Le pilote interdit,
> Dans sa boussole
> Cherche le pôle,
> Et n'y voit goutte en plein midi.

On ne se tire pas d'un *péril éminent* avec des chansons, pas même avec des cantiques, car j'entonnai celui de *Notre-Dame du bout du Pont*, et je n'en menai pas mieux ma barque. J'échouais sur une île, je me remettais *à flot*, et je m'engravais sur une autre. Mademoiselle d'Hérouville étendit les bras, grossit sa voix, et dit, avec l'emphase d'une Sibylle, sans écumer pourtant :

« Chacun son métier, et les vaches sont bien gardées. »

Cet oracle était clair ; aussi le compris-je à merveille. J'éveillai le batelier, et je lui remis son *aviron*.

Nous entrâmes, *vent arrière*, dans le *port* de Tours, et nous trouvâmes dans la grande rue une auberge où on paie très-cher, mais où on est très-bien. Nous mîmes tous les gens de la maison en l'air, et nous nous dédommageâmes amplement des privations de la nuit précédente. On nous servit un joli souper, c'était déja quelque chose ; on nous donna d'excellens lits, c'était mieux encore. Je partageai celui de Juliette, c'était tout.

Au point du jour nous nous rembarquâmes frais, gaillards et dispos. La matinée était fraîche, et nous nous enfermâmes dans la cabane. L'amour fait son profit de tout : je pris Juliette sur mes genoux, et je m'enveloppai avec elle dans mon manteau. Cette position offre mille avantages que nous n'avions pas encore éprouvés : c'est une belle chose que l'expérience ! Célestin se mit à rire ; il prit mon fusil, et passa à *l'avant*, disposé à s'amuser aux dépens de qui il appartiendrait. « Vous n'êtes pas raisonnable, me dit Juliette,

« dès que Célestin fut sorti. Vous oubliez que
« la décence fait tout le charme de l'amour ; vous
« cesserez de m'aimer, quand vous cesserez d'être
« délicat. » Je méritais la mercuriale, je demandai
pardon, je l'obtins, et Juliette le scella.... Nous
étions seuls.

Célestin nous cria qu'il voyait un troupeau de
gazelles, et, pan, il lâcha ses deux coups à la
fois, en détournant la tête, et en fermant les
yeux. « Que faites-vous donc, M. Célestin, lui
« dit le batelier? ce sont des chèvres. — Ce sont
« des *gazelles*. Ce sont des chèvres, vous dis-
« je. » Je fus pris pour arbitre, et je donnai gain
de cause au batelier, malgré le sentiment de pré-
dilection qui me faisait pencher en faveur de
Célestin. Fort heureusement il n'avait rien tué.
Je rechargeai le fusil, et je lui recommandai de
ne pas prendre un bœuf pour un *buffle*, ni un
âne pour un *zèbre*. A peine étais-je rentré dans
la cabane, que Célestin me *héla* : « Lâcherai-je
« ma *bordée*, ou attendrai-je *l'abordage?* » Je lui
demandai quel ennemi le menaçait. « C'est un
« *flibustier*, me répondit-il, qui *fait force voiles*
« sur nous. C'est la patache, reprit le batelier.
« Gardez-vous bien de tirer sur les commis de la
« ferme ; ils dresseraient un procès-verbal de ré-
« bellion. » Célestin était très-capable de tuer un
chevreau qui se met à la broche ; il n'avait pas
envie de tuer un commis, qui n'est bon à rien.
Aussi la patache nous *amarina*, sans éprouver de

résistance. Ces messieurs, qui exercent une police très-active sur la rivière, voulaient savoir quels étaient les téméraires qui déclaraient la guerre au bétail. Je leur protestai que nous étions des êtres très-pacifiques, qu'on avait simplement déchargé un fusil en l'air, et j'en donnai une preuve sans replique : c'est qu'on n'avait rien tué à quinze pas de distance. Ces messieurs profitèrent de l'occasion pour s'informer si nous n'avions rien contre les ordonnances du roi; je leur répondis que j'avais le malheur de ne pas connaître les ordonnances. Là-dessus ils firent une visite fort exacte, et mirent la main sur quelques bouteilles du meilleur vin de Beaune. Ils me demandèrent mon *permis*. Je leur répondis que je n'avais besoin de l'agrément de personne pour boire quand j'avais soif. Ils m'apprirent qu'il était défendu d'avoir soif à ceux qui ne portaient pas en poche la signature d'un directeur des aides, et le vin de Beaune passa de notre *bord* à *bord* de la patache. J'avais quelque envie de rosser les alguazils du directeur des aides; mais ma Minerve était là : Juliette m'arrêta avec ce vers de Régnard :

Que ferez-vous, monsieur, du nez d'un marguillier ?

La citation me fit rire, et quand je ris, je ne peux pas me fâcher : la patache s'éloigna aussi tranquillement qu'elle nous avait abordés. « Eh « bien ! s'écria Célestin, quand je vous ai dit que

« c'étaient des *flibustiers*, avais-je tort ? Encore, « continuai-je, s'ils avaient remis leur visite après « le déjeuner ! Nous avons à manger, mais on ne « mange pas sans boire. » On décida qu'il serait sursis au déjeuner, jusqu'à ce que j'eusse remplacé le vin qu'on venait de nous escroquer au nom du roi, et le *pilote* reçut l'ordre de *relâcher* à Langeais, petite ville entre Tours et Saumur.

Le vin de Langeais n'est pas merveilleux. Nous en bûmes peu ; mais nous parlâmes beaucoup. Nous touchions au terme de notre voyage, et il était temps de nous occuper un peu du château que nous allions habiter, de sa situation, des ressources que nous pourrions nous y procurer. Nous n'avions pas pris sur tout cela des renseignemens bien étendus : Cervières et mademoiselle d'Hérouville avaient eu tant d'autres choses à se dire ! Nous donnâmes carrière à notre imagination, chacun de nous fit son roman, et rien de ce que nous avions prévu n'arriva ; comme c'est assez l'ordinaire. Au reste, les châteaux en Espagne ont cela de bon, qu'ils amusent, sans faire de mal à personne.

Nous arrivâmes enfin à Saumur. Je fis emballer le piano, nous dînâmes, et nous montâmes dans une berline, qui nous conduisit aux *Roziers* : c'est le nom du village après lequel nous courions depuis cinq jours.

Ainsi finit ce voyage, qui n'aura jamais la célébrité de ceux de Coock; mais que j'ai cru devoir publier pour l'utilité de ceux qui voyageront de Paris à Saumur.

CHAPITRE XX.

Double mariage. Egaremens du cœur et de l'esprit.

Le concierge nous reçut comme des personnes pour qui on lui avait recommandé les plus grands égards. Il accourut avec sa femme et ses deux filles, pour nous ouvrir la grille et nous présenter la main. Ces marques de déférence nous flattèrent beaucoup moins que deux paquets qu'il nous remit. C'étaient des lettres de nos bons amis de Paris. L'une était d'Abell, et l'autre de Cervières. Nous ne prîmes pas le temps d'entrer dans le château; les cachets furent brisés dans la cour. Mademoiselle d'Hérouville lut de son côté, et nous du nôtre. Dès la première ligne, je sautai de joie : la lettre de cachet était révoquée. « Oh ! poursuis ! pour-« suis », me dit Juliette, les yeux mouillés des larmes du plaisir. Abell avait cité à l'Officialité le curé de Saint-Etienne-du-Mont. On avait entendu comme témoins la mère Jacquot et le commis des diligences, qui m'avait si charitablement averti. Après une heure de débats, le curé avait été convaincu d'être un homme sans mœurs, sans principes et sans probité. Abell s'éleva avec tant de force contre lui; il avait donné tant de publicité à cette affaire, que l'archevêque ne put se dispenser d'envoyer le curé à Saint-Lazare. C'était beaucoup pour notre digne ami de nous avoir vengés de notre oppresseur ; mais cela ne pouvait suffire à son zèle, ni à son attachement : il ne savait pas faire les choses à demi. Il avait porté au lieutenant de police le jugement de l'Officialité, et il s'était déclaré mon défenseur. Il nia que je fusse entré dans le couvent. Il soutint que cette inculpation était évidemment l'effet de la haine du curé, et qu'il était absurde de me poursuivre sur le seul témoignage d'un homme dont les intentions perverses n'étaient que trop connues. Sa défense était appuyée par une lettre pressante de l'ambassadeur d'Angleterre. Enfin le lieutenant de police avait été persuadé, ou il avait feint de l'être, et mon affaire était assoupie. Ma belle, ma bonne, ma sensible Juliette me jeta ses deux bras au cou en me disant : « C'est à présent que nous sommes « inséparables ; c'est à présent que le sceau des « lois confirmera les sermens de l'amour. »

Mademoiselle d'Hérouville continuait de lire, et je ne voyais sur son visage aucune marque de satisfaction. « La lettre n'est-elle pas de Cer- « vières ? lui dis-je. Oui, me répondit-elle. — « Et vous ne riez pas ! — Mon frère est mort. — « Jamais homme n'est mort plus à propos, pas « même dans un roman. » Nous nous approchâmes d'elle, et elle nous donna sa lettre. Son frère s'était fait nommer maréchal de camp, et quel-

ques colonels de dragons, plus anciens que lui, avaient trouvé mauvais qu'on leur fît un passe-droit en sa faveur. Un d'eux, plus brutal que les autres, lui avait passé son épée au travers du corps, et l'avait envoyé joindre les preux chevaliers de sa race. Cervières ne doutait pas que cet évènement ne changeât les dispositions de M. d'Hérouville. Il allait se rapprocher de lui, et tâcher de se concilier ses bonnes graces par toutes sortes de prévenances et d'honnêtetés. « Voilà qui va bien,
« dis-je à mademoiselle d'Hérouville ; vous serez
« infailliblement madame de Cervières. — Croyez-
« vous, mon ami ? — Autant votre père a marqué
« d'éloignement pour vous établir, autant il y va
« mettre d'empressement, et il me semble que le
« père de votre fils mérite la préférence. » Elle avait l'air de douter encore, pour avoir le plaisir d'être rassurée. Nous la rassurâmes, et nous fîmes notre entrée dans le château.

Il est situé à mi-côte, entre Saumur et Angers. La Loire baigne le pied de la colline, et un bois touffu en couvre le sommet. Le bâtiment est gothique, et cependant agréable à la vue. « L'œil se
« repose avec plaisir sur les anciens édifices, dit
« Juliette. L'imagination aime à se reporter aux
« siècles reculés. Je rêverai tendrement en regar-
« dant ces tourelles. Elles me rappelleront la che-
« valerie, et la chevalerie rappelle les amours.
« Vous avez votre *chevalier*, lui dit mademoiselle
« d'Hérouville, et le mien est à Paris. Il vien-

« dra, lui dis-je. Si *Tancrède* a sa *Clorinde*, *An-*
« *gélique* aura son *Médor*. Viennent après cela les
« *Argant*, les *Roland*, les *Géans*, et tous les êtres
« *malfaisans* qui riment en *an;* nous les pour-
« fendrons à *l'instant.* »

Le concierge nous fit voir les appartemens. Il avait tout ouvert, tout nettoyé. Rien n'avait dépéri, quoique le château n'eût pas été habité depuis long-temps. Nous louâmes beaucoup son exactitude, et nous organisâmes notre maison. Le concierge fut établi valet-de-chambre, pourvoyeur et maître-d'hôtel; sa femme cuisinière, et ses filles, femmes-de-chambre le matin, et demoiselles de compagnie l'après-midi. Tout le monde entra aussitôt en fonction avec cette bonne volonté qui double le prix d'un service.

Nous nous retirâmes dans un joli cabinet qui donne sur la rivière, et d'où l'œil s'égarait sur des coteaux rians qui s'étendent à perte de vue de l'autre côté de la Loire. Là, nous commençâmes notre courrier. Juliette écrivit à Abell; mademoiselle d'Hérouville, on se doute bien à qui, et moi, j'écrivis à Calais. Il y avait à peu près dix ans que je n'y avais pas pensé du tout. Une réflexion toute simple venait de m'y ramener. Il fallait, pour m'unir à Juliette par des nœuds indissolubles, présenter au moins un acte de baptême. J'écrivis donc à mademoiselle Suson, et je lui contai en gros ce qui m'était arrivé depuis notre séparation. Je me rappelais, en écrivant,

les tendres soins dont elle m'avait comblé pendant mon enfance, et ma lettre prit insensiblement une tournure aussi tendre que si j'eusse prévu la réponse. Je la montrai à Juliette. Jamais je ne lui avais parlé de ma naissance; jamais elle ne m'avait interrogé là-dessus : elle savait que j'avais reçu un cœur de la nature, le reste lui était indifférent. Elle me fixa. « Je suis contente de toi, me dit-elle.
« Un sot aurait rougi. J'aime que tu ne sois pas
« plus humilié de ta naissance, que je ne suis fière
« d'être la fille d'un Lord. »

Le lendemain notre équipage arriva. Nous n'avions plus de raisons pour nous cacher, et dès que les chevaux furent reposés, nous partîmes pour Angers. Il fallait, avant de faire connaissance avec nos voisins, que mademoiselle d'Hérouville fût mise décemment. Elle se fit en deux jours une très-jolie garde-robe. Cervières lui avait donné deux cents louis; elle en laissa la moitié à Angers.

Nous demandâmes au concierge un état des personnes à voir. Il y en avait peu, et, d'après les portraits qu'on nous en fit, le nombre se réduisait presqu'à rien. Mais nous nous suffisions à nous-mêmes, et nous résolûmes de nous en tenir à une simple visite de politesse envers ceux qui ne nous conviendraient pas.

L'un était un gentilhomme en habit brodé, en épée, en chapeau gris et en sabots. Il ne connaissait que ses titres, ses vignobles et sa basse-cour : ce n'était pas l'homme qu'il nous fallait.

Un autre était un riche marchand qui singeait la noblesse, et qui n'en avait que les ridicules. Il aimait singulièrement à dire : Mon château, mes chevaux, mes chiens, mes laquais. Il n'osait pas dire encore mes vassaux ; mais il se disposait à acheter une charge de secrétaire du roi. Du reste, l'avidité du gain avait glacé son ame, et de sa vie il n'avait su que son Barême. Nous nous promîmes bien de ne plus revoir monsieur le secrétaire du roi.

Nous trouvâmes, un peu plus loin, une comtesse qui avait, à quarante ans, la manie de passer pour une adolescente, qui parlait très-bien procès, qui ne trempait jamais son vin, et qui se consolait de son veuvage avec son chapelain. Nous dîmes adieu à madame la comtesse.

Nous entrâmes ensuite dans une petite maison où tout était attachant. Nous fûmes reçus avec cordialité par un jeune homme de vingt-cinq ans, d'une figure intéressante. M. Lysi nous présenta à sa femme, très-jeune et très-jolie personne, qui donnait à tetter à un enfant aussi beau que sa mère, pendant qu'un petit aîné, qui se soutenait à peine, jouait avec une de ses mains, et la caressait. La conversation de ces aimables campagnards nous intéressa : ils s'aimaient comme nous nous aimions. Nos cœurs trouvèrent auprès d'eux l'aliment qui leur convenait. Personne ne chercha à avoir de l'esprit, et tout le monde en eut. Ils nous engagèrent tout bonnement à dîner avec eux, et nous acceptâmes de même.

Ils avaient pour voisin le grand-vicaire d'Angers, que nous étions décidés à ne pas voir. Le bien qu'ils nous en dirent nous détermina à lui faire une visite. Il nous accueillit avec cette noble aisance qui annonce un homme bien né et une éducation soignée. Il était jeune encore, aimable, enjoué, galant auprès du sexe, sans avoir l'air d'un homme à passions. Il avait trouvé un moyen tout simple pour modérer les siennes. Les canons lui prescrivaient d'avoir une gouvernante de quarante ans : il l'avait prise en deux volumes. A cette faiblesse près, c'était un prêtre fort estimable. Il observait strictement les bienséances de son état, il était doux, tolérant, faisait du bien sans ostentation, et était aimé de tout le monde. Il était un peu musicien, et quand il sut que nous cultivions la musique avec quelque succès, il nous demanda la permission de se mêler à nos petits concerts. Elle lui fut accordée d'aussi bonne grace qu'il l'avait sollicitée.

Quelques jours après, mademoiselle d'Hérouville proposa de réunir chez nous la jolie nourrice, son mari et le grand-vicaire. Le concierge reçut nos ordres en qualité de pourvoyeur, et il les exécuta en maître-d'hôtel habile. Il nous servit un dîner somptueux, qui n'eut pourtant pas l'air de la cérémonie. Nous avions tous à peu près les mêmes goûts, la même tournure d'esprit, et, cette fois, le faste n'exclut pas le plaisir. Le grand-vicaire fut charmant. Il gagnait à être connu. Il avait des connaissances très-étendues, qu'il laissait pénétrer, et qu'il ne cherchait pas à faire paraître : c'est la bonne manière d'être savant. Lysi faisait l'amour à sa jolie petite mère qui s'y prêtait avec la naïveté et les graces de la nature. Je me souvins de la mercuriale que Juliette m'avait faite dans le bateau, et je fus aussi sage que je pouvais l'être.

Après le dîner on fit de la musique, et on dansa quelques allemandes, que le grand-vicaire voulut bien nous jouer. Nous étions très-gais, très-échauffés et très-disposés à continuer, lorsqu'un carrosse et quelques domestiques à cheval arrêtèrent à la grille. Mademoiselle d'Hérouville reconnut sa livrée, et jeta un cri affreux. Nos convives, qui ne se doutaient de rien, restèrent stupéfaits. Juliette courut à mademoiselle d'Hérouville, et moi à la croisée. Cervières est avec eux, m'écriai-je, et mademoiselle d'Hérouville se remit. Un officier général descendit de voiture. C'est mon père, dit mademoiselle d'Hérouville, tremblante comme la feuille. La nourrice et l'enfant descendirent ensuite, et j'allai au-devant d'eux. M. d'Hérouville avait un extérieur imposant, un air sévère, qui justifiaient les craintes de sa fille. Elle se jeta à ses pieds ; il la releva et l'embrassa. « Nous avons eu tous des torts, lui dit-il ; mais « qui n'en a pas quelquefois en sa vie ? oubliez les « miens, je ne me souviens plus des vôtres : voilà « le gage qui nous réconcilie », et il lui mit son enfant dans les bras. « Voilà votre époux », et il la mit dans les bras de Cervières.

La scène changea totalement, et on passa de la terreur à la joie. M. d'Hérouville, sa fille et Cervières se retirèrent dans une chambre voisine, pour y parler librement de leurs affaires, et je ne pus éviter, de la part de nos convives, certaines questions très-naturelles après ce qui venait de se passer. Je crus que le parti le plus simple était de prévenir les intrrprétations et les fausses conjectures. Je racontai l'histoire des amours de mademoiselle d'Hérouville et de M. de Cervières. On commença par s'attendrir, et on finit par applaudir au dénouement. Juliette devint pensive. Elle partageait sincèrement la satisfaction de son amie; mais le sort de mademoiselle d'Hérouville allait être fixé, le sien ne l'était pas. Ses couches étaient prochaines, et le mystère allait se dévoiler aux fonts de baptême. Pour la première fois, elle se sentit humiliée. Je tirai le grand-vicaire à l'écart, et je l'instruisis de notre situation. « Vous avez
« bien fait, me dit-il, de me donner votre con-
« fiance, et de ne pas vous adresser au curé des
« Rosiers : le bas-clergé est minutieux. On vous
« eût demandé un extrait de baptême, un certi-
« ficat de catholicité pour Madame; on vous eût
« soumis à mille formalités désagréables; on vous
« eût fait éprouver des longueurs assommantes,
« et je vous dispenserai de tout cela. » Cervières rentra, et m'appela. « J'ai pensé à tout, me dit-il.

« J'ai fait publier un ban à Paris pour vous comme
« pour moi ; j'ai pris dispense des autres, et nous
« en ferons autant ici. Nous avons souffert en-
« semble ; nous serons heureux le même jour. »
Le grand-vicaire prit les pièces, se chargea d'écrire
à Angers, de voir le curé des Rosiers, et demanda, pour récompense de ses démarches, le
plaisir de nous marier tous les quatre. Cervières
se chargea, lui, de la rédaction des contrats civils, et Juliette et moi, nous n'eûmes d'autre
peine que d'attendre le moment de répéter à
l'autel un serment que nous nous étions fait mille
fois.

M. d'Hérouville tenait à la haute noblesse : il
en avait les vertus et les travers. Il était au désespoir d'avoir perdu son fils, et il ne pouvait vaincre
la nature qui le ramenait à sa fille. Il gémissait
de voir son nom éteint, et il caressait le petit
Cervières ; il méprisait la roture, et il m'accorda
son estime ; il louait la simplicité des Duguesclin
et des Bayard, et il faisait pour la noce de sa fille
des préparatifs dignes d'un prince du sang.

Ce grand jour parut enfin. On avait convoqué la
noblesse des environs, les corps civils et militaires
de Saumur et d'Angers ; on avait rassemblé les
ménétriers, les garde-chasses et les habitans du
canton. M. d'Hérouville, en grand uniforme,
donna la main à sa fille, et prit la tête du cortège.
Cervières conduisit Juliette ; je donnai le bras à
madame Lysi, et on se rendit à l'église au bruit

des cloches, des violons, des hautbois et des boëtes. Le grand-vicaire nous attendait. Homme aimable dans le monde, il avait à l'autel la dignité de son ministère. Quelques regards malins se tournèrent sur Juliette : elle dédaigna de s'en apercevoir. Elle conserva, pendant l'auguste cérémonie, le calme de l'innocence, et la sérénité qui sied à la vertu.

On revint dans le même ordre, et on s'ennuya magnifiquement à table, comme cela arrive toujours dans une société nombreuse, composée de gens qui ne se sont jamais vus, et qui ne doivent plus se revoir. On chercha des plaisanteries : c'est le moyen de n'en pas trouver. On fit des contes aux mariés ; ce furent des contes à dormir debout. Quelques-uns me piquèrent ; ils portaient sur Juliette. Elle n'en témoigna d'autre ressentiment que de se mêler plus directement à la conversation. Elle en changea la tournure, elle en régla le ton, et elle l'anima à l'instant. Que n'eût-elle point animé ? on oublia qu'elle s'était mariée un peu tard, on ne vit plus qu'une femme accomplie, qui embellissait jusqu'à la beauté par les charmes de la raison et les graces de l'esprit. On se tut, on l'écouta, on l'admira. C'est ainsi que Juliette aimait à se venger.

Rigide observateur de l'étiquette, M. d'Hérouville ouvrit le bal par un menuet, qu'il dansa très-bien, avec une présidente d'Angers qui le dansa très-mal. On se mêla ensuite, et on forma des contre-danses. Juliette ne dansait pas. Le grand-vicaire, Cervières, M. d'Hérouville, tout ce qui valait quelque chose se réunit autour d'elle. On lui fit une cour assidue ; elle le remarqua, n'en tira pas vanité, et s'efforça de mériter cet hommage. Ces honneurs, rendus à la beauté et au mérite, rejaillirent jusqu'à moi. Ces Messieurs oublièrent que je n'avais pas l'honneur d'être gentilhomme. Quelques-uns m'appelèrent leur cher ami ; quelques-unes de ces dames avaient l'air de me dire : « Veuillez plutôt être le nôtre. — J'aime « qu'on te trouve beau, me disait Juliette tout « bas, j'aime qu'on te trouve aimable ; mais ne « le sois jamais que pour moi. »

On se quitta, comme on se quitte toujours à la fin de ces sortes de fêtes, fatigué du bruit, de soi-même et des autres. Cervières retrouva son épouse, je retrouvai ma Juliette, et M. d'Hérouville nous souhaita une bonne nuit. Il est des souhaits qui manquent rarement leur effet : c'est une remarque que nous fîmes, Cervières et moi, le lendemain matin.

M. d'Hérouville déclara à son gendre qu'il fallait penser à retourner à Paris. Une des clauses du contrat de mariage était que Cervières achèterait de suite une charge de président-à-mortier, et M. d'Hérouville tenait beaucoup à cette clause-là. Il fallut s'occuper de la remplir sans le moindre délai. Madame de Cervières nous quittait avec peine. Elle nous pressait de nous fixer chez elle

jusqu'au temps où nous aurions placé nos fonds; mais Juliette était trop avancée pour entreprendre encore un voyage. D'ailleurs elle raisonnait déja en mère de famille. « Notre fortune est très-
« bornée, disait-elle; mais ce pays-ci est agréable,
« abondant; on y vit à bon compte, et nous y
« serons plus riches qu'ailleurs. Nous y avons
« trouvé quelques personnes qui nous convien-
« nent, et dont j'espère faire de vrais amis. Si
« Happy le trouve bon, nous nous établirons ici.
« Un désert et Juliette, lui répondis-je. » C'était ce qu'elle m'avait répondu elle-même dans d'autres circonstances. Nous n'avions qu'un cœur, qu'un esprit, qu'une ame.

L'impitoyable M. d'Hérouville pressa tellement son départ, que nous n'eûmes pas le temps de nous préparer à cette triste séparation. Nos jeunes femmes pleurèrent en s'embrassant. Cervières et moi nous nous serrâmes la main, et nous nous promîmes, du fond du cœur, de nous aimer toute la vie. Lysi, son aimable petite femme, et le grand-vicaire, nous dédommagèrent un peu de la perte que nous venions de faire : ils parvinrent ensuite à nous en consoler. Juliette se lia intimement avec madame Lysi. Même âge, même amour pour son époux, même fortune, mêmes vues économiques; moins de charmes, sans doute, un esprit moins cultivé; mais toutes les qualités estimables qui pouvaient intéresser Juliette, telles furent les bases sur lesquelles s'établit leur amitié.

Je reçus de mademoiselle Suzon un paquet volumineux. Elle m'instruisait des détails de ma naissance; elle m'apprenait que M. Bridault était mort d'une goutte remontée, et le père Jean-François d'une indigestion. Elle vivait d'une petite pension que son maître lui avait laissée; elle était infirme, et il lui eût été bien doux d'avoir son fils auprès d'elle; enfin elle faisait des vœux pour mon bonheur, et elle m'envoyait les papiers que je lui avais demandés, et dont je n'avais plus besoin. Sa lettre, très-longue, était très-mal écrite, on le croira aisément; mais le sentiment perçait à chaque ligne, il passait dans mon cœur, il le pénétrait. Juliette était allée voir madame Lysi; elle rentra, et me trouva attendri. Elle m'en demanda la raison, et je lui donnai ma lettre. « Que comptes-tu faire pour ta mère, me
« dit-elle après avoir lu? Je n'ai rien, lui ré-
« pondis-je; ce n'est pas à moi à donner. Tu
« n'as rien, s'écria-t-elle! eh! ce que je possède
« n'est-il pas à toi? Donne, mon ami, donne à ta
« mère; c'est à elle que je te dois. » Un mouvement d'admiration me fit tomber à ses pieds. Je les serrai, je les baisai, je les mouillai des larmes de la reconnaissance. « Que fais-tu, me disait-elle
« en me relevant? c'est ta Juliette, c'est ta femme.
« —C'est l'image de la divinité. Laisse-moi l'ado-
« rer dans son plus bel ouvrage. »

Elle écrivit. Elle parla en fille tendre et respectueuse. Elle offrit, elle promit tout, elle aurait tout tenu : ma mère et moi nous ne devions plus nous revoir. Elle s'éteignait au moment où elle reçut la lettre de Juliette. Elle se la fit lire, et elle mourut en paix.

La nature me rendit bientôt autant qu'elle venait de m'ôter. Juliette avait honoré ma mère, elle méritait de l'être à son tour. Je souffrais de ses douleurs : « Elles sont douces, me disait-elle, « puisqu'elles vont te rendre père. » Les premiers cris de mon enfant retentirent jusqu'à mon cœur; ils doublèrent mes sensations, mon bonheur et mon être : ce sentiment délicieux ne s'éprouve qu'une fois. Que j'aimais à le voir chercher, prendre, presser ce sein blanc comme l'albâtre, imprimer ses lèvres incertaines et vermeilles sur ce bouton qui avait la fraîcheur de la rose! Sollicitude, soins, prévoyance, amour, Juliette lui prodiguait tout. Qu'elle était grande, qu'elle était touchante cette Juliette, qui faisait ses plaisirs les plus doux du plus saint des devoirs! O mères! la couche nuptiale est le trône de votre gloire!

Un cœur tendre a besoin d'un Dieu, et sait l'adorer partout. Juliette, protestante, présenta son enfant dans un temple romain, et invoqua sur lui les bénédictions célestes. L'Être suprême entendit ses vœux, et les exauça. Il m'a laissé ma fille, elle charmera ma vieillesse, elle fermera mes yeux.

Nous nous occupâmes enfin de notre établissement. Nous étions encore chez l'ami de Cervières, et nous désirions être chez nous. Le marchand-secrétaire du roi avait fait manger son magasin par ses chevaux, ses chiens et ses laquais. Lysi traita en notre nom d'un très-joli domaine. Juliette le vit, observa, calcula tout. « Qu'en penses-« tu, me dit-elle ? Ordonne, lui répondis-je », et nous signâmes le contrat.

Elle se mit à la tête de sa maison. Lysi lui donnait des leçons d'agriculture ; elle les exécutait. Elle dirigeait les travaux, récoltait les moissons, encourageait ses domestiques, et s'en faisait aimer. Sa fille commençait à lui sourire, et répondait à ses caresses. J'étais toujours son amant. Lysi et sa femme étaient fiers de son amitié ; elle rassemblait sur elle seule tous les sentimens consolateurs qui font supporter la vie, et elle répandait autour d'elle l'aisance et le bonheur : elle avait dix-neuf ans.

Cinq années s'écoulèrent comme un jour sans orage. On nous avait parlé d'une révolution. Le sang avait coulé à Paris. Nous avions déploré les malheurs qui menaçaient la France, sans soupçonner qu'ils pussent jamais nous atteindre. Nous n'avions rien qui pût tenter la cupidité ou l'ambition : nous n'étions riches que de notre bonheur.

Un évènement imprévu nous rejeta dans le monde, et nous conduisit, par des routes inconnues, au dernier terme de la misère humaine.

Depuis quelque temps madame Lysi était atteinte d'une mélancolie profonde. Elle avait perdu sa fraîcheur ; elle languissait, elle périssait. Elle supportait la tendresse de son époux ; elle n'y répondait plus. Elle repoussait les soins obligeans de Juliette ; mon amitié l'embarrassait ; elle ne se souvenait qu'elle était mère que pour en remplir les devoirs les plus indispensables. Une amertume secrète empoisonnait jusqu'aux caresses de ses enfans.

Son mari l'adorait, et son état l'affligeait sensiblement. Il souffrait d'autant plus, qu'il n'avait fait que de vains efforts pour en découvrir la cause. « J'ai perdu la confiance de ma femme, « nous disait-il quelquefois, et je ne me connais « pas l'ombre d'un tort à son égard. Si j'en ai, « qu'elle le dise : que je puisse au moins les « réparer. » Juliette et moi, nous la pressions de parler. Nous lui représentions que son silence faisait le malheur de son époux, et devait ajouter au sien. « Il a partagé vos plaisirs, lui disait Ju« liette ; il a droit à partager vos chagrins. On « n'aime plus l'objet auquel on cache quelque « chose. Cette triste vérité, Lysi la sent, elle « l'afflige, elle l'humilie. Ma bonne amie, faites « quelque chose pour votre époux ; soulagez son « cœur : peines d'amour sont si cruelles ! » La vérité de ce langage la frappait; elle devenait plus triste, et ne répondait rien. Nous nous apercevions que nos instances lui étaient à charge, et, par une contradiction singulière, inexplicable, elle nous cherchait plus souvent; elle passait les journées entières avec nous, et le soir elle regrettait d'être obligée de nous quitter.

Juliette était allée à Angers pour habiller sa fille, et Lysi fut obligé de faire un voyage à Tours pour la vente de ses vins. Il partit avec peine, et me pria instamment de ne pas quitter sa femme. J'étais seul chez moi; elle m'offrit un lit: je crus devoir l'accepter.

J'avais passé deux jours avec elle sans m'en éloigner d'un moment. Elle aimait la promenade; elle s'appuyait sur mon bras, pâle, abattue, et toujours intéressante. Je lui parlais; elle m'écoutait avec plaisir; un sourire presque imperceptible effleurait ses lèvres; elle ne répondait que des mots; mais ils n'avaient rien de pénible. A la fin du second jour elle se livra davantage; ces traces d'une longue tristesse commençaient à s'évanouir. Elle me marquait plus de confiance, et je voulus en profiter. Je la priai, je la conjurai de me dévoiler la cause de sa peine. Je lui parlai avec la chaleur, l'intérêt pressant d'une vive amitié. Ses joues se colorèrent; deux fois elle ouvrit la bouche; deux fois elle se tut. J'insistai; je pris sa main dans les miennes, je la caressai; je la grondai, je la suppliai de nouveau. « Que

« d'efforts, me dit-elle, pour devenir peut-être
« aussi à plaindre que moi! — Vous en avez trop
« dit pour ne pas achever. — Est-il besoin de
« vous en dire davantage? — Non, madame, je
« crains de vous trop entendre. — Ne me repro-
« chez rien ; c'est vous qui l'avez voulu. — Vous
« reprocher quelque chose ! N'attendez de moi
« que des soins et des consolations. — Et c'est-là
« tout ce que vous m'offrez !... » Jamais je n'avais
souillé le lit de personne. La femme de Lysi surtout devait être sacrée pour moi. Ces réflexions
devaient prévenir la faute, et ce fut la faute qui
les fit naître.

Madame Lysi fondit en larmes. « J'allais mou-
« rir, dit-elle, de ne vous point avoir, et je
« mourrai de vous avoir eu. Je me croyais mal-
« heureuse, et j'avais encore mon estime. Lysi
« ne pouvait me reprocher que ma froideur, et
« je l'ai déshonoré. Votre femme vous adore, et
« ma faiblesse l'outrage. Que d'infortunés à la
« fois!... Mon ami, reprenait-elle en sanglotant,
« ah! mon ami, ne me méprisez pas. J'étais née
« pour être toujours vertueuse. Une passion
« cruelle, insurmontable, me conduisait à pas lents
« au tombeau. J'allais y descendre : vous ne l'avez
« pas voulu. Vous m'avez arraché mon secret ;
« vous avez arrêté sur mes lèvres mon ame prête
« à me quitter... Achevez votre ouvrage. Sur-
« montez, étouffez mes remords. » Je n'avais pas
l'habitude du crime : celui-ci m'effraya. J'étais

dans un état qui différait peu de celui de madame Lysi. « Tu t'échappes de mes bras ; tu t'éloignes « de moi, s'écria-t-elle !... Happy, trop séduisant « Happy, ah, reviens, reviens. Aime-moi, dis- « moi que tu m'aimes. Trompe-moi s'il le faut ; je « bénirai mon erreur. »

Huit jours se passèrent dans ces alternatives de repentir et de faiblesses : on n'a qu'un moment pour revenir à soi. Le laisse-t-on échapper, on s'engage plus avant ; on ne peut plus rétrograder. Sans y avoir pensé, sans l'avoir cherché, sans l'avoir voulu, je me trouvai en commerce réglé avec madame Lysi. Ce n'était pas précisément de l'amour que je sentais pour elle; c'était un mélange de compassion, d'amitié, et peut-être d'amour-propre. Elle était heureuse, elle me le disait, et quelquefois je croyais l'être, quand la présence de Juliette ne me reprochait pas ma conduite.

Madame Lysi recouvra bientôt sa santé et ses charmes. Elle devint folâtre, enjouée même. Lysi et Juliette, parfaitement tranquilles, applaudissaient à l'heureux changement qu'ils remarquaient chaque jour, et nous poussions l'oubli de nous-mêmes jusqu'à insulter à leur sécurité. Nous ne pensions plus que cette sécurité nous supposait des vertus que nous avions perdues. Lorsqu'on est parvenu à ce degré de dépravation, on ne peut plus même entrevoir le terme où l'on s'arrêtera. Madame Lysi cessa bientôt de se contraindre. Elle devint exigeante, altière, méprisante envers son mari. Elle me cherchait, elle me suivait partout. Elle se permettait des indiscrétions qui eussent éclairé Lysi, s'il eût pu soupçonner sa femme et son ami. De mon côté, je négligeai Juliette. Elle était trop tendre pour ne pas s'en apercevoir, et trop délicate pour se plaindre. Cependant elle m'observait de très-près, sans que je m'en doutasse. Point de démarches directes, point de questions, pas un mot qui décelât ses chagrins. C'est dans mon cœur qu'elle m'étudiait. C'est là qu'elle acquit la funeste conviction de mon infidélité.

Il fallait un miracle pour me ramener de mon égarement. Juliette seule pouvait l'entreprendre ; elle seule pouvait l'opérer. Un matin elle s'enferma avec moi. Elle se recueillit, et se disposa à parler d'un air calme et réservé. « Je ne vous ferai « point de reproches, me dit-elle ; vous m'avez « trop appris qu'on n'est pas maître de son cœur. « Il est affreux pour moi d'avoir perdu le vôtre... » Je voulus l'interrompre. « Point de mots, reprit-« elle ; écoutez-moi. Si vous n'aviez eu qu'un de « ces momens d'oubli, si ordinaires aux hommes, « et si douloureux pour nous, je ne désespérerais « de rien. Mais depuis plusieurs mois vous vivez « avec une mère de famille, avec l'épouse de votre « meilleur ami. Vous vous êtes soumis à des dé-« tours, à la feinte, au mensonge ; vous êtes « réduit à tromper sans cesse ce qui vous envi-

« ronne, et ce qui vous fut long-temps cher. Ces
« circonstances aggravantes annoncent un amour
« violent ou une ame dépravée, et dans l'un ou
« l'autre cas il faut nous séparer. » A ce terrible
mot, dont je n'avais pas même conçu l'idée, le
voile se déchira. Je baissai les yeux, et je n'osai
les relever sur Juliette. Je comparai ces jours
sereins et purs, que j'avais coulés auprès d'elle, à
ce bonheur idéal et mensonger que je goutais
dans les bras de madame Lysi. Je ne pus me dissimuler que je m'étais attaché à une femme, qui
avait été à plaindre sans doute, mais qui était
devenue méprisable. Combien Juliette gagnait à
la comparaison rapide que je faisais d'elle à madame Lysi ! Si jamais la vertu habita sur la terre,
c'est sous les traits de Juliette qu'elle a daigné se
communiquer aux mortels. C'est à Juliette que je
devais des talens, quelques qualités estimables,
et surtout mon bonheur passé, qu'elle avait payé
par tous les sacrifices qu'une femme sensible peut
faire à l'amour ; et la plus noire ingratitude était
sa récompense ! Mon cœur se gonfla ; deux ruisseaux de larmes s'ouvrirent.

« Nous séparer, nous séparer, m'écriai-je d'une
« voix entrecoupée... — Ne le sommes-nous pas
« déja ? Exigerez-vous que je sois plus long-temps
« témoin du triomphe d'une rivale ?... — Une ri-
« vale ! Madame Lysi la rivale de Juliette ! — Et
« ma rivale heureuse : il ne m'est plus permis
« d'en douter. Je me retire chez madame de Cer-

« vières. — Je t'y suis. Je quitte, j'abandonne
« tout pour m'attacher irrévocablement à toi. Si
« Juliette peut vivre sans moi, je sens que je ne
« peux vivre sans elle. Une ame comme la tienne
« sera-t-elle inaccessible à mes regrets? Serais-je
« à tes pieds, si j'étais un homme vicieux? Les
« mouillerais-je de mes larmes, si tu avais perdu
« tes droits sur mon cœur? C'est le père de ta
« fille, c'est ton époux, c'est ton amant qui te
« demande grace... Pardonne-moi, pardonne-moi...
« Laisse-moi respirer encore le soufle de la vertu. »
Elle me releva, et me fit asseoir auprès d'elle.
« Voilà mes conditions, me dit-elle. Je vous crois
« vrai en ce moment; mais vous êtes faible, et je
« sais quelle impression vous avez dû faire sur le
« cœur de madame Lysi. Elle ne négligera rien
« pour vous attirer à elle, et je ne veux pas, je
« ne dois pas être le jouet de la passion que vous
« lui avez inspirée. Je persiste dans mon dessein.
« Je vais chez madame de Cervières, et vous res-
« terez quelques jours ici. Vous consulterez votre
« penchant et vos forces; vous choisirez libre-
« ment entre madame Lysi et moi.—Mon choix
« est fait. Juliette, toujours Juliette, rien que
« Juliette!—Eh bien! si après l'avoir revue, si
« après lui avoir annoncé que vous la quittez
« pour toujours, vous résistez à ses prières, à
« ses pleurs; si vous revenez à moi sans être sou-
« tenu, encouragé par ma présence, vous retrou-
« verez votre épouse. Vous la retrouverez telle

« qu'elle fut toujours. » Je voulus prendre sa main ; elle la retira, et sortit.

Incapable de manquer à ses résolutions, elle disposa tout pour son départ. Elle plaignait sincèrement Lysi ; elle prit congé de lui de la manière la plus affectueuse. Elle reçut les feintes caresses de sa femme avec une dignité froide. Elle me quitta sans marques apparentes de satisfaction ni de douleur. Je la suivis jusqu'à sa voiture. J'étais suppliant, souffrant, inanimé. Je pris sa main, elle me la laissa ; je la pressai, et sa main fut muette. J'embrassai ma fille et je la lui remis. Elle l'embrassa à l'endroit même où j'avais touché sa joue : ce baiser adoucit ma blessure. Elle partit, et je rentrai chez moi. Je trouvai sur ma table un billet de Juliette. Il ne contenait que ces mots : « Si vous avez la force de « rompre, que ce soit sans aigreur. N'oubliez pas « ce qu'un homme doit d'égards aux femmes, « même à celles qui en méritent le moins. »

Madame Lysi entra, et me félicita de l'absence de ma femme. « Cette absence ne sera pas lon- « gue, lui dis-je. — Elle reviendra ! — Je vais la « joindre. — Je vous le défends. — Je ne suis « resté que pour déplorer avec vous l'aveugle- « ment qui nous a trop long-temps égarés, pour « vous rendre à votre époux, à vous-même, à « vos enfans ; pour réparer, autant qu'il est en « moi, le désordre que j'ai mis dans votre mai- « son. — Vous ne me direz rien que je ne me

« sois déja dit à moi-même. Il est inutile de vous
« étendre en raisonnemens et en maximes. Rien
« ne peut me ramener au point d'où je suis par-
« tie, et il y a long-temps que je ferme les yeux
« sur la profondeur de l'abîme qui m'avait d'a-
« bord effrayée. — Les miens se sont ouverts,
« madame ; il m'en coûte de vous affliger ; mais
« il faut nous quitter, absolument il le faut. » Je
m'attendais à une scène orageuse, déchirante.
Madame Lysi ne tenait pas plus alors à son amant
qu'à son époux. Cette femme, autrefois si douce,
si décente, s'était familiarisée avec le vice ; elle
en avait les expressions ; elle ne savait plus rougir. O femmes! femmes, qui n'avez qu'un pied
dans le sentier du crime, qui pouvez, par intervalles, entendre encore le cri d'une conscience
alarmée, gardez-vous de l'étouffer ! fuyez l'objet
séducteur, entourez votre cœur d'un triple airain :
vous ignorez à quel point de dégradation une
femme pudique peut descendre.

Soumis aux ordres de Juliette, je restai deux
jours encore. Madame Lysi m'évita. Son infortuné mari me donna des preuves d'amitié, qui
m'affligèrent pour la première fois : je n'en étais
pas digne. Il voulut bien se charger d'affermer
notre petite terre. Je lui laissai ma procuration,
et je pris, à pied, la route de Tours, pour ménager un faible revenu, dont je ne me croyais plus
le droit de disposer.

A mesure que je m'éloignais des Roziers, je

me sentais soulagé; je respirais avec plus de facilité; je m'applaudissais de ma victoire; je me promettais encore de beaux jours. « Je ne suis
« plus, me disais-je, je ne suis plus un être im-
« moral, isolé ; je vais me réunir à ma femme,
« à mon enfant. » Je courais, je volais ; la vigueur de mes membres ne secondait pas mon impatience. Je marchai, sans m'arrêter, des Roziers jusqu'à Tours : il y a dix-neuf lieues. J'avais pris un morceau de pain avec moi, et quand ma langue desséchée s'attachait à mon palais, je descendais la levée, je me désaltérais dans la Loire, et je poursuivais mon chemin. Je n'espérais joindre Juliette qu'à Paris ; mais je fus forcé de m'arrêter à Tours, pour prendre un peu de repos. J'entrai dans cette même auberge, où, quelques années auparavant, j'avais passé une nuit si douce et si tranquille. Ma fille était dans la cour ; elle jouait avec les enfans de la maison. Dès qu'elle me vit, elle accourut à moi. « Où est
« ta mère ? — Oh ! elle est bien malade. — Elle
« ne l'est plus, s'écria Juliette, en se précipitant
« dans mes bras. Elle a retrouvé Happy et le
« bonheur. » Elle me serra sur son sein ; elle me combla des plus tendres caresses ; l'impression de la joie ajoutait à sa beauté. Je ne parlais pas, je n'en avais pas la force. Il ne m'en restait que pour sentir une félicité nouvelle. Elle me fit entrer dans sa chambre ; je retombai à ses genoux. « C'est au coupable à s'humilier, s'écria-t-elle en

« me relevant. L'homme qui renaît à la vertu a
« recouvré mon estime, et si mon amour, si cet
« amour brûlant, qui ne se démentira jamais,
« est de quelque prix à ses yeux, qu'il en jouisse,
« qu'il le savoure, qu'il en épuise la source dans
« des torrens de volupté. »

Les combats qu'elle s'était livrés pour me cacher le mal que lui faisaient mes désordres, l'insensibilité qu'elle avait marquée en me quittant, et qui était si loin de son cœur, la crainte de m'avoir perdu sans retour, toutes ces choses réunies l'avaient vivement affectée, et elle était arrivée à Tours avec une fièvre violente. « La
« paix de l'ame est le premier médecin, me dit-
« elle, en souriant », et, en effet, la fièvre ne revint plus.

Nous continuâmes notre route, et nous arrivâmes à Paris, plus empressés, plus amoureux que jamais. Cervières et sa femme nous reçurent comme nous nous y étions attendus; mais la tristesse était peinte sur leurs visages. Cette maison, autrefois si brillante, n'avait plus rien de sa splendeur passée. Cervières avait perdu sa charge. M. d'Hérouville était émigré. On avait séquestré ses biens, et il ne restait à sa fille que le cœur de son mari. « Nous sommes réduits à l'exact né-
« cessaire, me dit Cervières; mais nous le parta-
« gerons avec vous, jusqu'à ce qu'un emploi
« lucratif supplée à la modicité de votre revenu.
« Vous n'êtes pas né, comme moi, dans une

« caste proscrite ; vous êtes dans l'âge où l'on
« intéresse, et vous êtes propre à tout. Le mérite
« n'est pas persécuté encore. Montrez-vous, sol-
« litez, et si ceux qui sont maintenant à la tête
« des affaires veulent vraiment le bien public, ils
« se hâteront de vous employer. »

Juliette pensa comme M. de Cervières. Fière de son époux, elle désirait qu'il se distinguât de la foule commune, qu'il fixât l'attention, qu'il acquît des droits à la considération et à la reconnaissance publique. L'occasion était favorable : elle me conseilla de la saisir.

Mon inclination s'accordait assez avec les vues de Juliette et de Cervières. Je n'étais pas un ambitieux ; mais j'avais cette noble émulation, inséparable de quelque mérite, et je résolus de m'occuper de mon avancement.

CHAPITRE XXI.

Les portraits à la mode.

Je ne reconnus point Paris. Plus d'équipages, plus de dorures, plus d'industrie, plus de gaîté. Des atteliers vides, des hôtels dévastés, l'ortie et le chardon croissant dans les cours, l'inquiétude dans tous les yeux, la tristesse dans tous les cœurs. Des princes couraient les rues en carmagnoles, des duchesses en robes d'indienne, des agioteurs en wiski. Mon tailleur était inspecteur des remontes, mon perruquier fournisseur des armées, mon brasseur général, et mon boucher législateur. Toute la France jouait *à la toilette madame :* tout le monde changeait de place.

Je lisais partout, en gros caractères: *l'égalité ou la mort*, et personne ne voulait être l'égal de son voisin. L'homme en place ne reconnaissait plus son égal, qui l'avait élu ; le nouveau riche méprisait le misérable qu'il avait dépouillé ; chacun sentait intérieurement qu'il n'était pas l'égal de celui qui pouvait l'égorger au nom de l'égalité. Pour moi, j'étais bien convaincu qu'un nain n'est pas l'égal d'un géant, qu'un sot n'est pas l'égal de Collin, et qu'un barbouilleur n'est pas l'égal de David. L'égalité n'était que sur les murs, et sa place est aux tribunaux.

Le drapeau tricolor flottait à toutes les croisées, ce qui n'empêchait pas la nation de s'emparer de la maison, quand elle en avait besoin.

La cocarde avait été jusqu'alors un signe de ralliement, et tous les partis portaient la cocarde. Quand tout le monde la porte, c'est comme si personne n'en portait.

Au milieu des orages politiques, la mode avait conservé ses droits. Aux 12e, 13e, 14e et 15e siècles, on portait une soutane qui descendait jusqu'aux pieds ; on se couvrait la tête d'un capuchon avec un bourrelet en haut, et une queue qui tombait derrière. Sous Charles V, on porta des habits *blasonnés*. Sous Charles VI, l'habit *mi-parti*, semblable à celui des bedeaux. Sous François 1er, on quitta l'habit long pour donner dans l'extrémité opposée; on adopta le pourpoint à petites basques et le pantalon serré. Sous les règnes de Henri II, de François II, de Charles IX, de Henri III et de Henri IV, on était vêtu précisément comme l'ont été depuis nos coureurs, au petit manteau près que les coureurs n'avaient pas. Sous Louis XIV, tous les hommes eurent la manie des perruques. On en portait de si volumineuses, qu'elles tombaient presqu'à la ceinture. L'habit descendit jusqu'aux genoux; mais il était si ample, qu'avec ce qu'il entrait d'étoffe dans les paremens et dans les basques on ferait aujourd'hui une culotte et deux gilets. Sous Louis XV, les habits cessèrent d'être ridicules; les jeunes gens quittèrent la perruque, et on imagina les poudres de couleur. Les aimables du jour se poudraient en roux, en gris, en noir et en couleur de rose.

Sous François II, les hommes avaient trouvé qu'un gros ventre donnait un air de majesté, et les femmes imaginèrent qu'un gros cul devait produire le même effet. On eut de gros ventres et de gros culs postiches. Quand j'avais quitté Paris, les femmes trouvaient très-joli de ressembler à une guêpe. En conséquence, elles se serraient le bas de la taille, et portaient des bouffantes. Quand j'y revins, elles croyaient qu'il valait mieux ressembler à une planche : elles étaient toutes longues et plates comme l'épée de Charlemagne.

Tous les hommes avaient quitté la perruque, les femmes s'en affublèrent. J'ai vu des blondes en perruques noires, des brunes en perruques blondes, ce qui allait très-bien à l'air de leur figure.

Sous ce même François II, les femmes s'avisèrent tout à coup de se couvrir le visage avec un masque appelé *loup*. Cette mode fut sans doute mise en vogue par quelque laidron de qualité, ou quelque mari jaloux. On allait masqué au bal, à l'église, au spectacle, à la promenade. A mon retour à Paris, les jeunes gens avaient trouvé très-avantageux de se couvrir la moitié du visage avec des besicles, et de ressembler à des échappés des Quinze-Vingts. Les hommes portaient des gilets et des pantalons de grosses laine, les cheveux plats et gras, des bas crottés, et ils avaient les mains sales : c'était le signe par excellence du patriotisme. On y joignait le bonnet rouge aux jours de grande cérémonie. Les jeunes gens se sont coiffés depuis en *chiens-canards*, sans doute pour donner à leurs maîtresses une haute idée de leur fidélité. Ils portent deux ou trois gilets de différentes couleurs, et des culottes qui descendent jusqu'au milieu du mollet. Pour être bien fait aujourd'hui, il faut avoir les cuisses très-longues, et les jambes très-courtes.

La mode s'étendait jusqu'au langage. On avait renoncé à la langue de Racine : on y reviendra peut-être. Quoi qu'il en soit, il fut indécent d'être clair, intelligible, et surtout d'articuler. On supprima tous les *r*, et, au défaut d'idées, on employait des mots. On avait *sa pa-ole d'honneu*, *sa pa-ole panachée*, et ces *pa-oles*, placées partout, à tort et à travers, étaient devenues *le fond de la langue*.

Les grands hommes du jour avaient jugé à propos de s'assimiler aux grands hommes de l'antiquité. On dédaigna de s'appeler *Antoine*, *Guillaume* ou *Boniface*. C'étaient *M. Aristide*, *M. Décius*, *M. Caton*, *M. Brutus*, et ces messieurs ressemblaient à leurs nouveaux patrons, comme le roi *Théodore* ressemblait *à Gengis-Kan*. Madame *Décius* et madame *Caton*, ci-devant blanchisseuses de bas de soie ou de tuyaux de pipes, cachaient leurs corsets rouges sous des linons, balayaient les ruisseaux avec des falbalas de dentelles, de peur de laisser voir, en se troussant, leur jupon de siamoise. Elles ont aujourd'hui des bagues à tous leurs doigts, qu'elles lavent régulièrement tous les jours; elles apprennent à lire dans des livres reliés en maroquin et dorés sur tranche. Elles disaient autrefois : *Ce n'est pat à moi;* elles disent maintenant : *Ce n'est poins à vous*, ce qui est plus doux à l'oreille. Elles ont le ton mielleux, quand elles ne jurent pas, et si elles s'arrachent quelquefois le bonnet, ce n'est plus que chez elles. Elles n'osent pas encore se permettre la voiture; mais elles commencent à couvrir avec du rouge leur crasse baptismale.

De très-grands génies firent de petites comédies en un, deux et trois actes, pour prouver grammaticalement au public que *tu* est un singulier, *vous* un pluriel, qu'un homme est *tu* et non pas *vous*, et le public trouva cette idée très-ingénieuse. La Convention nationale, qui n'avait rien de mieux à faire ce jour-là, invita tous les bons Français à n'être plus *vous*, et à se contenter d'être *tu*. *Tu* avait son agrément, quand on l'adressait à une jolie femme qui voulait bien vous le rendre, et *tu* devint à la mode comme tant d'autres choses. *Tu* passa des boudoirs à la tribune, dans les administrations, dans les tribunaux. On lisait, en entrant dans tous les bureaux possibles: *Ici on se tutoie. Fermez la porte, s'il vous plaît.*

Jusqu'ici il n'y avait eu que des ridicules, et des ridicules ne sont pas dangereux. Mais l'ignorance, le mauvais goût, la perversité, la cruauté la plus atroce, furent aussi à la mode. Le cœur saigne en se rappelant ces excès; la plume se refuse à les écrire. On commença par déclarer la guerre aux arts. On jugea que le *Misantrope*, *la Métromanie*, *le Philinte* de Molière et le *Vieux Célibataire*, étaient des ouvrages anti-civiques, parce qu'on y trouve des comtes, des marquis, des habits brodés, et qu'on ne s'y tutoie pas. L'ancien répertoire fut sévèrement interdit, et les *Aristides*, les *Décius* s'emparèrent de la scène. Il fallut avaler tranquillement les pilules de ces charlatans, à peine de passer pour mauvais citoyen. Bientôt on défendit expressément aux gens de lettres, qui avaient le sens commun, de traiter d'autres sujets que des sujets patriotiques, et ces pièces patriotiques étaient des diatribes qui favorisaient les vues de tel ou tel parti. On rétablit la censure au nom de la Liberté. On choisit, pour couper les ailes au génie, un ancien laquais de Suard, qui avait appris à lire dans son antichambre ; on lui donna pour successeurs deux individus qui écrivaient *police* par deux *ss*. Ceux qui pouvaient maintenir l'honneur des lettres furent effrayés, et se retirèrent. Mais, en récompense, quarante ou cinquante grimauds écrivaient tant et tant, qu'ils parvinrent à éteindre le goût, à assommer la raison, et à hébéter le public: C'était ce qu'on voulait : les fripons redoutent les lumières. On avait fermé les colléges, on se garda bien de les rouvrir : des républicains ne doivent pas savoir lire. On a conservé cependant quelques restes des langues mortes. Nous avons des mètres, des kilomètres, des myriagrammes, renouvelés des Grecs par des Grecs qui *écorchent* le français.

Point d'effet sans cause. Le monde existe ; il a une cause. Quelle est-elle ? Tous les hommes prétendent la connaître ; elle est impénétrable. De la faiblesse et de l'orgueil humain sont nées toutes les religions, qui toutes ont leurs miracles, et qui toutes se tournent en ridicule, quand l'esprit de parti n'éveille pas les passions, et n'ensanglante point la terre. Les vieilles religions ne sont plus à craindre. Elles ont perdu la ressource du merveilleux, qui excite l'enthousiasme, et une religion sans enthousiasme se réduit à bien peu de chose. Elle est abandonnée à quelques vieilles femmes, à quelques hommes faiblement organisés, qui croient de bonne foi, qui passent une partie de leur vie à genoux devant leur chimère, et ceux-là ne troublent pas l'ordre social. Il est cruel de leur ôter une erreur consolante; il est atroce de les persécuter. On porta en plein jour les vases sacrés à la Monnaie, et les charretiers s'en servaient en chemin aux usages les plus vils. Ils revêtaient les habits sacerdotaux, et les portaient d'une manière dérisoire. Le Dieu des Français se tut. Mais le Français sentit renaître sa ferveur. On avait fermé des temples vides; la foule se rassembla à la porte. On poursuivit les prêtres, et les prêtres inspirèrent de l'intérêt. Au lieu de les attacher au gouvernement par la douceur, et surtout par un traitement honnête, on les aigrit par la violence et le mépris. On leur donna très-peu d'un très-mauvais papier, et ils remuèrent. On les proscrivit, et ils suscitèrent la guerre de la Vendée. On les noya, et leurs sectaires en ont fait des martyrs.

Il était de la politique de ménager le clergé : l'expérience de dix siècles avait appris quelle était son influence sur le commun des hommes. Il est vrai cependant que la plupart des prêtres ne méritaient aucun ménagement. Des vicaires prêtèrent tous les sermens qu'on exigea d'eux pour devenir curés. Des curés dénoncèrent leur évêque pour monter à l'épiscopat. Quelques-uns renièrent leur Dieu pour obtenir des emplois lucratifs, et vivre dans la licence, à la faveur du désordre inséparable d'une révolution. Les moins déhontés épousèrent leurs concubines; d'autres se marièrent par intérêt, et gardèrent leur servante par libertinage et par habitude ; presque tous prirent des femmes perdues : un être vil ne trouve à s'associer qu'avec un être qui lui ressemble.

Quelques époux étaient mal assortis : on autorisa le divorce ; on lâcha la bride aux passions ; on rompit tous les liens sociaux. La femme renonça à l'estime, et crut pouvoir s'en passer. Elle se livra sans pudeur aux obscénités de plusieurs hommes qu'une loi insensée appelait ses maris, et elle osa prononcer encore le mot *vertu*, avec des lèvres souillées de la lave du vice. Des hommes abusèrent de cette loi barbare pour tromper, pour perdre l'innocence. Ils jurèrent amour, fidélité à des vierges qu'ils brûlaient de déflorer, pour les abandonner ensuite à de vains, à d'impuissans regrets, et tel est l'avilissement de ces prétendus époux, que leurs victimes languissent, sèchent et meurent sans trouver un homme estimable qui daigne leur succéder.

On reconnut les bâtards. L'homme sans frein put avouer publiquement les fruits de son libertinage, et dépouiller en leur faveur les héritiers légitimes d'une épouse vertueuse. Que reste-t-il à la mère infortunée, qu'on afflige jusque dans ses enfans? L'abandon, le mépris qui poursuit son époux, et le souvenir de sa turpitude.

Tout tendait à une désorganisation générale. Le peuple, étourdi par la rapidité des évènemens, ne savait ce qu'il devait craindre ou espérer. Sans gouvernement, sans lois, sans morale, sans pain, il voyait ses bourreaux insulter à sa misère, et salir les murs d'affiches, adressées au peuple souverain. Quel souverain, grand Dieu! On le flagornait, on le trompait, on l'égarait, on le perdait en son propre nom, et il ne s'en doutait pas. Il s'arrêtait devant ces affiches, les lisait, n'y entendait rien, et faisait ce qu'on lui faisait faire, et allait où l'entraînaient les factieux de tous les partis. Il cria vive le roi, et à bas le tyran; il cria Pétion ou la mort, et il proscrivit Pétion; il fit, le dix août, les deux et trois septembre, et le trente et un mai; il porta Marat au Panthéon, et le jeta à la voierie; il adora Robespierre, et le chargea d'imprécations au moment de sa mort. La crédulité des peuples est le patrimoine de ceux qui savent les tromper.

Au milieu de ce désordre effrayant, le crime seul marchait d'un pas tranquille. Quand un pays est déchiré par des factions qui se croisent, qui se heurtent, qui se froissent et qui s'écrasent, pour être écrasées à leur tour par un parti plus puissant ou plus adroit, le bien public n'est qu'un mot, dont on abuse, pour masquer la perfidie, le vol, l'assassinat. Alors la vertu se cache, où elle est immolée. Le crime seul ose lever sa tête hideuse ; il plane dans les airs, il marque ses victimes, il les frappe ; on les pleure et on se tait.

On établit un tribunal révolutionnaire. Le sol français se hérissa de nouvelles bastilles ; la moitié de la nation rivait les fers de l'autre. Tous les jours, des charretées de proscrits étaient traduites devant le tribunal, qui les envoyait au supplice sans les interroger et sans les entendre. Le juri se déclarait, en son ame et conscience, suffisamment instruit, dès qu'il avait entendu les noms des accusés. Ils étaient *aristocrates*, *modérés*, *fédéralistes* ou *suspects*, selon que ces mots servaient la rage des bourreaux, qui voulaient les immoler. Le peuple, devenu féroce, suivait en foule les charrettes, et tel qui insultait au malheur, ne pensait pas que sa tête tomberait dès qu'elle serait inutile ou à charge à ses tyrans.

J'avais rempli successivement plusieurs emplois avec la probité sévère de l'homme qui connaît ses devoirs et qui sait les respecter : ma probité m'avait fait perdre mes emplois. Elle gênait certains hommes, dont elle était la satyre muette. J'avais des ennemis, par cela seul que j'avais servi mon pays avec courage et franchise. On avait contracté l'habitude des meurtres juridiques, et on ne pensa point à m'assassiner. La haine se contenta de ma destitution.

Juliette voyait les nuages se grossir, s'amonceler. Elle prévit l'explosion. Ses instances me déterminèrent à rentrer dans cette classe ignorée, qui n'a dû son salut qu'à son obscurité. Cependant, le discrédit du papier réduisait notre revenu à rien; les talens étaient délaissés, et les miens m'étaient à peu près inutiles. Le besoin allait se faire sentir. Mon ame, trop sensible, éprouvait d'avance ce qu'il a d'affreux, et je ne regardais plus Juliette et ma fille sans gémir intérieurement sur le triste sort qui leur était réservé.

Pendant que j'occupais des places lucratives, j'avais soulagé Cervières et sa famille, dont la situation n'était rien moins que heureuse, et ces vrais amis avaient eu la générosité d'appuyer les instances de Juliette : ma sûreté leur paraissait préférable à tout. Nous souffrions ensemble, lorsque Cervières fut attaqué d'une tristesse profonde, que j'attribuai d'abord à des privations auxquelles il n'était pas accoutumé. Je m'en expliquai avec lui. Son ame était au-dessus des coups de la fortune; mais elle n'était pas inaccessible à la crainte. Il avait vu périr ses meilleurs amis ; il tremblait pour sa vie, et ce n'était pas sans sujet. Un soir nous étions tous réunis, selon notre usage. Nous soupions, et nous trouvions quelque soulagement à nos peines, entre nos femmes et nos enfans : on frappa à la porte. L'aîné des enfans de Cervières fut ouvrir : c'étaient des sbires, qui venaient arrêter son père. Ils se répandirent dans

la chambre avant que nous pussions nous mettre en défense. L'extrême danger où se trouvait Cervières lui rendit toute son énergie : il se montra grand, calme, et fort de son innocence. Il suivit ses gardes, et nous laissa sa femme à consoler. On mit les scellés partout; on les mit jusque sur les effets de madame de Cervières, et elle resta sans ressource. Elle avait deux enfans, et elle n'avait plus de pain à leur donner. Je voulus solliciter l'appui de quelques hommes vertueux, demander de l'occupation, être utile, et gagner de quoi soutenir ma femme, ma fille et la famille de mon ami. Juliette s'y opposa constamment. Elle comptait les dignités pour rien, et l'opulence pour peu de chose. Elle ne respirait que pour aimer : sa passion était sa vie, toute son ame était de l'amour. « Non, dit-elle, non, tu n'exposeras
« pas ta tête; je peux tout perdre, hors toi. Ven-
« dons notre bien; nous le remplacerons peut-être
« un jour. Les extrêmes se touchent : un nouvel
« ordre de choses peut naître du sein même du
« chaos. »

Je fis passer ma procuration à Lysi. Il vendit, et nous reçûmes un million en assignats. Je respirai un moment, et je me partageai tout entier entre Juliette, son amie et nos enfans. Je fis passer des secours à Cervières. A force de peines et de ruses, je l'approchais quelquefois; je lui donnais des motifs de consolation, auxquels je ne croyais pas moi-même. Je l'assurais que sa femme était tranquille, qu'elle sollicitait, qu'elle espérait sa liberté, et toutes ses démarches étaient infructueuses. Le chagrin la consumait, elle s'éteignait dans nos bras. Juliette passait les jours et les nuits auprès d'elle. Elle cherchait à ranimer son courage; il n'en restait pas dans son cœur la plus faible étincelle. Juliette, malheureuse par l'amitié, n'était pas sans alarmes pour l'objet de son amour. Elle cachait soigneusement les sentimens pénibles qui l'agitaient tour à tour; je renfermais ma douleur. Nos enfans étaient encore sans prévoyance, et du moins ils ne connaissaient pas le malheur.

Un jour, jour funeste, jour déplorable, qui ne s'effacera jamais de ma mémoire, un marchand de journaux cria, sous nos fenêtres, la mise en jugement de tous les membres du parlement de Paris. Madame de Cervières s'élança de son lit, s'habilla malgré nos remontrances, sortit malgré nos efforts, et courut au tribunal. « Suis-la, me « dit Juliette, suis-la : elle va se perdre. » Je la joignis, je voulus la ramener chez elle; elle n'entendait rien, et je me décidai à l'accompagner. Nous entrâmes dans la salle où siégeait le tribunal, et nous aperçûmes Cervières au milieu de ses confrères. Ils étaient entourés d'une garde nombreuse. Les débats étaient commencés. Madame de Cervières, pâle, défaite, portait alternativement son œil égaré sur son mari et sur ses juges. Un mot en faveur de l'accusé la rappelait à la vie, et elle respirait comme quelqu'un qu'on vient de soulager d'un pesant fardeau. Un mot défavorable la replongeait dans un morne accablement ; les muscles de son visage s'alongeaient, et s'agitaient de mouvemens convulsifs. Pour moi, je ne m'abusai pas sur le sort qui attendait le malheureux Cervières. A la première interpellation qui lui fut faite, à la manière dont on reçut sa réponse, je jugeai qu'il était condamné d'avance.

On sortit enfin pour aller aux opinions. Qu'on se figure les angoisses d'une épouse sensible, en proie, pendant une heure, à ce que l'incertitude la plus horrible a de plus déchirant. Hélas ! elle fut trop tôt certaine de son malheur. On prononça l'arrêt fatal, et le désespoir s'empara de son ame. Elle jeta des cris perçans, et tous les yeux se tournèrent sur elle. Elle maudit la perversité des juges, l'imbécillité d'un peuple qui applaudissait lâchement à des assassinats, et on la saisit. Je la retins une seconde ; mais, je l'avoue, la crainte d'être perdu pour Juliette m'empêcha de rien entreprendre : que pouvais-je, d'ailleurs ? On la traîna au banc de mort, et son époux reparut pour être condamné à mourir doublement, en mourant aux yeux de sa femme, ou en la voyant mourir la première.

Je sortis saisi d'horreur et d'indignation. Je rentrai chez moi dans un état de stupeur qui absorbait toutes mes facultés. Je pris les deux orphelins, je les mis sur mes genoux, et je pleurai sur eux. « Ils n'ont plus que nous, dis-je à « Juliette; nous ne les repousserons pas. Les « repousser, s'écria-t-elle ! ils partageront avec « ma Cécile son pain, mes soins et mon amour. »

Le jour même, on les chassa de la maison de leur père, et nous en sortîmes avec eux. Nous nous réfugiâmes sous un toit, et nous cachâmes notre chagrin et nos craintes de l'avenir sous les livrées de la misère : elle allait nous assaillir. De jour en jour nos assignats avaient perdu de leur valeur, et dans deux mois il n'en pouvait plus rester un. Quelles réflexions terribles fit naître cette situation désespérante ! Sans mon fol attachement pour madame Lysi, nous aurions vécu tranquilles aux Rosiers. Ce petit bien suffisait à tout quand Juliette le faisait valoir. J'avais détruit son repos; j'avais dissipé sa fortune; je la livrais aux horreurs de l'indigence; un malheur plus grand l'attendait encore, et il devait être la suite de mes désordres. J'étais tourmenté, bourrelé, je ne vivais plus. Une nuit, fatigué par des songes affreux, je me réveillai en sursaut, en m'écriant : « Il ne lui reste que mon amour. — Et « cet amour est tout, répondit-elle aussitôt en « me serrant dans ses bras. Sans lui point de « bonheur; avec lui plus de misère. — Tu ne « dormais donc pas ? — Non; mais je pensais à « toi. — Péniblement ? — Ton image est tou-

« jours riante. » C'est ainsi qu'elle me reprochait ses malheurs.

Il fallut travailler. Juliette, la fille d'un pair d'Angleterre, trouva de l'ouvrage chez une lingère, et le reçut comme une faveur du ciel. J'essayai des gouaches; je ne trouvai point à les vendre, et j'achetai des crochets. Oh ! combien nous nous repentîmes alors de n'avoir pas suivi les conseils d'Abell. L'Angleterre nous offrait un asile, et bientôt nous n'en devions plus avoir au sein même de ma patrie; mais il était trop tard pour revenir à ce projet : Abell avait obtenu l'ambassade de Suisse. Irions-nous à Londres sans appui, sans ressources, sans autre recommandation que notre indigence, implorer l'assistance de parens éloignés, que nous ne connaissions pas ? D'ailleurs la guerre était allumée dans toute l'Europe, les passe-ports impossibles à obtenir, et la surveillance sur les routes inquisitoriale. « Tra-
« vaillons, me disait Juliette, toujours forte et
« résignée; travaillons, ce produit est sûr; sachons
« nous y borner, et laissons les chimères. »

Je m'établis dans la cour des diligences. J'étais dans la force de l'âge; les fardeaux les plus lourds étaient ceux que je préférais : ils rapportaient davantage. Je passais les jours entiers dans les travaux les plus durs; la sueur ruisselait de tout mon corps; j'étais quelquefois excédé, mais je pensais à Juliette, et je retrouvais des forces.

J'avais tant de plaisir à lui rapporter le produit de ma journée ! Elle trouvait si bon le pain que je lui gagnais ! Les mets qu'elle m'apprêtait étaient si savoureux ! Quand nous étions rassemblés le soir, les caresses de ma Cécile, la reconnaissance des pauvres petits enfans de Cervières, l'amour de Juliette, le mien, formaient un tableau touchant qui rendait la paix à l'ame et la volupté au cœur.

Cependant je n'étais pas habitué aux exercices violens, et les efforts soutenus, auxquels je m'étais soumis, altérèrent ma santé. J'avais besoin de repos ; mais Juliette avait besoin de mes bras, et je continuai à travailler avec ardeur. Elle voyait que je dépérissais, elle me conjurait de me ménager, je le lui promettais, je n'en faisais rien, et je rentrai enfin avec une fièvre violente. Juliette, ma bonne, ma précieuse Juliette me soignait, me consolait, et trouvait encore la force de me sourire. Elle dépensa bientôt le peu que nous avions d'épargnes; elle attendait alors le moment où je reposais, et elle allait vendre ses chemises pour me procurer des secours. Je serais mort si je l'avais su. Je guéris, et je lui dus la vie : que ne lui devais-je pas ?

Mes inquiétudes revinrent avec ma santé. Qu'allais-je faire ? Qu'allions-nous devenir ? Juliette ne voulait plus que je reprisse mes premiers travaux, absolument elle ne le voulait plus. J'in-

sistai ; elle jeta mes crochets au feu. « Il faut
« donc demander l'aumône, lui dis-je avec un
« profond soupir. Tendre la main après avoir
« donné! Oh! cette idée est insupportable. —
« Nous avons encore de quoi vivre quatre jours.
« — Et après ? — Qui sait le changement qu'ils
« peuvent amener ? » Le facteur de la poste
m'appela de la rue. Je descendis ; il me remit une
lettre. Je reconnus l'écriture, et je remontai précipitamment, en criant : « Voilà une lettre d'Abell.
« — Il a répondu à ma confiance ; tu es sauvé,
« me dit Juliette en m'embrassant. » Elle avait
calculé le moment où nous devions périr d'inanition, et elle avait voulu le prévenir. Trop fière
pour demander pour elle, elle n'avait pas rougi
de demander pour moi. Abell nous restait seul :
c'est à lui qu'elle s'était adressée, et sa lettre lui
était parvenue sous une enveloppe à l'adresse
d'un des premiers magistrats de Bâle.

Abell allait beaucoup au-delà de ce que nous
pouvions raisonnablement espérer. Il nous donnait quatre mille livres, espèces, à prendre chez
un banquier qui faisait des affaires avec la Suisse,
et il nous pressait de l'aller joindre pour ne plus
nous quitter. « J'ai fait un mariage de raison,
« nous disait-il ; j'ai épousé une femme estima-
« ble ; je l'ai perdue, et elle m'a laissé un fils ;
« il sera l'époux de Cécile. Si je n'ai pu faire le
« le bonheur de Juliette, que je la rende au

« moins heureuse dans son enfant. » Quels procédés délicats ! quelle manière de déguiser le bienfait ! Il avait tout prévu ; il nous facilitait les moyens d'obtenir un passe-port, en joignant à son paquet des lettres de différens négocians de Bâle, qui m'invitaient à aller sur les lieux traiter d'une partie considérable de comestibles : ces bons Suisses s'étaient prêtés, sans nous connaître, à nous tirer de l'oppression. Juliette ne m'avait pas dit qu'elle eût écrit à Abell. Elle ne savait pas si sa lettre lui parviendrait, et elle n'avait pas voulu me donner une fausse joie. Quelle fut la sienne, quelle fut la nôtre en lisant la réponse ! Quel homme que cet Abell ! je ne pouvais le comparer qu'à Juliette.

Je courus chez le banquier ; il me compta ma somme, et je la rapportai chez nous. J'allai ensuite à ma section demander un passe-port. Je produisis pour titres les lettres des négocians suisses. On les examina long-temps ; on me fit des questions ; j'y répondis d'une manière générale et satisfaisante pour les gens à qui j'avais affaire. On loua le zèle qui me portait à m'occuper des besoins publics, on m'expédia mon passe-port, et on me dit de l'aller faire viser à la commune. Je m'y rendis ; j'entrai au bureau des passe-ports. Un homme en bonnet rouge était assis à une table ; je lui présentai mes papiers. Il les prit sans daigner lever la tête, et sans me dire un mot. Il lut et relut les lettres de Suisse ; il en tira d'autres d'un tiroir, et parut comparer les différentes écritures ; il prit enfin le passe-port ; je croyais qu'il allait le signer : « Jean Happy », s'écria-t-il, en se tournant vivement de mon côté ! c'était le curé de Saint-Étienne-du-Mont. Je frémis en le reconnaissant : ma tête n'était plus à moi.

Il avait renoncé publiquement ce Dieu que sa conduite avait si long-temps blasphêmé. Il se faisait appeler *Brutus* ; il dénonçait, il persécutait la vertu. Il avait voulu être l'homme de Robespierre ; il l'était devenu à force de forfaits. « Que vas-tu faire en Suisse, me dit-il, sans pen-« ser même à me cacher sa fureur ? — Mes papiers « ne l'indiquent-ils pas ? — Tu m'es suspect. — « Je le crois. — Ta femme est-elle ici ? — Que « t'importe ? — Réponds, je te l'ordonne au nom « de la loi. — Des lois ! il n'en est plus, si tu es « leur organe. » Deux de ses dignes confrères parurent, et il se modéra. « Repasse demain, me « dit-il, je te remettrai ton passe-port. »

Je sortis effrayé, incertain de ce que j'allais faire. Lorsque *les Brutus* disposent arbitrairement de la vie des citoyens, leur autorité est déja chancelante ; elle tombe avec la popularité qui l'a produite ; le peuple voit clair enfin, et ce moment ne devait pas être éloigné. Je pouvais sortir à l'instant même de Paris, à la faveur de ma carte de sûreté. Seul, je pouvais me cacher dans les bois, dans les carrières, et attendre le jour de la vengeance publique. Mais où aller, sans passe-port, avec une femme et un enfant, incapables de supporter cette vie errante, et qui n'avaient déja que trop souffert ? Trois personnes sans domicile sont bientôt remarquées, et pour être arrêté, il ne fallait qu'être vu. Après avoir réfléchi quelque temps, je pensai que je me livrais peut-être à des craintes exagérées. Sans doute Brutus voulait me perdre, sans doute il en avait le pouvoir; mais il ne pouvait pas signer seul un mandat d'arrêt, et je ne croyais pas les hommes assez dépravés encore, pour supposer que ses collègues signassent celui-ci uniquement pour satisfaire ses passions. Je ne présumais pas qu'il pensât à me faire arrêter à la commune même. Je pouvais le faire connaître à ses collègues, et il suffisait qu'un seul d'entre eux eût conservé quelque chose d'humain, pour que je n'eusse rien à craindre de lui. Je n'avais alors à redouter que ces pièges adroits qui ne produisent pas leur effet en vingt-quatre heures, et je résolus de retourner à la commune : c'était, d'après ma manière de voir, le parti le moins dangereux.

Je rentrai chez moi. Je ne dis rien à Juliette de ce qui venait de m'arriver; je chargeai mes pistolets, je les mis dans ma poche, et je continuai de vaquer à mes affaires. Le lendemain, je me présentai à la commune. Brutus n'y était pas, et j'en augurai bien. Celui qui était au bureau me parla avec assez de douceur, et je pris quelque confiance. Mes pistolets repoussaient les poches de mon gilet : il me demanda ce que j'en voulais faire. Je répondis que je les avais achetés pour ma route. Il désira les voir : j'eus l'imprudence de les lui remettre. « Ils sont chargés, me « dit-il, pourquoi cela »? Je ne sus que répondre. « Brutus nous a dit vrai, reprit-il, tu es un « scélérat. » L'espoir est le dernier sentiment qui s'éteigne dans le cœur de l'homme. J'espérai ramener celui-ci à force de patience et de docilité. Je lui racontai tout le mal que Brutus m'avait fait. Je lui peignis mes malheurs et sa bassesse, les vertus de Juliette et sa turpitude. Un rire amer fut sa seule réponse; il déchira mon passe-port, et sonna. Furieux d'être joué aussi indignement, je voulus me jeter sur lui, il m'arrêta avec mes propres armes. La garde entra, il lui remit un mandat d'arrêt. Désespéré d'avoir livré mes pistolets, certain de ma perte, je voulus au moins revoir Juliette avant que de mourir, respirer son haleine pour la dernière fois. Je renversai à droite et à gauche ceux qui voulaient m'arrêter; je me fis jour, et j'arrivai aux degrés qui descendent sur la place de Grève. Ils me poursuivirent, mais je les gagnai de vitesse. Ils crièrent : *Arrête, arrête l'aristocrate*, et le poste de la Grève sortit, et me barra le passage. Je me retournai, et je courus d'un autre côté. Aux cris multipliés, *arrête, arrête*, quelques hommes s'attroupèrent, et voulurent me saisir. Je ramassai un pavé, je frappai sans relâche sur tout ce qui osait m'approcher, je répandais l'épouvante autour de moi ; j'allais m'échapper encore. Un boucher me jeta son bâton dans les jambes et je tombai. Dix hommes se jetèrent sur moi ; la garde eut l'infamie de me frapper à coups de crosse. On criait de toutes parts : *à mort l'aristocrate*. Brutus avait besoin que je vécusse encore : son confrère me fit épargner. On me traîna au Luxembourg.

Les malheureux sont compatissans. Un prisonnier bassina mes plaies ; il me présenta des alimens ; je les refusai. J'appelais à grands cris Juliette et ma Cécile. Je bravais, je méprisais la mort ; mais j'étais déchiré par l'idée de les abandonner à la misère et à l'infamie. La jalousie s'alluma dans mon sein, et vint ajouter à mes maux. J'arrachai mes habits, mes cheveux. Je n'avais qu'un cri, c'était Juliette ; je ne souffrais que pour Juliette, je ne regrettais qu'elle, et je sentais que je l'aimais avec fureur au moment où je la perdais pour jamais. Mon désespoir, mes sanglots, rassemblèrent tous les prisonniers. Des femmes jeunes, belles, sensibles, compâtirent à ma douleur : les cœurs tendres s'attirent, s'entendent et se répondent. Elles ne me donnèrent point d'espoir : elles savaient que les tigres ne pardonnent jamais. Elles m'engageaient à me résigner; elles l'étaient elles-mêmes, et cependant elles aimaient aussi. Ce sexe nous égale en vertu, nous surpasse quelquefois en courage, nous fait aimer la vie, et nous aide à mourir.

Je rougis de ma faiblesse; je redevins homme, et je me promis de l'être jusqu'à la fin. Je ne m'occupai que de mes derniers momens.

CHAPITRE XXII.

Conclusion.

On avait des moyens pour faire sortir des lettres : j'écrivis à Abell. Je lui recommandai sa Juliette, qui allait cesser d'être la mienne; je le suppliais de réparer envers cette infortunée les outrages de la fortune. Je ne lui prescrivais rien, je m'en rapportais à son cœur. Je lui conseillais seulement de la faire réclamer par le résident suisse à Paris, et de l'envoyer prendre par un homme de confiance. Je finissais en le remerciant de ce qu'il avait fait pour moi. « Je vais mourir « à vingt-huit ans, lui disais-je. Mon dernier sou- « pir sera pour l'amour; l'avant-dernier sera pour « vous. »

J'écrivis ensuite à Juliette. Je lui apprenais ma détention, ce qui l'avait occasionnée, et la fin que j'attendais. « Pleure, lui disais-je, mais sois
« assez forte pour te consoler. Vis pour ta fille,
« vis pour toi. Pardonne-moi l'amour que je t'ai
« inspiré, et que je ne méritais pas ; pardonne-
« moi des faiblesses qui t'ont affligée, et dont le
« souvenir me suivra au tombeau ; pardonne-moi
« tes malheurs, et hâte-toi de les réparer. Un
« homme vertueux t'adore ; je te remets entre
« ses mains. Accorde-lui le prix de dix ans de
« constance ; donne un père à ta Cécile, et si en
« effet quelque chose de nous doit survivre à
« nous-mêmes, le spectacle de ton bonheur ajou-
« tera au bienfait de l'immortalité. Je veillerai
« sur toi, sur ta fille, sur ton nouvel époux. Mon
« ombre ne vous quittera point, elle errera sans
« cesse autour de Juliette ; elle lui ouvrira les
« portes de l'éternité. »

En écrivant ces mots ma constance m'abandonnait ; je buvais à longs traits la coupe d'amertume. Je remis mes lettres à une jeune dame, qui me regardait écrire, et qui daignait essuyer mes larmes. Son air était serein ; j'en marquai de l'étonnement : « Mon amant était beau comme
« vous, me dit-elle. Il est mort hier ; j'ai reçu mon
« acte d'accusation aujourd'hui ; je le rejoindrai
« demain. »

Le lendemain, à dix heures, on vint prendre

cette femme intéressante ; on la mit dans un fourgon avec quinze autres victimes. Elle m'aperçut, et me dit adieu de la main. Son œil se tourna doucement vers le ciel, et ses lèvres sourirent.

Un prisonnier vint me dire qu'une femme, dans l'éclat de la beauté, était assise au pied d'un arbre avec une petite fille; qu'elle était accablée de douleur, et que ses yeux étaient constamment fixés sur les murs de notre prison. « C'est Juliette, « dis-je aussitôt, » et je courus sur les plombs. C'était elle en effet. Elle me reconnut, elle étendit ses bras vers moi ; ma petite Cécile tomba à genoux, et invoqua le ciel. Le ciel fut sourd au vœu de l'innocence : il nous réservait d'autres épreuves. Des infortunées, qui passaient les jours sous ces murs de proscription, pour entrevoir un moment l'objet de leur tendresse, et qui se croyaient heureuses de respirer le même air, ces malheureuses entourèrent Juliette, et carressèrent ma fille. Je ne pouvais pas les remercier; je les bénis.

Un factionnaire, aussi barbare que ses maîtres, vit ce groupe de douleurs, et le dispersa : il n'était pas permis alors de s'attendrir sur les maux de ses semblables. Juliette, en se retirant, tournait la tête à chaque pas ; à chaque pas elle s'arrêtait, elle embrassait sa fille, me regardait, et semblait me dire : « C'est toi que j'embrasse. » Elle tira son mouchoir, le porta sur ses yeux, et s'éloigna.

Deux heures après, je reçus un billet dans un pain ; il était de Juliette. « Un cœur comme le
« mien ne se donne qu'une fois. Il peut souffrir
« beaucoup, et ne saura pas survivre à ce qu'il
« aime. Madame de Cervières m'a laissé un grand
« exemple : nous nous rejoindrons tous. Je lègue
« ma fille à Abell. »

Je conclus de ce billet que Juliette elle-même était sans espoir. Je laissai tomber ma tête sur ma poitrine, et je passai plusieurs heures dans un profond accablement.

Je restai tout le jour sur les plombs, et Juliette ne parut pas. J'y retournai le lendemain, dès que nos chambres furent ouvertes. Elle passa, elle s'arrêta un moment, et continua de marcher. Elle allait très-vite, et je jugeai qu'elle travaillait à ma délivrance.

Le soir je reçus un second billet : « Depuis ce
« matin je marche, et je n'ai pas trouvé un cœur
« sensible : ils sont tous d'acier. Je vais chez Brutus
« lui-même. Je m'abaisserai, je pleurerai devant
« lui. Il aura pitié de moi, puisqu'il m'aime. —
« Malheureuse ! où vas-tu ? Je serais mort en
« paix ; tu vas empoisonner mes derniers mo-
« mens. » Je passai une nuit cruelle. Je m'étais consolé, en pensant qu'Abell me remplacerait auprès d'elle ; je ne pus supporter l'idée de la

savoir en proie à la lubricité d'un monstre. Je me réveillai vingt fois, tantôt glacé, tantôt trempé de sueur.

Le matin je reçus un troisième billet : « Je « peux te sauver la vie; mais on la met à un « prix... Je ne peux m'y résoudre, et tu meurs « si je me défends. — Oui, je mourrai, m'écriai-« je ! et je mourrai avant que le crime soit com-« mis. J'arracherai à ce lâche le prix de ses for-« faits. Tu pourras te défendre quand je ne serai « plus », et je montai sur les plombs pour me précipiter. Un jeune homme de seize à dix-sept ans s'était attaché à moi, et me quittait peu. Il monta après moi, et me prit sous le bras. «Lais-« sez-moi, lui dis-je, vous me gênez. Quel « ton, reprit-il ! Que venez-vous faire sur les « plombs? — Laissez-moi, laissez-moi. — Vous « voulez mourir, et nous pouvons nous sauver. « — Nous sauver ! Quand ? — Dans une heure. « — Ah ! parle, parle. Je te devrai plus que la « vie. — Mon projet est sûr. Il me fallait un « homme de tête pour me seconder; je vous ai « trouvé. Suivez-moi; je vais m'expliquer. » Je le suivis, il descendit, et me conduisit dans sa chambre.

Nous y étions à peine, que des guichetiers vinrent nous saisir. Il y avait parmi nous des espions de ce qu'on appelait alors gouvernement. Un de ces misérables nous avait entendus sur les plombs, et avait couru avertir. On m'ôta mes boucles, mes jarretières, mon col et mon mouchoir, et on m'enferma seul dans une chambre dont la croisée était murée. Je m'étendis sur le pavé; je le frappai à coups redoublés avec ma tête; je me sentais l'affreux courage de m'achever ainsi. On rentra dans ma chambre, on me jeta sur des matelas, et on m'attacha les bras et les jambes à des anneaux de fer. Je fis des efforts inouïs : je ne pus pas me détacher. J'essayai d'avaler ma langue ; cela me fut impossible. J'appelai la mort à grands cris; la voûte répondait seule à ma voix. Vers le soir on vint me prendre, on me mit les fers aux mains, et on me fit descendre dans la cour : une voiture m'attendait. Je provoquai les gendarmes, je les attaquai avec mes fers. J'espérais qu'un d'eux me passerait son sabre au travers du corps: on se contenta de me lier les coudes derrière le dos, et on me mit dans la voiture.

En sortant la dernière porte, j'aperçus Juliette. Elle était debout contre un mur ; ses traits étaient renversés, ses vêtemens en désordre; elle ne pleurait pas, elle étouffait. Elle me vit passer. « C'est donc ma dernière ressource, dit-elle à « demi-voix, il faut se soumettre. » La voiture partit; on me descendit à la Conciergerie, et on me jeta dans un cachot. Croirait-on que j'éprouvai, en y entrant, un sentiment de joie ? « Elle

« a résisté, disais-je, puisqu'on me met en juge-
« ment. Demain je meurs, et l'infâme Brutus ne
« dégradera pas le plus bel ouvrage de la nature. »
Je passai une nuit tranquille. J'entendais l'horloge, je comptais les heures ; je ressemblais au voyageur haletant qui aperçoit le terme d'un long et pénible voyage.

A huit heures la porte de mon cachot s'ouvrit. On y poussa une femme, et les verroux se refermèrent. Elle vint tomber près de moi : c'était Juliette. O que la mort me parut amère, quand je vis que je ne mourrais pas seul ! Je lui parlai ; elle ne me répondit que des mots entrecoupés ; une horreur secrète l'agitait. Je crus que ces caresses, jadis si puissantes, la rendraient à elle-même ; elle s'y déroba avec précipitation. « Je
« suis indigne de toi, s'écria-t-elle, le crime ma
« souillée. » Je tombai anéanti, je ne proférai pas un mot, la mort était dans mon sein. Juliette sanglotait dans un coin du cachot, j'étais sourd à sa douleur, j'étais tout entier à la mienne. Elle se traîna à mes genoux, et elle me demanda pardon. « Ma vertu, me dit-elle, m'était plus
« chère que ma vie ; mais tu m'es plus cher que
« ma vertu. Le monstre m'a juré qu'il te laisserait
« vivre... Je me suis prostituée... — Dieu ! — Le
« lâche ! je l'ai reçu dans mes bras. Il me faisait
« horreur, et il a cru jouir. — Qui donc t'a fait
« descendre ici ? — C'est lui-même. — Ah !... ah !...

« — Vas, m'a-t-il dit, je te rends à ton époux.
« Dis-lui que tu sors du lit de cet homme que
« tu as si long-temps méprisé. Vas, meurs avec
« lui, et que ton infamie ajoute à son sup-
« plice. »

Un long et affreux silence succéda à cette horrible explication. Enfin je rassemblai ce que j'avais de forces, et je rappelai ma raison. La laisserai-je mourir sans consolation, me dis-je en moi-même? n'est-ce pas pour racheter ma tête qu'elle s'est... Une femme est-elle déshonorée, quand son ame reste pure? Je m'approchai d'elle, je l'encourageai, je la ramenai à l'estime d'elle-même. Elle répondit d'abord d'un air timide à mes caresses; bientôt elle se livra davantage, bientôt nous oubliâmes que nous avions épuisé ce que la scélératesse humaine a de plus atroce; nous oubliâmes que le cercueil était ouvert à nos pieds; elle me délia les bras, et dans le fond d'un cachot infect, étendus sur de la paille humide, nous retrouvâmes les délices de l'amour et ses plus vives jouissances... Il me semblait que je la purifiais.

Ces momens où nous rêvâmes le bonheur furent bientôt interrompus. On nous fit monter, et nous parûmes avec cinquante autres malheureux devant cette horde d'assassins. Brutus était parmi les témoins; Juliette détourna la tête, et le monstre rit du rire affreux du crime. J'entrai en fureur; je me levai, on me retint; je voulus parler, on me mit hors des débats, et on me fit descendre dans la chambre où les condamnés attendaient leur dernière heure.

Vers midi, on y entassa mes compagnons d'infortune. Je cherchai Juliette, et nous nous assîmes l'un à côté de l'autre dans le fond de la chambre. Je la fixai : elle était calme. Elle me prit la main : « Du courage, me dit-elle, on ne meurt « qu'un moment, et après ce qui m'est arrivé, la « vie serait un long supplice. » Elle fit appeler l'épouse du concierge, et la pria de lui faire voir sa fille pour la dernière fois. Cette femme n'était pas née pour son état : elle avait un cœur. Elle alla nous chercher notre enfant et ceux de Cervières. Ces trois petits malheureux avaient passé la nuit seuls dans un galetas, et ils n'avaient cessé de pleurer. Leurs pleurs redoublèrent en nous voyant; ils nous serraient dans leurs bras : ils sentaient ce qu'ils allaient perdre. Nos larmes se mêlèrent long-temps aux leurs. « Éloignez-les, « dit Juliette à la femme du concierge : je m'af- « faiblis auprès d'eux, et j'ai besoin de toute ma « constance. » Elle donna à cette femme tout ce qu'elle avait d'argent; elle lui fit prendre l'adresse d'Abell; elle lui fit promettre de lui écrire quand nous ne serions plus, et de prendre soin de ces enfans jusqu'à ce qu'elle ait reçu sa réponse. Ces pauvres enfans ne voulaient pas nous quitter. Il fallut les arracher de ce lieu de désolation.

L'exécuteur entra... Des cheveux coupés... Des mains liées... Ah!

On chargea les charrettes des premiers qui se présentèrent. On les prenait au hasard, comme des agneaux dans une bergerie. Juliette et moi, nous n'avions pas quitté notre place; nous étions toujours dans le fond de la chambre. Nos mains ne pouvaient plus se toucher; nos lèvres se joignaient encore, et nous attendions notre tour. « Les charrettes sont pleines, dit l'exécuteur au « concierge. Rentrez ces quatre-là, ils passeront « demain avec les autres. Faites venir une voi- « ture, dis-je à l'exécuteur; au nom de Dieu, « ne nous laissez pas vingt-quatre heures dans « cette intolérable situation. On se gênera pour « toi, me répondit un homme en bonnet rouge; « allons, marche. » Nous rentrâmes en prison, et nous entendîmes partir les charrettes qui menaient les autres à la mort.

Vers les six heures je dis à Juliette: « Ils sont « heureux, ils ont cessé de souffrir, et nous... » Tout à coup un mélange confus de voix, le galop des chevaux, le bruit des roues des affûts, nous tirèrent de l'espèce de léthargie dans laquelle nous étions plongés. Nous écoutâmes sans pouvoir rien distinguer, et le tumulte allait toujours croissant. On battit la générale, on sonna le tocsin. « Est-ce encore un deux septembre », dit Juliette, en cachant sa tête dans mon sein?

« Oh! cette mort serait affreuse!... Te voir mas-
« sacrer devant moi!... » On ouvrit la porte de
notre chambre... Juliette se jeta dans mes bras,
je l'enveloppai dans les miens, nous fermâmes
les yeux, et nous attendîmes les coups. « Ne crai-
« gnez rien, me dit-on, peut-être êtes-vous sauvés. »
Je me retournai ; je vis la femme du concierge.
« Robespierre, poursuivit-elle, le conseil de la
« commune, les membres du tribunal, sont mis
« hors de la loi. Ils pensent à se défendre ; ils
« succomberont peut-être, et le sang innocent
« cessera de couler. Courez, lui dis-je, courez,
« informez-vous, rassurez-nous, rendez-nous à
« la vie. »

Avec quelle promptitude le cœur le plus abattu
se rouvre à l'espérance! Avec quelle avidité il en
saisit la plus faible lueur, et qu'il rejette facilement les idées consolatrices qui l'ont un moment
étourdi sur ses maux ! Tantôt nous pensions voir
tomber nos fers, les portes s'ouvraient, nous
étions rendus à nous-mêmes ; tantôt Robespierre
triomphait, ses satellites recouvraient leur puissance, et venaient nous punir d'avoir osé espérer.
Juliette et moi, serrés l'un contre l'autre, immobiles, attentifs, nous jugions, par le battement
de nos cœurs, des sensations différentes qui les
agitaient tour à tour. La femme du concierge
revint. « Eh bien ! lui criai-je : — Tout Paris s'arme
« contre eux ; les canonniers les abandonnent, et

« se rangent avec leurs pièces autour de la Con-
« vention. On va attaquer la Commune. — Oh!
« si j'étais libre, comme je me précipiterais à la
« tête des Sections! Que d'outrages à punir! Ce
« Brutus!... Je suis altéré de son sang... je l'é-
« puiserais jusqu'à la dernière goutte; je met-
« trais son corps en lambeaux; je les traînerais
« dans la fange. Tout annonce, reprit la con-
« cierge, que vous allez être vengés. Venez, je
« peux prendre sur moi de vous mettre plus com-
« modément. » Elle nous fit conduire à une petite
chambre assez propre, et elle nous amena les
enfans. Nous ne devions plus les revoir; nous renaissions pour eux : nous nous livrâmes à la nature.

La chambre où nous étions donnait sur une cour. Elle était entourée de fenêtres grillées, et tous les prisonniers parlaient à leurs croisées de cet évènement si inattendu, et qui pouvait avoir des suites si heureuses pour nous. Tous avaient les mêmes intérêts, tous formaient les mêmes vœux. Le jour commençait à poindre, et rien n'était décidé encore. Un cri général se fit entendre : « Les voilà, les voilà, les barbares! Ils vont
« rendre le sang dont ils se sont gorgés. » Robespierre, ses principaux complices, le conseil général de la commune, traversèrent la cour sur laquelle nous étions. Je les examinai les uns après les autres... je vis enfin ce farouche Brutus. La

crainte était sur son visage ; le remords n'arrivait pas jusqu'à lui. Arrêté par mes barreaux, j'allais au moins le charger d'imprécations : Juliette me contint. « Il va mourir, me dit-elle, que peux-tu « vouloir de plus? Laisse passer cet homme; ne te « dégrade point.» Les autres, moins délicats que Juliette, les abreuvèrent d'opprobres. Quel spectacle que celui de soixante malheureux qui allaient périr le jour même, qui passaient subitement de la mort à la vie, et qui voyaient le fer assassin tomber enfin sur les têtes de leurs bourreaux ! La joie la plus vive régnait dans tous les cœurs ; elle se manifestait par des cris, par des chants; la nôtre s'exprima par les plus tendres caresses. Voilà encore une de ces affections de l'ame qu'on ne saurait dépeindre, qu'on ne peut pas même concevoir qu'on ne l'ait éprouvée.

Vers les cinq heures du soir, ces scélérats furent traînés au supplice. Nous entendîmes, du fond de notre prison, les horreurs que vomissait contre eux le peuple de Paris. C'étaient des fils, des pères, des époux, des filles, des amis, des amantes, qui pleuraient, qui redemandaient ce qu'ils avaient perdu ; c'étaient des cœurs ulcérés qui savouraient enfin l'affreux plaisir de la vengeance.

Deux jours après, on apporta l'ordre de rétablir dans leurs différentes maisons d'arrêt ceux qui étaient à la conciergerie pour des faits révo-

lutionnaires. La femme du concierge nous rendit exactement notre argent. Nous la comblâmes de bénédictions. Nous prîmes avec nous les enfans; on eut l'humanité de nous les laisser, et nous rentrâmes au Luxembourg. Mes anciens compagnons furent frappés d'étonnement, en me revoyant: ils me croyaient exécuté de la veille. Ils prirent la part la plus touchante à l'évènement qui m'avait conservé, et qui les rassurait sur leur propre existence. Je leur présentai Juliette; tous l'aimèrent en la voyant; tous l'estimèrent après l'avoir entendue. Mon jeune homme m'embrassa des premiers, et me dit : « J'ai reçu hier mon acte d'ac-
« cusation, et j'en ris aujourd'hui. Il est inutile
« maintenant de former des plans d'évasion. J'es-
« père qu'on va nous rendre à la société. » En effet, on commença à vider les prisons. J'adressai plusieurs pétitions aux comités de gouvernement. Elles restèrent sans réponse, et cependant huit, dix, vingt détenus étaient élargis tous les jours. J'écrivis à Abell. Je ne lui parlai pas de l'affreuse catastrophe de Juliette; je lui disais seulement quel miracle nous avait sauvés; je le priais de faire agir le résident suisse. Quinze jours après, un secrétaire de la légation helvétique nous apporta notre ordre de sortie. Nous courûmes avec nos trois enfans offrir au résident l'hommage sincère de notre reconnaissance, et nous nous logeâmes dans un hôtel garni.

Juliette changeait sensiblement. L'ame la plus forte tient toujours à la vie, et pendant quelques jours elle n'avait été émue que par le plaisir d'être encore. Elle avait fait depuis un retour sur elle-même, et le souvenir de Brutus la poursuivait sans relâche. Je redoublai auprès d'elle de soins, d'égards et d'amour. Si je ne lui fis pas oublier le monstre, je la convainquis par tous les moyens que me suggéra ma tendresse, par tous les raisonnemens que me fournit la raison, que, loin de se croire coupable, elle devait avoir d'elle-même cette haute estime que donne la vertu, portée au dernier terme où l'humanité puisse atteindre. Quand elle fut certaine que je la respectais, que je la chérissais plus que jamais, elle s'étourdit sur ce souvenir fâcheux, elle surmonta sa mélancolie, elle redevint la plus belle comme la plus aimable des femmes.

Abell ne cessait point de nous écrire. Il nous priait, il nous ordonnait, au nom de l'amitié, de nous réunir à lui. J'aimais mon pays. Il allait renaître de ses ruines; un gouvernement doux et sage devait succéder bientôt aux fureurs de l'anarchie; je désirais ne devoir mon existence qu'à moi-même : il m'en coûtait d'être à charge à mon ami. Mais Juliette craignait une réaction; elle pria: ses moindres désirs étaient des ordres sacrés pour moi.

Je retournai à ma section. Je racontai comment

j'avais perdu mes papiers, et on se rappela mon affaire. Je demandai un second passe-port, et on me l'accorda après quelques difficultés. Il fut visé le même jour, et nous partîmes enfin. Nous arrivâmes heureusement à Bâle. Abell, que j'avais prévenu de notre arrivée, vint au-devant de nous, et nous reçut comme si sa vie eût dépendu de la nôtre. Il nous logea chez lui, et ne nous laissa pas le temps de désirer. Il ne mit point de bornes à sa générosité.

Son fils était à peu près de l'âge de notre Cécile. Ces deux enfans s'aimèrent d'abord. L'amitié que Cécile avait pour les petits Cervières ne ressemblait pas à celle que lui inspirait le jeune Abell. Le père de celui-ci souriait aux marques d'attachement que ces enfans se donnaient; il applaudissait au sentiment secret qui les attirait l'un vers l'autre. « Voilà, me disait Juliette, comme nos « amours ont commencé. Puissent-ils s'aimer de « même, et être plus heureux! »

Nous résolûmes, Juliette et moi, de ne pas abuser plus long-temps des bontés d'Abell. Je le priai d'observer que l'oisiveté ne convenait ni à mon caractère, ni à mon âge, ni à ma situation. « Donnez-moi des moyens de travailler, lui dis- « je, et vous ajouterez, s'il est possible, aux « sentimens qui m'attachent à vous. » C'était la dixième fois au moins que je réitérais mes instances. « Puisqu'absolument vous le voulez, me

« répondit-il, il faut vous satisfaire. Je vois pour
« vous deux partis à prendre. Le plus court, et le
« moins avantageux, c'est d'être secrétaire de lé-
« gation, et je me charge de vous procurer un
« brevet ; mais vous n'êtes pas Anglais, et vous ne
« serez jamais autre chose que secrétaire. Le se-
« cond parti, c'est de passer à Londres, d'appren-
« dre le commerce ; je vous prêterai des fonds, et
« avec votre intelligence et votre activité, vous
« ferez sans doute une bonne maison. Choisissez. »
Juliette et moi nous nous décidâmes pour le
commerce. Nous donnâmes encore quelques jours
à l'amitié, et nous pensâmes à nous séparer d'Abell.
Il nous faisait partir pour Hambourg, où nous
devions nous embarquer pour Londres.

La veille du départ il entra dans notre chambre.
Il nous présenta plusieurs lettres de recommandation, et des billets au porteur pour des sommes très-fortes, sur différentes maisons de
Londres. Je refusai constamment ces derniers.
Leur valeur m'effrayait. « Je vais vous mettre à
« la raison, me dit Abell ; vous verrez que vous
« ne me devez rien. » Il tira un contrat de sa
poche et pria Juliette de le lire. C'était une donation de vingt mille livres sterling à son fils, que
nous lui rendrions le jour de son mariage avec
Cécile, et dont, jusqu'à cette époque, nous serions dépositaires, sans intérêts. Quelle manière
de donner ! Nous nous attendrîmes, nous ne pûmes le remercier ; mais il nous entendit.

Nous arrivâmes à Hambourg, et le trajet de cette ville à Londres fut court et heureux : la fortune s'était lassée enfin de nous persécuter. Les correspondans d'Abell répondirent parfaitement à ses vues. Ils nous comblèrent d'égards et de complaisances. L'un d'eux, riche marchand établi dans Cheapside, m'offrit de me montrer les élémens du commerce. J'acceptai sa proposition avec empressement. Je répondis à ses soins avec une telle exactitude, je profitai si bien de ses leçons, qu'au bout de quelques mois je me trouvai en état de travailler pour mon compte.

A notre arrivée à Londres, nous avions vu les parens de Juliette : ses pressentimens n'étaient que trop fondés. C'étaient des gens riches et titrés, qu'une mésalliance révoltait, et qui me firent sentir que je n'avais pas le bonheur de leur plaire. C'était dire à Juliette : Ne nous revoyez plus. Aussi rompit-elle absolument avec eux, et elle me pria de les abandonner à leurs orgueilleuses chimères. Juliette ne pouvait souffrir qu'on voulût m'humilier ; mais je pouvais souffrir tout pour Juliette. Je voulus tout tenter pour la rétablir dans l'esprit de sa famille, et je retournai secrètement chez ses parens. L'accueil repoussant que je recevais quelquefois ne me rebuta point. Miladi Fenton, cousine-germaine de mylord Tillmouth, était immensément riche, et Juliette était son unique héritière. J'allai souvent lui faire ma cour,

quoiqu'elle me reçût toujours très-froidement.
Cependant, quand elle sut que mon commerce
s'étendait, et qu'il était souvent question de
moi à la bourse, elle me traita mieux. Elle voulut bien causer familièrement avec moi, et
mon esprit lui plut. Bientôt j'acquis parmi les négocians de Londres une réputation de probité, qui
me concilia enfin son estime. Elle m'appela son cousin, et me demanda des nouvelles de ma femme.
« Elle souffre beaucoup, lui dis-je, d'avoir encouru
« votre disgrace, et elle vous verrait avec un res-
« pectueux empressement, si elle osait compter sur
« votre indulgence. — Qu'elle vienne. Il y a quel-
« que temps que je m'aperçois qu'il est difficile
« de ne pas vous aimer, et votre bonne conduite
« justifie le choix de ma cousine. »

Miladi donna un grand repas, où les parens de
tous les degrés furent invités. Juliette y parut
avec ces charmes, cette teinte de sensibilité qu'on
ne trouve guère qu'à Londres, et qui étaient embellis, s'il est possible, par ces graces qu'on n'acquiert qu'à Paris. La réconciliation fut sincère, et
bientôt les parens de Juliette sentirent tout ce
qu'elle valait. Elle devint l'idole de sa famille,
et je partageai l'intérêt qu'elle inspira. Quelques-
unes de mes cousines parurent même me trouver
fort à leur gré. Mais l'expérience m'avait rendu
sage. Je restai fidèle à ma Juliette, par raison, par
principes, et surtout par amour.

Ma fortune s'accrut au-delà de mes espérances. Les jeunes Cervières, que j'élevais dans le commerce, avaient l'amabilité et le jugement solide de leur malheureux père. Ils répondirent à ma tendresse; ils s'occupèrent de leur bien-être: c'est tout ce que je désirais. Abell, de retour de son ambassade, se fixa à Londres. Miladi Fenton mourut, et Juliette se trouva immensément riche. Je récompensai la bonne conduite des jeunes Cervières, en leur passant ma maison de commerce. J'unis ma Cécile au fils d'Abell. Elle était belle comme sa mère; elle avait son ame et son cœur. Je la dotai richement, et c'est une satisfaction pour un père. Juliette, avec le temps, perdit sa beauté; elle ne perdit que cela: le parfum de la rose survit toujours à sa fraîcheur.

J'attends la vieillesse sans la craindre. J'ai fait des fautes : qui n'en fait pas ? mais j'ai fait aussi quelque bien. Je me propose d'en faire encore, et d'embellir ainsi mes derniers jours.

FIN DE L'ENFANT DU CARNAVAL.

TABLE

DES CHAPITRES CONTENUS DANS CE VOLUME.

Chapitre Ier. Introduction nécessaire..... Page 7
Chapitre II. Colère de monsieur Bridauld. — Ma naissance.................................. 16
Chapitre III. Ma première éducation.......... 27
Chapitre IV. Mon entrée aux Capucins, ce que j'y fais, ce qui s'y passe................. 39
Chapitre V. Nouvelle manière de voyager à peu de frais................................. 58
Chapitre VI. J'arrive à Paris................. 72
Chapitre VII. Une journée de Paris........... 88
Chapitre VIII. L'influence du médecin........ 104
Chapitre IX. Le danger d'être trop sage....... 107
Chapitre X. Je ne suis plus un enfant......... 125
Chapitre XI. Je vois le monde............... 143
Chapitre XII. Grands évènements............ 159
Chapitre XIII. Elle est à moi................ 187
Chapitre XIV. Je suis auteur et je tombe...... 206
Chapitre XV. Je l'ai perdue................. 236
Chapitre XVI. Peines et consolations......... 253
Chapitre XVII. Fautes, repentir............. 274

Chapitre XVIII. Revers et succès........ Page 294
Chapitre XVIIII. Départ de Paris............ 317
Chapitre XX. Aventures de nuit et de jour...... 333
Chapitre XXI. Double mariage. — Égarements du cœur et de l'esprit................... 357
Chapitre XXII. Les portraits à la mode........ 384
Chapitre. XXIII. Conclusion................ 408

FIN DE LA TABLE.

www.ingramcontent.com/pod-product-compliance
Lightning Source LLC
Chambersburg PA
CBHW070922230426

43666CB00011B/2271